新时代高职课程思政理论与实践

主　编：盖庆武　贺星岳
副主编：邱旭光　尹清杰

浙江工商大学出版社
ZHEJIANG GONGSHANG UNIVERSITY PRESS
·杭州·

图书在版编目(CIP)数据

新时代高职课程思政理论与实践 / 盖庆武,贺星岳
主编. — 杭州:浙江工商大学出版社,2019.9(2022.1 重印)
ISBN 978-7-5178-3404-5

Ⅰ. ①新… Ⅱ. ①盖… ②贺… Ⅲ. ①高等职业教育
－思想政治教育－教学研究－中国 Ⅳ. ①G711

中国版本图书馆 CIP 数据核字(2019)第 162188 号

新时代高职课程思政理论与实践

XINSHIDAI GAOZHI KECHENGSIZHENG LILUN YU SHIJIAN

主　编:盖庆武　贺星岳
副主编:邱旭光　尹清杰

责任编辑	任晓燕
封面设计	林朦朦
责任印制	包建辉
出版发行	浙江工商大学出版社
	(杭州市教工路 198 号　邮政编码 310012)
	(E-mail:zjgsupress@163.com)
	(网址:http://www.zjgsupress.com)
	电话:0571－88904980,88831806(传真)
排　版	杭州朝曦图文设计有限公司
印　刷	杭州高腾印务有限公司
开　本	710mm×1000mm　1/16
印　张	16.75
字　数	270 千
版 印 次	2019 年 9 月第 1 版　2022 年 1 月第 6 次印刷
书　号	ISBN 978-7-5178-3404-5
定　价	70.00 元

前　言

　　高校思想政治工作关系到高校培养什么样的人、如何培养人以及为谁培养人这个根本问题。全国高校思想政治工作会议强调,要坚持把立德树人作为中心环节,把思想政治工作贯穿教育教学全过程,实现全程育人、全方位育人。习近平总书记在学校思想政治理论课教师座谈会上强调,思想政治理论课是落实立德树人根本任务的关键课程,思政课教师要给学生心灵埋下真善美的种子,要用新时代中国特色社会主义思想铸魂育人,引导学生增强"四个自信",实现中华民族伟大复兴,要创新课堂教学,培养德智体美劳全面发展的社会主义建设者和接班人。全省教育大会要求以为党育人、为国育才为初心,切实加强党对教育工作的全面领导,全面落实立德树人根本任务,把思想政治理论课建设摆上重要议程。

　　浙江工贸职业技术学院按照全国高校思想政治工作会议精神要求,加强对思政工作的领导,成立了马克思主义学院,把立德树人作为中心环节,把思想政治工作贯穿教育教学全过程,深入推进习近平新时代中国特色社会主义思想进专业、进教材、进课堂、进头脑,构建"价值、平台、文化"三位一体的大思政体系,牢牢把握意识形态阵地主动权,大力开展理想信念教育和社会主义核心价值观教育,实现职业技能和职业精神培养的高度融合。学院第三次党代会以"深入学习贯彻习近平新时代中国特色社会主义思想""坚持立德树人"为主题,以培养德智体美劳全面发展的社会主义建设者和接班人为目标,树立以生为本、德技双修、全面发展的人才培养理念,把"工匠精神"作为人才培养的价值追求,以此铸就"百年品质工贸"教育品牌的厚实基石。

　　学院强化思想政治教育顶层设计,最大限度发挥课堂教学育人的主渠道作用。深入发掘各类课程的思想政治教育资源,推动"思政课程"向"课程思政"转化、"专业教育"向"专业育人"转化,有力提升高校思想政治教育实践成效。教育的主体是人,教师不仅是知识的传授者,还是学生人生道路上的"引路人",因此必须充分发挥教师教书育人的主导作用,引导学生树立正确的价值观、人生观。习近平总书记指出,"办好思想政治理论课关键在教师"。教师只有对核心价值观有深刻的理解,明确课堂教育中的德育责任,才能在教学过程中自然而高效地将社会主义核心价值观传递给学生。学院立足大思政理念,把育人融入学院工作的各个方面,灌注教学、科研、社会服务各个环节,在第一课堂、在实践课堂、在校园生活中高质量育人,实现"知识传授"和"价值引领"有机统一。

为深入扎实推动课程思政工作,学院开展了系统的课程思政理论研究和教学改革探索。重点建设一批育人成效显著的专业课程,一批课程思政示范课堂,打造思政理论课金课,努力培养学生创新创业精神和工匠精神。针对课程思政教学改革开展课题研究,收集优秀经典案例,促进一批优秀课程思政课的形成,培养一批在课程思政教学方面表现优秀的教师,从而构建"浙工贸"课程思政范式。

学院在理论研究和实践教学探索的基础上进行理论提升,将理论研究成果和实践教学案例汇集成课程思政教学改革成果:《新时代高职课程思政理论与实践》。这既是学院全员育人、立德树人的成果,也是学院着力宣讲全省教育大会精神,推动大会精神往心里走、往实里走,用思政实践、教学实践来贯彻落实大会精神的切实行动。

成果分为上下两篇:上篇《理论探索》、下篇《实践探索》,共七章。从课程思政基本理念、教育体系与方法到课程具体的实践应用,进行了较为全面的探索性研究。实践探索篇以具体的教学实践为落脚点,将课程思政落到实处。以课程建设为抓手,注重思政价值的融入;以教学过程为载体,在专业课程的教学中有机融入思政内容;以案例设计为策略,有效提升教学技能,改善教育方法。结合通识课程教学,促进中国优秀传统文化与高校思政教育的融合;结合实践性教学,培养学生爱岗敬业的职业责任感和工匠精神,既突出育人价值,又"润物细无声"。

感谢学院全体教师对课程思政教学改革的积极参与,感谢文章入选教师的辛勤研究和教学实践。

盖庆武

2019 年 4 月

下篇　实践探索

第六章　经管类专业课中的课程思政 / 169

上篇

理论探索

第一章　课程思政基本理念研究

第一节　论工匠精神培养与高职院校思政教育的有效融合

2016 年 3 月国务院总理李克强在《政府工作报告》中明确指出："要加快推动企业进行个性化定制,实现柔性化生产制造,不断培育技术人员的工匠精神,才能提高产品的品质,增加产品的种类。"此后,社会各界掀起了一股讨论和研究工匠精神的热潮。2017 年 10 月,党的十九大报告明确指出我国"要建设知识型、技能型、创新型劳动者大军,弘扬劳模精神和工匠精神,营造劳动光荣的社会风尚和精益求精的敬业风气"。工匠精神是专业素质和创新能力的综合体现,要培养符合新时期中国特色社会主义建设目标的大国工匠,在高职院校中构建有利于具有工匠精神的高技能人才发展的教育体系就显得十分必要。提炼工匠精神中的思政要素,培育工匠精神是许多高职院校思政教育工作者面临的新课题,构建一个相对独立又与原有思政教学体系相结合的学生培养体系是实现培育工匠精神目标的关键,是培养优秀人才的必要教学内容。

一、工匠精神的科学内涵

工匠精神的内涵随着时代的变迁而逐步演变。"匠"起初专指木工。《说文解字·匚部》说:"匠,木工也。"清代学者段玉裁在《说文解字注·匚部》中注解说:"匠,以木工之称,引申为凡工之称也。"后来"匠"字的本义,已从木工演变为技术精湛、造诣高深的代名词,如人们常说的"独具匠心"。[1]中国古代的工匠精神是"德艺兼求",主要体现为:"强而务实"的精神,精益求精的精神,尊师重道、重视教育的态度等。随着时代的发展,"工匠"一词被赋予了新的意义。新时代中国特色社会主义建设所倡导的工匠精神,已不仅仅是传统手工业工匠的职业道德追求,而是全社会所有劳动者的职业价值观念和职业追求。

工匠精神的基础是敬业。所谓敬业精神,就是在职业活动领域,树立主人翁意识、责任感和事业心,追求崇高的职业理想,培养认真负责、恪尽职守的工作态度。爱岗敬业是从事职业活动的基本要求,体现的是从业人员对于所在工作岗位的一种态度,同时也是社会对从业者提出的职业道德要求。让工匠精神成为全体劳动者潜移默化中自觉奉行的职业信念及从事工作的基本规范,需要从业者产生心理认同和情感认同,而它的基础正是敬业精神。

工匠精神的核心是精业。所谓精业,就是精通自己所从事的职业,技艺精湛。中央电视台《大国工匠》节目报道的 23 位大国工匠,个个都身怀绝技,在行业细分领域做到了国内第一乃至世界第一。海尔集团总裁张瑞敏说:"所有的产品都应该是精品,有缺陷的产品等于是废品。"只有具备敬业精神的员工才能够生产出精品。也正是这种精业创造了海尔产品的"零缺陷"神话。海尔的员工深知,1%的差错会造成 100%的问题,海尔产品的"零缺陷"和消除 1%差错率的表现正体现了海尔员工追求精业的态度。精业是成就事业、完美人生的必选。所谓精业,就是成为精通业务的能手。在敬业的同时,更要做到精业;做不到精业,纵然有再高的工作热情,要想干好工作也是不可能的,敬业最终也就只能成为一句空话。如果说敬业是工匠精神的根基,是干好工作的基础,那么精业就是工匠精神的核心,两者相辅相成,缺一不可;如果说敬业是德,那么,精业就是才,"德才"兼备才是工匠精神应该具有的素质。

工匠精神的关键是创新。正如《工匠精神:缔造伟大传奇的重要力量》一书的作者,美国经济学家亚力克·福奇(Alec Foego)所说:"美国的工匠们是一群不拘一格,依靠纯粹的意志和拼搏的劲头,做出了改变世界的发明创新的人,比如本杰明·富兰克林、托马斯·爱迪生和怀特兄弟。"[2] 从福奇的这段话中可以看出,"发明创新"是工匠精神的核心,创新是工匠精神的应有之义。在"互联网时代","中国制造 2025"纲领中需要的工匠已经不再是简单的体力劳动者,而是高技能复合人才。这种复合型人才除了要有精益求精的职业态度,还要有创新精神。只有创新,才能实现 2016 年政府工作报告中提出的"增品种、提品质、创品牌"的目标,这也是培育工匠精神的意义和使命所在。在我国,创新的概念由来已久。创新一词出现得很早,《广雅》中提到"创,始也",《魏书》中有"革弊创新",《周书》中有"创新改旧"。创新是人类特有的认识能力和实践能力,是人类主观能动性的高级表现形式,是推动民族进步和社会发展的不竭动力。一个民族要想走在时代前列,就离不开创新思维和创造活动。[3]创新在经济、商业、技术、社会等领域中有着举足轻重的分量。[4]对于高技能人才来说,创新是职业技能与综合素质的集中体现,是成为大国工匠的关键特征,更是技能人才实现职业价值与岗位成才的"快捷键"与"永动机"。从创新创业的角度来看,弘扬工匠精神也是时代的呼唤。"大众创业,万众创新"的时代已经来临,尤其需要发扬传统工匠精神,坚持注重细节的严谨态度。

二、培育与弘扬工匠精神的意义

(一)培育与弘扬工匠精神是践行发展新理念的内在要求

理念是行动的先导。党的十八届五中全会审议通过的《中共中央关于制定国民经济和社会发展第十三个五年规划的建议》中提出了"创新、协调、绿色、开放、共享"的五大发展理念。"五大发展"理念集中体现了今后五年乃至更长时期我国的发展思路、方向和着力点。[5]在这个过程中,必须充分发挥追求完美、专注坚持、精益求精的工匠精神的引领作用,不断提升职业人更卓越的职业素养,才能更好地推动发展方式的转变,提高发展质量和效益,践行新理念、建功"十三五",为实现中华民族伟大复兴的中国梦贡献智慧和力量。

(二)培育与弘扬工匠精神是推进供给侧结构性改革的迫切需要

目前,中国经济进入新常态,表面上看是由高速增长向中高速增长的转换,背后则是结构、动力、体制政策环境的转换,即由高速增长平台上的供求平衡转向中高速平台上的供求平衡。因此,推进供给侧改革迫在眉睫。[6]"供给侧改革",根本上是要提高供给体系的质量和效率。而工匠精神的内涵是精益求精、严谨细致、耐心专注的精神理念。可见,工匠精神与"供给侧改革"有着十分紧密的联系。用工匠精神来增加产品和服务的品种,提升产品的质量与效益,扩大中高端供给,同样是问题的关键。那么,工匠精神如何助推

"供给侧改革"走向成功呢？这首先就要谈一谈产品理念。众所周知,产品理念是决定产品品质的首要因素,是生产平庸的产品,还是生产品质上乘的产品,直接决定了产品最终的形态和品质。所以,产品理念从一开始就决定了这款产品的未来和市场地位。工匠精神的核心就是打造质量上乘的高品质产品。工匠精神追求创新、极致、精益求精,这些都为"供给侧改革"过程输入了无比正确的产品理念。工匠精神本身就意味着要提升更高的技术含量,在技术日新月异的时代尤其如此。更多时候,工匠精神表现为一种气质和追求,要求劳动者对工作一丝不苟,对产品质量精心打磨,对待品牌要像对待生命一样认真用心。而这种精神内涵,正是推进"供给侧改革"走向成功的基础和前提。我国政府力推"供给侧改革"的目的之一,是打造更强、更专、更好的技术,让技术创新成为经济发展主要驱动力,从而促进经济向更受"制度、科技和管理创新"因素影响的层级转变。所以,在这一层级转变过程中,就要求一线工作者能用工匠精神搞研发,用工匠精神做产品,用工匠精神创新产销模式。唯有让工匠精神贯穿整个生产流程,"供给侧改革"才有可能获得圆满的成功。

(三)培育与弘扬工匠精神有助于践行社会主义核心价值观

培育和践行社会主义核心价值观,就是要使中国人民在精神上强大起来。培育和践行社会主义核心价值观,关键是要在落细、落小、落实上下功夫。对广大职工而言,培育和践行社会主义核心价值观必须立足本职岗位。这就是说,工匠精神与社会主义核心价值观公民层面对各行各业从业者的要求是相契合的。[7]我国被全球公认为"世界工厂",为全世界生产了大量的产品;但就质量而言,出口国外的商品多半是以廉价而非质优取胜。近年来,瘦肉精、染色馒头、毒奶粉、地沟油等屡禁不止,各种粗制滥造、假冒伪劣的商品充斥市场,各种"楼歪歪""楼脆脆""瘦身钢筋"等怪象层出不穷。以上现象一方面表明现代社会诚信的缺失、道德的滑坡;另一方面也显示经济理性主义精神正逐渐成为工作社会中的价值观,人们从事一切制造、生产活动都是为了实现利益的最大化。在这样一个逐利的情况下,培育和践行社会主义核心价值观就显得尤为重要。基于工匠精神的职业素养的培养正是培育和践行社会主义核心价值观中敬业的集中体现。这种敬业,是职业道德和职业伦理的普遍精神,是培养一个劳动者的优良品质,沉淀一个民族对待工作的优良品质的必经之路。

三、培育与弘扬工匠精神是思政教育的重要任务

(一)培育与弘扬工匠精神是时代赋予高职院校思政课的新责任和新使命

恩格斯指出,"社会一旦有技术上的需要,则这种需要就会比十所大学更能把科学向前推进"。从这种意义上说,人类历史就是不断满足人们需求的历史。高职院校是培养技能人才的摇篮,是工匠发源地。我们处在一个伟大的时代,在党的领导下,中国人民已经实现了站起来、富起来的目标,目前正向"强起来"迈进。这就需要大批具有工匠精神的伟大工匠来建设伟大的工程,铸造传世的精品,缔造具有时代特征的灿烂文明,这是时代赋予中国高职教育的新责任和新使命。习近平总书记指出,未来我国的经济要"由主要依靠增加物质资源消耗向主要依靠科技进步、劳动者素质提高、管理创新转变"。要实现"三个转变",实际上要通过优化产业结构来带动经济发展方式的转变。由主要依靠增加物质资源消耗向主要依靠科技进步、劳动者素质提高、管理创新转变,表明要实现从经济数量增长向经济质量增长转变。无论是自主创新还是产品质量提升、品牌构建,都只有通过培育与弘扬工匠精神才能实现。工匠精神不仅是国家实现产业转型升级战略的基本要求,也是新时期劳动者的人生追求,更是国家发展的引擎和动力。[8]只有培育了大量具有工匠精神的劳动者,大力弘扬工匠精神,通过千千万万能工巧匠的努力打造,才能支撑起解决新时代发展所需要的技术成果、产品品质,更好地服务于新时代中国特色社会主义建设。[8]高职院校作为培养社会主义建设事业未来接班人的机构,必须自觉地担当起培养高职学生工匠精神的重任,加强对学生工匠精神的培育、传承和弘扬。

(二)培育与弘扬工匠精神是新时代中国特色社会主义人才队伍建设的基本要求

新时代中国特色社会主义建设需要加大高素质专业基础人才的培养力度,造就一批领军人才、创新人才、营销人才和高技能人才。具备工匠精神是高素质、高质量人才的重要特征之一。在现代社会中,高素质、高质量技能人

才主要是通过高职院校进行培育,因此高职院校就成了培养具有工匠精神的高级技能人才的主阵地。然而,目前我国的高职院校中,仍有不少高职院校在培养模式及办学风格上不由自主地往传统的高等教育模式方向靠拢,教学活动大多数都是在教室里通过面授方式进行,课程设置也多是"老面孔",担任教学工作的也多是"学院派"教师,重理论轻技能,重讲授轻实训。这些因素使得高职院校的职业性无法体现,培养的人才无特色,不能适应社会用人单位的客观要求。因此,我国的高职教育应当坚持以学生就业和社会需求为导向,构建新型技能人才培养体系,着力培育以改变世界为己任的具有工匠精神的应用型、复合型技能人才。换言之,高职教育不仅要培养具有一定技术能力的从业者,还要培养不断追求卓越、不断创新的员工,从而创造出品质更高、种类更丰富的物质和精神产品。因此高职院校应该注重培养工匠精神和奉献精神,满足社会对高职院校能够培养创造出高质量、高品质产品的人才的期待。

(三)培育与弘扬工匠精神是新时代高职院校思政教育的重要价值取向

没有工匠精神,就谈不上职业道德、职业精神。如果没有职业道德和职业精神,必然导致粗制滥造、假冒伪劣产品占上风。一个伪劣产品横行的社会,必然会走向崩溃、没落。工匠精神蕴含的求精、敬业、创新等内容,既是社会主义核心价值观的重要构成,也是社会主义建设接班人应该具备的崇高的社会担当。因此,工匠精神是推动社会主义发展进步,实现共产主义的内在动力。[8]就此而言,培养高职生的工匠精神,使学生成为真正的社会主义、共产主义建设人才,既是中国特色社会主义高职院校思想政治教育的基本责任、使命,也是中国特色高职院校开展思想政治教育的本质要求。中国特色社会主义高职院校思想政治理论课是培养高职生正确的世界观、人生观、价值观的主要阵地。[9]一方面,可以使学生树立坚定的马克思列宁主义和共产主义信仰;另一方面,可以培养学生高度的责任感和求真务实的工匠精神。

四、培育与弘扬工匠精神是高职院校思政教育的重要任务

无论是从新时期中国特色社会主义建设的要求来看,还是从工匠精神的内涵和作用来看,无论是从中国优秀传统文化来看,还是从高职院校思政教育的根本目的和职责使命来看,培育与弘扬工匠精神都是当前高职院校思政教育的重要任务。

(一)立德树人是思政教育的使命

首先,工匠精神所涵盖的内容与立德树人的具体要求具有高度的一致性。工匠精神是职业教育"立德树人"的特征和灵魂,职业院校不仅要培养大批具有一技之长的劳动者,也要培养学生树立牢固的精益求精、敬业守信的职业观念。在提升学生职业技能的同时,着力强化以工匠精神为核心的职业素养的培育,将工匠精神的培育贯穿于教育教学的全过程,培养学生具备未来大国工匠的基本素质。[10]其次,工匠精神所具有的价值与立德树人具有高度的契合性。思政教育作为意识形态传播的主渠道和主阵地,需要把提高职业技能和培养职业精神高度融合,把重视道德要求和品质规范,强调敬业爱岗、遵守纪律,重视楷模的树立和榜样示范作用等思想内涵融入思政课教学中,在思政课上以工匠精神的培育为重点,引导学生将职业理想的树立与工匠敬业奉献的职业追求相结合。

(二)保障高职院校适应市场转型发展的需要是思政教育的目标

高职院校培养的是适应生产、建设、管理、服务第一线需要的高素质高技能型人才。而制造业是我国国民经济的主体,是立国之本、强国之基。当前,我国制造业大而不强,结构调整和转型升级的任务越来越紧迫,其中人才是关键。这就需要高职院校大力弘扬工匠精神,不断提升学生的职业素养,为科技创新与技术创新推进制造业的质量升级、技术升级、产业升级源源不断地提供适应发展需要的合格优质人才,保障高职院校的发展与市场转型升级同步甚至超前,真正实现我国政府提出的"中国制造 2025"战略计划,力争在未来十年实现由工业大国向工业强国转型的伟大目标。

(三)助推高职学生成功就业和满足其个人发展的需要是思政教育的职责

人类社会的发展历程告诉我们,"工欲善其事,必先利其器",但仅有"利器"未必能"善事",想要"善事"关键在于使用"利器"的人。现在影响我国现代化进程的关键因素不是物,而是人。作为新时期中国特色社会主义建设的主力军和未来的职业人,高职生要想成功就业,并在自己未来职业生涯发展中有所成就,就需要在工匠精神的引领下,不断提升个人的职业素养,加强个人在思想道德品质、职业素质、学业与就业能力、职业基础能力和健康安全方面的学习,用专心致志和敬业去要求自我,在专心致志和爱岗敬业中改善自我,最终向着精益求精、追求卓越的目标去提升自我,让自己成为善用"利器"的人。

五、工匠精神融入高校思想政治教育中的路径

(一)把工匠精神作为思想政治工作者的自身需求

高职院校思政工作者要善于郢匠挥斤,改进思想政治教育的技术路线。突出工匠精神培育,不应该是单纯地把学生培养成"政治学的教科书",而是改进思政教育的技术路线,把鲜明的育人导向融入教育教学全过程,引导学生形成崇尚劳动、敬业守信、创新务实的职业精神;要聚焦创新人才培养,不断提升服务经济社会的能力,培养学生的科学精神、创新意识、诚信意识。[11]高职院校应重视党组织和党员干部在弘扬工匠精神过程中的战斗堡垒和先锋模范作用。坚持思想政治学习与教育不间断,坚持党的理论进课堂,把政治学习与学生德育教育、教师师德建设紧密结合起来,把全校师生的思想和行动统一到党的路线、方针、政策上来,统一到学校建设和高技能人才培养上来,促进高职院校凝心聚力培养大国工匠的校风、教风、学风。[12]

(二)将工匠精神纳入高职人才培养全过程

职业精神的培养可以贯穿整个高职生的素质培养体系,与思政课程和专业课程教学紧密结合,特别是与思政课程和实训教学相结合,将工匠精神中的专业、敬业、爱业、精业等精神贯穿于职业教育之中,提升学生的职业素养,为高职生成功树立良好的职业精神并转化为合格的从业者做好必要准备。有工匠精神融入的思政课程要贯穿学生学习的始终。要提高高职生的专业素质及其他素质,首先就要培育高职生的职业能力和工匠精神,让他们形成良好的心态。同时,开展思维能力、表达能力、解决专业问题所需的实践能力的相关培训。基于此,要在思政课程体系中开设职业道德和工匠精神养成专题,讲授工匠必须具备的职业道德、中国工匠发展历史,并结合具体案例解读工匠精神,为未来参与创新实践打下基础。此外,开设创造创新思维与实践专题,讲授工匠未来工作所需的思维方法、技术革新活动所需的技法、培养问

题意识和系统思考意识,为未来参与创新实践打下基础。要抓住高职生假期社会实践活动的契机,开设社会实践教育课程,讲授社会实践的意义和价值、社会实践方案设计、社会实践活动中需要掌握的调研方法以及社会实践成果的写作技巧。最后,在高职生临近毕业时以工匠未来工作所需的表达能力为重点,开设表达能力课程,讲授写作基本技能、工匠参加工作后涉及的各类文体的写作规范与技巧,同时介绍提升高职生口才能力的方法和具体训练手段。

(三)将工匠精神纳入实践教育的重要组成部分

职业精神往往要通过实践才能内化为从业者的职业素质。当工匠精神与具体的职业场景相关联时,高职生能更真切地体会到这一精神的实质与价值,并将其作为自己的职业信仰与追求。在职业精神的教育实践中,往往可以通过建立校模拟场景的方式,激发并训练形成相关职业情感。[12] 在培养学生工匠精神时,必须将其放到现实情景中进行锻造,旨在通过实践教学,培养知识经济和社会经济发展中所需要的具有较高创新意识、创新精神、创新思维、创新品质、创新能力等思想政治素质和科学文化素质的"四有"人才,以适应时代的发展和社会的进步,这是为了教师更好地教、学生更好地学、教学活动更好地开展,为了发挥教师与学生双方的积极性与主动性而进行的活动。思政课教师要提高对思政课实践教学的认识,树立实践育人的德育观念。思政课实践教学,是理论和实际相结合的有效形式。高职生通过对思政课实践教学的认识,使理论和实践有机结合,更能充分理解工匠精神所蕴含的敬业、精业和创新精神。这对上好思政课,提高思政课的教学质量,真正做到将工匠精神融入思政课程大有益处。

(四)营造良好的高职生思想政治教育的校园文化氛围

校园文化和思想政治教育虽然分属不同的教育领域,具有不同的教育侧重和特点,但都共处于一个教育平台,同属高职教育的范畴,共同承担着培养学生的重要责任,高职思想政治教育教学和校园文化在目标、功能、方式、方法等方面都存在耦合。高职院校应该以校园文化活动为引领,充分利用这一隐性教育资源,传播、弘扬工匠精神。可通过相关的演讲、比赛、展览等校园文化活动,为学生营造学习工匠精神的浓厚氛围。这样既丰富了学生的课余文化生活,又能拓展他们的知识面,磨炼其实践能力,还能对其工匠精神的形成起到积极的助推作用。[13]比如举办"我眼中的工匠精神""我为工匠精神代言"等活动,能够增强学生的品质意识,而对品质的坚持和追求正是工匠精神的重要体现。校园文化活动可凭借其丰富的形式,寓教于各类活动中,以一种特殊的教育方式,使工匠精神得到进一步传播与弘扬。

(五)改革考核方法是将工匠精神融入思政课题的保障

融入工匠精神后的思政课程与传统课程区别很大。要使课程教学活动顺利实施,可以采取如下一些措施改革考核方法,提高教学效果。首先,考核标准统一与弹性的结合、考核手段多样化、考核方法改进过程民主化是考核方法改革的关键。任何教学活动最终都是通过评分、评判得出成绩的,如何在评分过程中既体现评分标准的权威性和公正性,又做到保护学生的创造性思维成果至关重要。因此,在制定评分、评判标准的工作中要有弹性。具体地说,就是增加对于学生素质的主观评价。也就是说,在评分、评判标准中增加教师对学生创造力的主观评价的评分比例。这样做,可以使评分、评判标准达到主观和客观的结合,标准统一与弹性的结合。[14]

其次,多次考核与多样化考核相结合是推动课程发展的有效方法。评定成绩是教学必不可少的环节,然而为"考试"而考试,学生压力必然增大,转而生厌,变成了一种消极负担。因而,我们有必要对考试进行改革的尝试。采用期末考试来评定成绩,"一锤"定音,虽然可以收到促进全面复习、巩固、提高所学知识的效果,但是同时也会给学生造成一种消极的负担和恐惧心理。因而,可以将期末考试分解为多次考核,在每一单元结束后都进行一次考核。考核的方式可以是多样的,既可采用笔试,也可采用口试或单元总结报告等方式进行。通过考试,准确掌握学生的学习情况,为有针对性地矫正错误提供依据。同时进行总结、讲评,及时矫正,促使学生思考,掌握前导知识,以促进以后的学习。

综上所述,工匠精神的培养,让高职生在获得技术能力的同时又获得与技术技能相关的精神力量,真正理解技术技能的实质。这既遵循了高职教育的发展规律,又满足了时代的要求。在高职教育中重拾失落已久的工匠精神,可以使我们更清醒地认识到高职教育的本质和意义,更清楚地认识到高职教育的方向和未来。

■■■ 参考文献

[1] 王晓峰. 弘扬"工匠精神"谱写新时代的劳动者之歌[J]. 中国工人, 2016(7):2-4.

[2] 亚力克·福奇, 陈劲. 工匠精神[J]. 当代劳模, 2015(11):74-75.

[3] 王朋. 创新在教学中的作用[J]. 科技资讯, 2010(36):181.

[4] 李红昌. 铁路效益发展规律与我国铁路产业发展[J]. 铁道经济研究, 2012(3):10-14.

[5] 莘海亮, 张森, 罗显鑫, 等. 基于新时期工匠精神的高职畜牧兽医专业技能大赛组织
　　与实践[J]. 贵州畜牧兽医, 2018(2):43-45.

[6] 刘世锦. 供给侧改革实现转型再平衡[J]. 党政干部参考, 2016(1):21-23.

[7] 肖群忠, 刘永春. 工匠精神及其当代价值[J]. 湖南社会科学, 2015(6):6-10.

[8] 胡芝. 培养"工匠精神"是高校思政课教学的创新实践[J]. 中共乐山市委党校学报,
　　2018(3):109-112.

[9] 刘卫红. 中职教育校企合作的必要性及加强合作的措施[J]. 新西部月刊, 2009(6):
　　95-96.

[10] 郑晓纯. 古希腊"工匠精神"的当代价值[J]. 理论界, 2018(1):76-82.

[11] 李冬梅. 试论新时代背景下高校思想政治教育中的工匠精神[J]. 白城师范学院学
　　报, 2018(3):39-42.

[12] 卢翰琳. 新时代高职院校学生"工匠精神"培育探究[C]// 辽宁省高等教育学会 2017
　　年学术年会优秀论文一等奖论文集, 2017.

[13] 王丽媛. 高职教育中培养学生工匠精神的必要性与可行性研究[J]. 职教论坛, 2014
　　(22):66-69.

[14] 张子睿, 许大德, 吕岩, 等. 建设"新农村"背景下农林院校管理类选修课体系构建
　　[J]. 北京农学院学报, 2007(S1):284-286.

（何　伟）

第二节　构建高校课程思政机制实践探索

课堂教学是教与学目的性和意识性都很强的一项活动。教师通过课堂教学,实现"传道、授业、解惑",学生通过课堂掌握知识,习得技能,发展智力,形成态度和相应的品质。"要用好课堂教学这个主渠道,思想政治理论课要坚持在改进中加强,提升思政教育亲和力和针对性,满足学生成长发展需求

和期待,其他各门课程都要守好一段渠、种好责任田,使各类课程与思想政治理论课同向同行,形成协同效应。"如何使各门课程与思政理论课同向同行,形成协同效应,笔者认为,在课程建设的理念上,要从"育人"的本质出发,树立课程思政的核心理念,既注重知识传授过程中的价值引领,也凸显价值传播中凝结的知识底蕴,使课堂的显性教育与隐性教育融通,不但实现"知识即道德",而且实现从"思政课程"向"课程思政"的转化;在教学改革思路和具体环节方面,形成科学的制度设计和机制激励,打造高校全员、全过程、全方位育人的环境。

一、课程思政体制机制的内涵

马克思把人看成是哲学的出发点,并强调人之所以能够作为主体,必然存在"依靠自己而存在"的依据,因而感兴、感觉作为人的最真实的存在状态对人来说必然具有一种本体论的意义。[1]"人以一种全面的方式,也就是说作为一个完整的人,把自己的全面的本质据为己有",并且"以全部感觉在对象世界中肯定自己"。[2]

课程思政就是高校的所有课程都要发挥思想理论教育的作用,"机制"原指机器构造和动作原理,将机制引用到课程思政研究领域,用来表示影响课程思政因素之间相互联系、作用的关系及激励功能。根据赫维茨机制设计理论[3],课程思政体制机制是以提高高校人才培养质量的倡导者为"业主",明确机制设计任务,确定培养社会主义事业建设者和接班人为期望目标,维持高校人才培养系统均衡且满足期望目标的自然机制。课程思政体制机制不是重设教学机构、重新开设一门课,而是从课程思政价值生成规律出发提出的,课程思政的价值功能需要依托课程体系的全力构建,课程思政的整体目标应围绕立德树人的根本任务,课程思政的价值实现需要立足课程的多元价值性。[4]

高校课程思政的内在机理是中国传统文化理念的自然延续,是中国新时代国民教育的适时强化,是中国特色社会主义文化自信的自然呈现。[5]影响课程思政价值聚焦的核心问题主要是单纯将高校思政工作看成思想政治理论课的事和将思想政治教育看成辅导员、班主任和党团组织的事,从课程思政的价值本源出发,课程思政的价值聚焦,就是坚持目的性、规律性和必然性。[6]

高校课程思政的育人机制构建路径：首先，要在构建全面思政体系中形成课程资源协同育人；其次，要充分挖掘课程体系德育元素，打造立体育人格局；最后，要引导教师自觉践行立德树人，创新课程思政方法。高校课程思政的实践路径在于学科化分类指导，课程设置的差序格局，授课对象的立体化安排。

二、高校课程思政机制理论依据

"所谓教育，不过是人对人的主体间心智交流活动（尤其是老一代对年轻一代），包括知识内容的传授、生命内涵的领悟、意志行为的规范，并通过文化传递功能，将文化遗产交给年轻一代，使他们自由生成，并启迪其自由天性。"[7]显然，存在主义哲学家卡尔·雅斯贝尔斯认为，教育的根本目的在于个性的全面、自由与和谐发展，教育的核心在于思想启迪、道德养成、知识传授和文化传承。高校课堂是帮助大学生树立正确的人生观、世界观、价值观的重要途径，只有坚持课堂教育为主，才能创造育人的良好局面。

"人的感觉、情欲等不仅是狭义的人类学定义的"，主体教育理论认为，人是教育的出发点，价值是教育的最高价值。课程思政就是要高校教育按照社会需求，培养和完善学生的主体性。在这一过程中，既要注重发挥学生的主观能动性，也要重视教师的作用。世界著名的教育学家赫尔巴德认为，"教学如果没有进行德育只是没有目的的手段，品德教育没有教学，就失去了手段和目的"。课堂教学是教学的基本形式，优质、高效的课堂教学是实现教育目标的重要保障。

美国心理学家班杜拉认为："人的认知能力对行动结果的预期直接影响人的行为表现，在强化过程中告诉个体行为后果会带来的奖惩，以判断其行为反应。"[8]"知识即道德"，高校课程思政的直接作用者在教学过程中，既要通过各种教育措施实现有效的知识传授，更要通过典型案例的剖析，培养学生挑战环境的自信和力量，主宰时代创新性和自主性，"润物细无声"实现价值引领。

高校课程思政的评价是高校教学活动的表征之一，其实质是促进高校教学活动日趋完善，是高校教学行为自觉性与反思性的体现。基于多元智能理论、建构主义理论和后现代主义理论，高校课程思政评价应注重学生学习的全貌和学生的多元潜能,突出学生学习过程中价值观的形成和学习能力的形成。

三、高校课程思政机制设计

高校课程思政机制是系统工程,依据机制设计理论,应用前文提出的理论,设计高校课程思政机制系统,如图 1-1 所示。

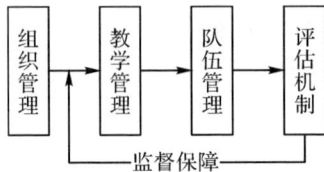

图 1-1　高校"课程思政"机制系统示意图

高校课程思政的育人目标,既不能仅仅依靠某一门课程实现,需要整合人才培养全部课程系统的合力,也不能仅仅依靠部分教师就可以实现,需要借助学校全体教师的参与,更不是在学生学习的某一过程就能实现,而是渗透在学生成长的全过程。为使这个庞大的系统工程有序而高效地运转,必须形成强有力的组织管理能力。

教育部《高等学校思政理论课教学标准》(教社科〔2011〕1 号、教社科〔2015〕3 号)均明确提出,高等学校思政理论课组织管理的二级指标有领导体制、工作机制、机构设置、专项经费。其中领导体制明确提出学院党委直接领导,协调校行政负责实施,分管领导具体实施,并成立相应领导机构。根据我国高等学校人才培养目标,依据教育部《高等学校思政理论课教学标准》要求,我国高校课程思政应实行学校党委、行政领导负责制,领导机构为学校思政理论课领导小组或学校教学委员会。各学校宣传、人事、教务、教育研究机构和科研机构各负其责,相互配合,落实课程思政推进过程中的教育教学、队伍建设、科研立项、成果孵化、经费保障等激励和保障措施。

教学管理是学校行政部门和教学管理部门,以计划、组织、协调、控制等手段,对学校教学过程中的各要素加以统筹,使之有序运行的行为。教育部《高等学校思政理论课教学标准》明确将管理制度、课程设置、教材使用、课堂管理、实践教学、教学方法改革和教学成果纳入高校思政理论课建设标准教学管理二级指标。依据这一标准,课程思政的教学管理应涵盖课程思政推进的各项教学管理制度、教材的选用、课程标准制定中思政元素的融入,"润物细无声"地实现价值引领的教学方法改革和课程思政成果孵化与推广。

　　教育部《高等学校思政理论课教学标准》将教师的政治方向、师德师风、教师选配、培养培训、职务评聘、经济待遇、表彰评优纳入师资队伍的二级指标。把培育和践行社会主义核心价值观融入教育全过程,教师是决定性要素。[9]高校教师直接实施对大学生思想政治素质的培养,高校教师在课堂教学过程中的言谈举止对学生思想素质的培育起到潜移默化的示范作用。当前,我国高等教育已进入新时代,把教师队伍的建设,从思想和行动上统一到习近平新时代中国特色社会主义思想上来,是建设德才兼备的高水平队伍,破解课程思政初级阶段和学科德育体系尚未完全建立现状,实现全课程与思政课同向而行的关键。[10]

　　课程思政成效评估是学校运用信息、行政手段宏观管理和目标管理的有效途径,对于提高人才培养质量具有十分重要的作用。教育部《关于加强高等学校本科教学工作提高教学质量的若干意见》(教高〔2001〕4 号)第十二条提出:高等学校要根据新世纪人才培养的要求,不断深化教学管理制度的改革,优化教学过程控制;建立用人单位、教师、学生共同参与的教学质量内部评估与认证机制。高等学校的教学管理具有垂直性和指令性的行政组织特点,常规的教学目标的实现,可以由学校教学组织领导机构确定目标,教务处安排学期教学任务时下达,期中教学检查、期末教学检查,基本能够保证人才培养质量。为提高质量监控的有效性,各学校都建立了督导监控机制,通过人才培养质量的过程性监控,完善了监督机制。但课程思政不是一门课程,教师进行价值观引领,单纯依靠行政组织命令,教学督导的过程性监控,远远不能满足新时代高校人才培养的需求和课程思政有效性评价的需求。为此,需要在学校行政组织领导和督导体制之外,建立更加完善的推进、激励和评价机制。通过"五突出"形成"三全育人"的课程思政良好局面:第一,学校每年制定的行动计划,要突出课程思政质量提升工程,使教师能够深切感受到学校的引领作用;第二,人才培养方案和课程标准突出价值引领;第三,教学质量监控突出课程思政评价要素;第四,教师职称评聘、评先评优突出课程思政成果要素;第五,单列课程思政科研项目,突出课程思政成果导向。

四、浙江工贸职业技术学院课程思政机制实证

　　浙江工贸职业技术学院是一所具有近六十年职业教育办学历史的全日

制高等职业院校。学校始终坚持以立德树人为根本任务,立足温州,面向浙江,辐射全国,持续提升人才培养质量,努力培养德智体美劳全面发展、具有创新创业素养、能适应经济社会发展需求的高层次技术技能型人才。学校在浙江省毕业生职业发展和高校人才培养质量状况调查中,3次名列全省47所高职高专院校第一,1次第二。学校是"全国职业教育先进单位"(教育部等六部委),是教育部现代学徒制试点单位、浙江省优质高职院校。

(一)建设完善的课程思政生态系统

全国高校思政工作会议召开之后,浙江工贸职业技术学院便启动《浙江工贸职业技术学院"课程思政"教育教学体系建设行动方案》,全面推进课程思政。作为行动方案步骤之一,启动成立马克思主义学院建设工作,并于2017年5月挂牌,成为省内高职院校第二所马克思主义学院。同时,提高思政教育质量也被列入2018年六大行动计划之首项。在课程思政推进过程中,学院坚持党委主体责任制,以"思政理论课领导小组"为推进工作的领导机构,院党委书记担任组长,并设立了由马克思主义学院、教务处、高职所、督导处、学生处、科研处、人事处和二级院系行政负责人组成的专门办公室推进课程思政落实工作。"专业—课程"课程思政平行推进模式,构建了课程思政机制建设新的理论模型,如图1-2所示。

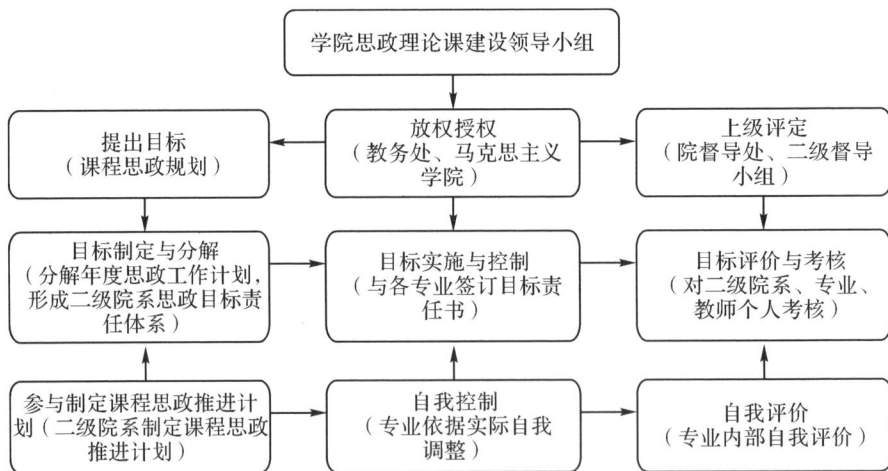

图 1-2 课程思政"专业—课程"推进机制理论模型图

以课程思政为载体,探索思政要素融入人才培养的价值维度与有效路径,就是把价值观培育和塑造,通过"基因式"融入所有课程,让思政教育贯穿学校教育全过程,将教书育人的内涵落实在课堂主渠道,让所有课堂都上出"思政味道",与思政理论课同向同行,让立德树人"润物无声"。[11]2017 年,学院启动了专业诊断工作,将人才培养方案价值元素挖掘作为重要诊断指标;2018 年,启动了课程标准制定工作,将社会主义核心价值观融入课程建设,作为制定考核标准元素的重要指标;2018 年 5 月,学院举办了课程思政推进教学改革教学论坛;2018 年 6 月,学院启动课程思政科研专题项目立项工作,经过学术委员会评选,有 10 个项目获得院级科研项目立项。

学院党委书记、院长通过专题工作会议,研究部署课程思政推进工作,亲自走上讲台为学生上课,极大地提升了课程思政的效力,为学生成长发展提供了新的视野。工贸学院完善的"党委统一领导、党政部门协同配合、主渠道为主落实"的课程思政生态系统基本形成。

(二)课程思政教学管理聚焦课堂教学主渠道

课程思政的实施主阵地是课堂。用好课堂主渠道,做到与思政课程同向同行。学院针对思政理论课、专业教育课和通识类教育三类课程的不同属性,以课程标准制定为抓手,在厘定课程功能定位的前提下,精准化地进行教学内容价值引领元素的挖掘,工匠精神教学案例和社会主义核心价值观引领的剖解。

学院在"高校思政课教学质量年"建设成果基础上,将 2018 年定位为内涵建设年,明确将课程思政实效纳入教师教学质量业绩考核。为挖掘典型、发现问题,学院和分院二级督导听课 510 课时,覆盖学期期中所有课程,之后对存在的问题及时提出整改措施。长期实践形成的质量监控与持续改进"SOEI"循环法,为课程思政工程建设提供了保障,如图 1-3 所示。

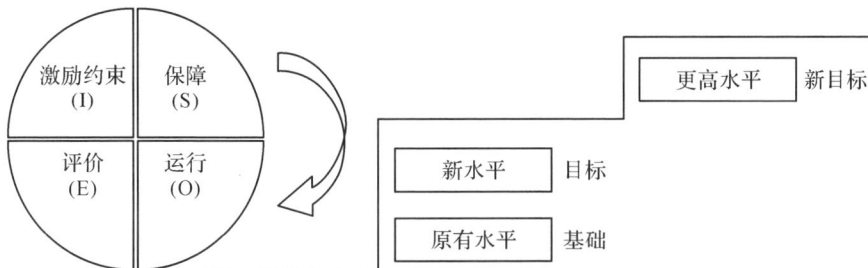

图 1-3　课程思政质量监控与持续改进的"SOEI"循环法示意图

近年来,学院相继开设了根植浙江改革开放取得的成就,既深刻解读习近平新时代重要思想,又紧扣时代发展,激发学生强烈求知欲和报效祖国的"富强中国"等系列课程。

在教学方法上主张案例驱动,通过集体备课精选案例,增强案例选择的影响力;通过现代教育技术应用,增强案例教学的渲染力;通过教师引人入胜的讲解,润物细无声地实现教育目标。学院专业课、通识课融入思政教育的实践证明:以专业技能培养为载体融入价值引领,本身就是充满说服力和感染力的第二思政课堂。

(三)成果共享,全面提升教师队伍课程思政的行动力

能否提升课程思政效果取决于教师的育人意识和育人能力。[9]为提高全体教师课程思政教育水平,学院由高职研究所、马克思主义学院联合指导全体教师进行课程价值元素的挖掘。同时,通过全院课程思政公开课,引导全体教师实现共同教育目标的行动。

所有课程都蕴含丰富的育人资源,每位教师都有责任挖掘每一节课的思政教育资源。为提高教师课程思政教育水平,教学论坛成为课程思政成果共享的平台。教学论坛上从专业系统实施思政教育到课程思政长效机制构建,既有实践的探索,也有理论的创新;既有专业课课程思政价值元素的挖掘,也有通识与思政理论课同向同行理论探索与实践;既有专业教师在课程思政中的作用发挥,也有思政理论教师在课程思政中的担当。课程思政生态环境奠定了工贸学院育人成效的格局。学院在全省专业水平评估中连续多年名列全省高职高专院校前茅,教学业绩考核连续多年位居省 A 类方阵。同时,学院还被评为全国创新创业高校 50 强,荣登由全国高职高专校长联席会议委托,上海市教育科学研究院和麦可思研究院共同编制的 2018 年"国际影响力50 强""服务贡献 50 强"双榜单。[13]

通过顶层设计与机制引领,从专业到课程、从理论教学到实践教学、从专业课到公共基础课、从第一课堂到学生第二课堂,社会主义核心价值观教育全面渗透,马克思主义贯穿在教学科研全过程,学院全员、全过程、全方位大思政格局已然形成。

■■■ 参考文献

[1] 邹诗鹏. 马克思哲学与人学的内在关联——兼论马克思人学思想的现时代价值[J]. 社会科学辑刊, 2001(2):11-17.

[2] 马克思. 1844年经济学哲学手稿[M].北京:人民出版社,1979:78.

[3] MYZRSON R B. Mechanism Design by an Informed Principal[J]. Econometrica, 1983, 51(6):1767-1797.

[4] 石丽艳. 关于构建高校课程思政协同育人机制的思考[J].学校党建与思想教育, 2018(10):41-43.

[5] 王海威,王伯承.论高校课程思政的核心要义与实践路径[J].学校党建与思想教育, 2018(14):32-34.

[6] 邱伟光.课程思政的价值意蕴与生成路径[J].思想理论教育, 2017(7):10-14.

[7] 卡尔·雅斯贝尔斯.什么是教育 [M]. 邹进,译.北京:生活·读书·新知三联书店,1991.

[8] 余进军.探析高校全员育人保障机制[J].前沿, 2013(16):197-198.

[9] 邵广,铁振.课程思政与高校教师队伍建设[J].航海教育研究, 2018(2).

[10] 刘川生.建设一支德才兼备的高水平教师队伍[J].中国大学教学, 2015(3).

[11] 焦苇,陈之腾,李立基.上海高校积极试点探索"课程思政"教育教学改革[J].上海教育, 2017(19):8-9.

[12] 我院喜获全国高职院校国际影响力＋服务贡献双50强! [EB/OL]. (2018-07-18)[2019-07-06]. http://www.zjitc.net/info/1017/45024.htm.

（尹清杰　毛海舟）

第三节　从教育学视角谈课程思政对大学生
主体性发展的促进作用

"现代教育学理论认为,教育作为促进个人发展的社会活动,不仅要以培养人的全面发展为教育目的,更要在教育教学过程中针对学生个性特点,进行主体性培养,发挥学生潜能。"[1]我国高等教育肩负着培养社会主义事业建设者和接班人的重大任务。习近平总书记在全国高校思想政治工作会议上明确指出,要坚持把立德树人作为中心环节,把思想政治工作贯穿高等教育全过程,实现全程育人、全方位育人。因此在大学各课程中要体现出对学生的价值引领,要培养和发展学生主体性,实现个体的全面发展。

一、教育学视角下的学生主体性

(一)主体含义

主体是现代认识论的一个基本范畴。《现代汉语词典》提到从哲学上讲,主体是指有认识和实践能力的人,马克思也曾说过"主体是人,客体是自然"[2],可见主体是专属人的哲学范畴,但主体是人却又不同于人。"前者主要从活动方面,后者主要从存在方面"。也就是说,主体体现的是人对世界的一种价值关系和人的活动状态,如若人没有处于积极主动地位时,他便不是主体。因此,本文的主体定义为有意识,有目的,并在一定社会关系中从事实践活动、认识活动的现实人,是能通过自身的自觉能动活动,发挥能动积极作用并取得支配地位的人。

(二)学生主体性

"主体性指主体在对象性活动中,运用自身本质力量,能动地作用于客体的特性,是人的自觉能动性"[3],因而大学生主体性指大学生在教育活动中,通过高校教育教化和自觉能动活动,体现出的自主性、主动性(能动性)、创造性等等。自主性表现为具备独立意识,合理规划、执行、审视自己的教育活动,是学生对活动具有支配和控制的权利和能力;主动性(能动性)表现在为实现自身需要,主动适应、选择和改变教育活动;创造性指在教育活动中,学生能结合所学知识,对于所学知识有个性化理解,并达到举一反三的能力。当然,学生的主体性并不是与生俱来的,而是一个逐渐生成和发展的过程。在这个发展过程中,主体性不仅受各种自然规律的制约,更受教育过程和各种教育规律的制约,这成为大学教育能促进主体性发展的依据。

(三)"主体性"教育思想

自古以来,教育学探讨对象主要分两类:一是以教师为中心(注重教师和教材);二是以学生发展为中心(强调学生的主体性与主动性)。在我国,以学生为中心的教学理念可追溯到春秋时期。伟大的教育家孔子提到"学而不思则罔""不愤不启""有教无类"等等。我国最早教育论著《学记》中提到"君子之教,喻也。道而弗牵,强而弗抑,开而弗达",这都体现了我国古代教育重视在教学中培养学生的自觉性和积极性,肯定和尊重学生的主体地位。到了近代,"从蔡元培提倡'展个性,尚自然'的教育原则到陶行知的'生活即教育''教学做合一'的生活教育理论,再到叶圣陶的'教是为了不教',都表明教育家们重视学生个性发展、激发学生学习兴趣、启发学生独立探究等"[4]。我国20世纪80年代初,主体性教育理论在我国教育领域萌芽,到90年代初形成一套符合中国实际、以培养学生主体性为宗旨的理论,其基本观点为:人是教育的出发点,培养人的主体性是教育追求的目标;强调学生主体性的培养,确立学生在教育中的主体地位,关注学生未来发展,重视学生身心发展需要,承认学生个性发展的重要性等。

在西方,从文艺复兴开始,人们开始认同和关注主体性教育思想:教育家卢梭突破了传统学科课程的束缚,确立起"自然即课程,儿童即自然"的课程理念;夸美纽斯主张"把一切知识教给一切人";20世纪初叶,美国实用主义教育理论推行者杜威提出了"儿童中心说""教育即生活"等思想,推崇教育教学应当以学生为中心。继杜威以后,以皮亚杰、布鲁纳等人为代表的建构主义理论学派,倡导学生学习的主动性,主张通过提供和创设有利于学生主动参与的内容与情境,引导学生根据已有经验建构新知识,发展学生的主体性;到20世纪60年代,以罗杰斯为代表的人本主义教育理论学派,更加强调学生的中心地位,强调构建适合学生需求的环境和氛围,让学生主动投入并产生有意义的学习,促进主体性发展。20世纪70~80年代以后,主体性教育思想作为培养现代社会所需要的高素养公民的根本宗旨,已经深入西方各国的教育实践,并取得了显著成就。

综上所述,以学生为中心,培养学生主体性是教育的目的,是教育的风向标,高等教育应该以人本主义为切入点切实关注学生发展。

二、课程思政促进大学生主体性发展的必要性

促进主体性培养和发展是教育的目的,但是主体性的发展并不是一蹴而就的,而是一个教化过程。教育的各阶段,承担着不同的教化角色:中小学阶段是学生主体性的萌生期,侧重教化和引导学生;大学是学生主体性发展的

重要期,注重教化和引导学生自我教化、成长和发展;在成人阶段,个人主体性发展越趋成熟,能进行自我教育和自我指导。由此可见,新形势下的课程思政要抓好主体性发展的重要期,将推动大学生主体性发展作为课程目标,把促进大学生全面发展作为课程的本质要求,作为推动个人发展、提高教育质量、适应社会主义市场经济发展的必然推手。

(一)实现课程思政目标

"高等教育哲学人本论认为:高等教育应当回归人本,以人的发展作为教育的价值起点与终点。"[5]高等教育以人才培养为核心,以以人为本为宗旨,以立德树人为根本,其重心是要实现学生德智体美劳全面发展。《国家中长期教育改革和发展规划纲要(2010—2020 年)》明确提出,把育人为本作为教育工作的根本要求,要以学生为主体,以教师为主导,充分发挥学生的主动性。[6]《基础教育课程改革纲要》中提到各学科建构新的课程体系、结构和内容及"以人为本""以学生的发展为本"的新课改理念。由此可见,大学课程思政的目标是实现人的全面发展,充分发挥大学生的积极性、主动性、创造性,推动社会各方面要素和谐发展……这与马克思列宁主义的人的全面发展学说不谋而合,认为"人们的社会历史始终只是他们的个体发展的历史"[7]。因而通过课程思政,保证所有学科共同作用,将思想政治工作贯穿教育教学全过程,实现全程育人、全方位育人,开创教育新格局。在课程思政观统筹下,从人出发,强调学生主体性,培养具有"认识人类社会发展规律的能力,能对现实社会实际发展方向独立做出正确判断的,真正坚持社会主义方向,能顶得住各种逆社会主义方向而动的潮流,具有各种独特才能和创造力的,并具有健全人格和丰富个性的人"[8]。

(二)迎接新时代需要

随着我国社会主义市场经济的建立和完善,知识、经济、文化领域的多元化,人们的物质和精神生活都发生了巨大改变。在深入社会改革和实现现代化进程中,需要一批批能引领时代潮流,具备高知识、前能力、强素质,有独立性、自主性、创造性的青年人才。因为"他们不再盲从传统的道德价值观和道德规范,而是自主地选择适应时代发展的道德价值和规范"[9]。但是,目前的高等教育还未能培养大批量满足时代发展需求的优秀人才。同时,在互联网蓬勃发展的时代,"地球村"正在形成,多元文化思潮交汇并激烈碰撞。大学生是网络使用的主力军,不免受到网络上各种思潮的影响。这需要教育在课堂上除了教授专业知识之外,也要肩负起引领学生思想和价值观的工作。并且,新媒体时代下,信息获取和网络交流更依赖大学生的自主性、能动性和创造性。这对高校人才而言既是机会也是挑战。一方面,这要求教育提升学生的平等意识、主体意识、创新意识,促进学生全方面培养和发展;另一方面,如何改变传统教育模式,培养符合时代所需人才也是需要思考的问题。因此,充分重视大学生的主体性作用,培养全面发展的人才,成为当代大学亟待解决的教育问题。这需要在课程思政指导下,开展培养学生主体性的教学活动,帮助人们树立正确的价值观和做出正确的行为,激发学生的自主性、能动性和创造性,使他们学会学习、学会发展、学会创造,迎接新时代的挑战。

(三)满足大学生需求

在人才聚集、知识信息爆炸的时代,大学生是时代的弄潮儿。他们正处在人生观、世界观、价值观的形成阶段,表现在对外界拥有好奇心和求知欲,对新生事物存在敏锐的感知力,对内希望自身取得进步,成长成才。同时,大学生的需要多种多样,既有物质需要、精神需要,也有主导性需要、辅助性需要,其中不断成长自我、发展自我成为大学生的主导性需要。但从大学生的心理发展特点来看,虽然"成人感"已出现,价值观念渐趋稳定,道德水平不断提高,但独立意识仍未成熟。因此,课程思政的基点是要培养学生的主体性,培养学生的独立思维能力,使大学生获得全面发展。

(四)改变现行课程弊端

在现行高等教育中,大部分课程的教育方法为依赖教师、形式单一、强制性的外部灌输方法,学生则始终处于静听状态,处于一种被动接受地位,形成了"我说你听,我打你通,以观念说教、行为约束、思想灌输为特征的单向教育模式"。在教育关系上,教师只是负责完成教学任务,没有真正指导和改变学生,而学生只是负责机械性或突发式地完成学业,修满学分,在学习过程中缺乏主动性、创造性。在教育评价上,教师是评价主体,是决定主体,学生很少参与教育评价。总体而言,高校教学的机械灌输与学生的被动接受现象仍相当严重,这扼杀了学生自主学习的积极性,不利于塑造独立人格,更不利于培养学生的自主性、能动性和创造性。因此教育一旦失却了涵养人性、关切人生的追求，学生便沦为了被知识操控的"机器人"或"工具人"[10]。毋庸置疑，传统教育在规范个体行为、提升个体素质上起到积极作用，但是却忽视了学生的主体意识，没有尊重学生的自主、自立、自觉的主体精神。因此必须对传统教育进行改革，树立新型教育观，以课程思政为切入点，实现全员、全过程、全方位育人，充分调动学生的积极性和能动性，培养学生的主体意识和主体能力，形成主体性道德人格。

三、课程思政促进大学生主体性发展的有效机制

针对我国学校教育忽视主体性人格培养的状况和大学生主体性人格形成的特点，新时代下的课程思政应该从以下几方面推动大学生的主体性发展，提升育人合力。

（一）主体性发展的课程目标

教育主要有两大方向目的：社会本位论和个人本位论。从社会本位论教育目的来看，培养学生是为了个人更好地社会化，满足社会需求，服务社会。正如先前指出，在当今市场经济形势下，社会需要主动性强、创新能力强的人才，课程思政要通过挖掘全部课程价值内涵，充分发挥主体的主观能动性、积极创造性和自主选择性，推动其个人的主体性发展，为社会、国家培养所需人才。从个人本位论教育来看，瑞士教育家裴斯泰洛齐曾写过："为人在世，可贵者在于发展，在于发展各人天赋的内在力量，使其经过锻炼，使人能尽其才……这就是教育的最终目的"[11]，即个人的全面发展是教育的终极目标。由此可见，高校课程思政目标不仅要强调社会发展的整体需要，还要强调个人的发展诉求。当代大学生是完整的、独立的，具有自主意识，处于一直发展中的个体。课程思政的教育者和实施者要牢记"立德树人是高校立身之本"，将培养学生的德育素养视为教育的灵魂和首要任务，学习和掌握德育知识，要使"德"统帅"才"；要意识到学生有追求人生价值、自我实现的内在需要，发展学生的能动性、自主性和创造性，使其成为有较强生存能力、适应能力和发展能力的个人；同时也要意识到学生主体性发展并不是开展外在的、强加和压迫式教育，而是引导学生积极主动学习各类知识，并带领学生积极主动将外在知识内化为自己知识，不断提高和强化学生思想上和政治上素养的水平。

总而言之,在制定各课程思政目标时,在思想观念上要牢记社会本位论和个人本位论理念,培养和发展满足社会需求和个人诉求的学生。在课程中从学生实际出发,树立把学生主体地位还给学生的意识,培养学生主体性,为实现学生主动发展的课程目标服务。因此,课程思政目标体现的理念是:调动和激发学生的道德需要与动机,强化他们的主体意识,让他们自觉、主动地追求高尚的道德行为,发挥主观能动性,最终使学生获得终生学习的知识、技能和方法,形成正确的人生观、世界观和价值观,促进人格完善与自由和谐发展。

(二)以人为本的主体性课程

高德毅认为:"从核心理念上讲,实施课程思政是旨在突出学校教育应具备360度德育'大熔炉'的教育合力作用,课程思政既须注重在价值传播中凝聚知识底蕴,又须注重在知识传播中强调价值引领,有效地促进显性教育和隐性教育相融通。"[12]可见,这种崭新的育人模式特别注重强调以开发"课程思政"为抓手,来积极构建起高校的大思政格局,重构高校思想政治教育的新课程体系,以最大限度地推进各专业、诸课程、全方位都能同向协力地开发为课堂教学立德树人的思想政治教育主阵地。

第一,价值教育引导是课程思政培养主体性人格的核心内容。培养什么样的人,为谁培养,是大学教育的根本出发点和落脚点。"切实把社会主义核心价值体系融入国民教育和精神文明建设全过程。"[13]培养德智体美劳全面发展的社会主义建设者和接班人是中国特色社会主义大学教育的本色。因此,课程思政要依据马克思主义的基本观点和方法,培养学生的主体性人格,促进学生全面而自由的发展;要对学生进行理想信念教育,要引导统一个人理想与共同理想;要传扬民族精神、时代精神和荣辱观,构成一个全面传导价值观念的教育过程。

第二,加强大学生心理素质培养是课程思政培养主体性人格的组成部分。心理素质是人对环境及相互关系的适应能力、自控能力以及为人处事的态度和素养。在市场经济大潮中,面对激烈的竞争与利益关系,面对人得失引起的诸多困惑、压力、苦恼、焦虑,不少大学生存在如自卑、自傲、胆怯、任性等心理障碍。矫治心理上的疾病,虽然不是由课程思政完全承担,但也是课程思政不可推脱的任务,因为课程思政的目标是实现人的全面发展。因此,在课程实施过程中,教师要学会观察学生的心理状态,识别心理问题学生。在必要的时刻,引导学生进行心理咨询外,应发挥课程思政完善大学生主体性人格的基本功能,对大学生引导教育、关心爱护,在课堂中多鼓励学生树立自信心、自尊心,多鼓励学生自我教育、自我管理,培养学生的自主性和能动性。

第三,培养学生的主体性意识是课程思政培养主体性人格的重要方面。主体意识指"作为认识和实践活动主体的人对于自身的主体地位、主体能力和主体价值的一种自觉意识,是主体的自主性、能动性和创造性的观念表现"[14]。大学生正处于主体发展的重要时期,主体意识的强弱决定着学生的自知、自控和自主水平,决定学生的身心发展水平。在课程思政中,树立学生主体性地位的观念,培养学生的主体性意识,主要培养学生自我意识能力、自我实践能力、自我反省能力、自我监督能力、自我判断能力等等。在这其中,较为重要的是学生自我实践能力的培养,主要通过在课程思政中引入活动课程,通过参与活动,在实践中、在行动中实现个人认知、情感和行为上的发展。

第四,融入各类课程的人文情怀是课程思政培养主体性人格的表现方式。应立足"立德树人"这个目标,充分挖掘各门课程中的思政资源。高校的各类课程,不仅蕴含着科学精神,也涵养着人文精神;而挖掘和学习高校课程中的人文精神也是高校内涵建设的重要推手。在课程思政的实施过程中,精心梳理教材内容,提炼出各专业、各教材和各章节所涉及的思维、技术、人性、社会等多方面的独特育人价值,例如发展历史、杰出人物、人类价值、社会贡献等等。传授课程的各方面内涵,既让学生明白专业课程的价值取向,也能去思考自己的人生观、世界观、价值观。

(三)双主体型、平等友爱的师生关系

苏联著名教育家苏霍姆林斯基曾经说过:"课堂上一切困惑和失败的根子,绝大多数场合下都在于教师忘却了:上课,这是教师和学生的共同劳动,这种劳动的成功,首先是由师生关系确定的。"[10]因此,课程思政应重视形成良好的师生关系,推动教育的成功。

良好的师生关系中,首先要确定的关系是谁是教育的主体。这也是教育界近几年一直在争辩的论点,主要有以下观点:一是教育者主体说,即教育主体为"从事思想政治教育的人和机构组成的系统",即教师是实行课程思政的

主体,学生是客体。二是受教育者主体说。该观点认为学生是教育的主体,一切教育应以发展学生而进行。三是双主体说,承认教师和学生都是有意识,有目的,并在一定社会关系中从事实践活动、认识活动的现实人。教师和学生互为主体性,在施教过程中,教师是主体,学生是客体;而在受教过程中,学生是主体,教师是客体。双主体说的观点以学生为例,"顾明远先生首倡'学生主客体论',认为在教育教学过程中,学生既是教育的主体,也是教育的客体,并且强调应该进一步尊重和培养学生的主体性"[15],他认为在教育过程中,学生主体会自我教育,具有主动教育功能和自觉能动性。并且,学生的主体性并不因为学生在施教过程中处于客体地位而被泯灭。因此,课程思政"不仅重视教育客体的积极性、能动性、创造性在思想政治教育活动中的发挥,而且把教育客体、主体性的培育和发展作为重要主体"[16];重视学生的主体地位,提倡双主体学说的师生关系。

课程思政不仅要重视学生的主体地位,吸引学生的主体参与,给予学生个体更大的发展空间,而且要提倡平等交往和对话。随着时代的发展,传统的教师角色也在不断受到批判。教师不再是毫无争议的社会代言人,不再是无可替代的知识传递者,亦不再是至高无上的知识权威,而是学生"平等中的首席"。教师们要转变自身的角色观念,成为学生的良师益友,与学生"打成一片"。组织者要从台前走向幕后,为学生创设民主、宽松、和谐的教育环境。而所谓师生平等,不仅仅是地位平等,更是人格平等。这要求课程思政观下的每位教师以平等心态尊重学生的主体性人格,促进每个学生的身心发展。课程思政观下要改变传统的师道尊严的想法,改变学生不敢说、不敢多说的现象,在课堂上营造和谐的学习氛围,让学生体验到不受压抑的愉悦感。建立平等交往的师生关系,将有利于激发学生学习的积极主动性,也有利于学生主体性品质的生成。

(四)主体性教学模式

教育模式指在一定教学思想或教学理论指导下建立起来的较为稳定的教学活动框架和活动程序。而中国的传统教育是一种灌输式教育,它以"课堂"为唯一教育阵地,以"教材"为唯一教学内容,以"讲课"为唯一教育手段。这种以严管、严控、严压为主的教学模式,完全忽视大学生的主观能动性,使学生始终处于被动接受地位,令学生产生逆反情绪,拒绝教育,特别是思政类教育。同时,在全球化背景下,大学生主体意识的觉醒,让他们不再轻易相信和遵循什么,而是相信自己的判断和选择,这给大学教育带来新挑战。因此,新形势下的课程思政需采取人本主义教学模式或建构主义教学模式。前者强调个体在教学中的主观能动性,坚持个别化教学;后者强调个体以自己方式通过别人的帮助,建构对事物的理解。

在上述两类教学模式的指导下,课程思政须做到以下几点。第一,建立主体性课程思政教育。苏联教育家苏霍姆林斯基认为:"自我教育是学校教育中极重要的一个因素,没有自我教育就没有真正的教育……"[17]该理论认为,课程思政要成为开展自我教育和自我发展的课程。在教育者的帮助下,学生根据自觉性充分发挥主体的能动性,通过侧面暗示、榜样影响等方法进行自我教育和自我提高。第二,建立互动型课堂,即强调学生的主体参与,重视师生之间的交往互动。在课堂上,教师要善于激发学生的学习兴趣和积极性,与学生共同探讨、共同协商、相互学习。第三,重视课程知识的建构。建构主义代表者布鲁纳指出:"知识的获得是一个主动的过程,学习者不应是信息的被动接受者,而应该是获取过程的主动参与者。"[18]课程思政过程应采取情景法、探究发现法、问题式学习、小组研究、合作学习启发式、讨论式、参与式教学,创新性研讨、实践学习成果汇报等转变,激发大家的积极主动性,实现多元化师生互动。第四,运用网络平台。现今世界,手机成为课程的必需品,要利用网络来吸引学生,让学生主动学习。例如,课程思政与朋友圈、微信公众号、班级群等相结合,开展形式多样、风采各异的课程思政第二课堂。第五,解答疑难困惑。学生主体性的发挥,还体现在学生的质疑问难,在教学过程中,主动对问题进行深层次多角度思考,发展学生主体性意识。

通过主体性教学模式,课程思政将充分发挥大学生的主体性,让他们变成能动、自主、自觉、自控的社会主体,建立主体性的思想政治教育和道德教育。

(五)发展性教学评价体系

"教育部《为了每位学生的发展,为了中华民族的复兴——中国基础教育课程改革纲要》指出的课程评价制度要强调建立旨在促进学生全面主动发展的发展性评价体系,旨在促进教师不断提高的发展性教学评价体系和旨在不断促进课程发展的评价体系"[19],就是一种发展性评价理念指导下的评价体系。发展性评价体系指评价不再仅仅是甄别和选拔学生,而是促进学生的发展,促进学生潜能、个性、创造性的发挥,核心是重视过程、关注个体差异,强调评价主体多元化。因此,新形势下的课程思政需要改变过去单一、重视教学结果的评价体系,调整和完善课程评价体系,形成发展性评价体系。其重点要做到以下几方面。

第一,评价形式的改变。过去的课程评价只注重结果,却忽视发展功能的发展性评价,这不能准确反映学生的实际情况,也忽略了学生是处于发展过程中的现状。课程思政和教育改革的出发点是"以学生的发展为本",应开展全面的评价。因此,新课程思政观下的评价体系以过程为导向,重视学生在课程思政过程中取得的改变。这有利于激发学生的主动性,引导学生在高等教育课程中注重个体的过程发展。第二,评价内容的改变。过去的评价只注重专业知识结果。而课程思政的核心是立德树人,评价的内容倾向于课程的职业道德、人文素养、社会责任,学生对学科的情感、态度、价值观,对学科的认知度,未来职业选择。通过多维度评价,调动学生的积极性,推动学生全面发展。第三,评价主体的改变。课程思政要实现评价主体从单一向多元的转变。过去单一的评价主体带有主观性和随意性,这不能成为准确的评价结果。因此,课程思政下的评价要依靠任课教师、学生本人、班级评定小组共同合作。其中自我评价是发挥和发展主体性的重要推手。通过自我评价,唤醒学生的参与意识,认识自身不足,主动寻求进步,实现个人主体性发展。

课程思政要想促进学生主体性发展,还需做很多努力。例如,学校层面上,思想高度重视,实现课程思政从专人育人到全员育人的改变,倡导高校教师积极投身到立德树人的根本任务中。教师层面上,一方面加强教师的思政素养、人文素养;另一方面坚持"以人为本"教学理念,牢记课程思政目标,积极推行课程思政提升学生德育发展。但是,最重要的是,课程思政需要始终把大学生主体性发展作为课程思政的目标,尊重学生的主体性,促进人才的全面发展,为我国社会主义建设培养全面发展的人才。

■■■ 参考文献

[1] 蔡怡.论高中思想政治课中的学生主体性培养[D].重庆:重庆师范大学,2013.

[2] 马克思,恩格斯.马克思恩格斯全集[M].北京:人民出版社,1979.

[3] 倪新兵,刘争先.对思想政治教育客体及其主体性的思考[J].思想政治教育研究,2010(6).

[4] 孙若梅.主体性思想政治教育及其实现路径[D].沈阳:辽宁大学,2014.

[5] 闵辉.课程思政与高校哲学社会科学育人功能[J].中国高等教育,2017(15).

[6] 中华人民共和国教育部.国家中长期教育改革和发展规划纲要(2010—2020年)[M].北京:人民出版社,2010.

[7] 吴九占.在思想政治理论课教学中实施主体性人格教育[J].教育评论,2009(5).

[8] 叶澜.教育概论[M].北京:人民出版社,1999.

[9] 彭忠信,刘放鸣.论高校主体性德育课程模式的构建[J].长沙大学学报,2006(5).

[10] 刘佳.论课程知识的社会建构与学生的主体性发展[D].武汉:湖北大学,2011.

[11] 陈新文.教育学视角下的学校心理教育[J].沙洋师范高等专科学校学报,2009(4).

[12] 高德毅,宗爱东.从思政课程到课程思政:从战略高度构建高校思想政治教育课程体系[J].中国高等教育,2017(1).

[13] 中国共产党第十七次全国代表大会文件汇编[M].北京:人民出版社,2007.

[14] 王丽萍,龚燕.学生主体实践育人与模式创新[J].重庆社会科学,2014(2).

[15] 顾明远.学生既是教育的客体,也是教育的主体[J].江苏教育,1982(10).

[16] 倪新兵,刘争先.对思想政治教育客体及其主体性的思考[J].思想政治教育研究,2010(6).

[17] 苏霍姆林斯基.给教师的建议[M].北京:人民出版社,1984.

[18] 冯永刚.论品德课程的主体性哲学基础[D].济南:山东师范大学,2005.

[19] 冯永刚.主体性视域下的品德课程观建构[J].当代教育论坛,2007(9).

（黄丹华）

第二章　课程思政教育体系与方法研究

第一节　思文通识:高职院校思想政治教育 与人文通识教育融合研究

党和国家历来高度重视教育,一直把教育事业置于优先发展的战略地位。习近平总书记在党的十九大报告中再次强调:"建设教育强国是中华民族伟大复兴的基础工程,必须把教育事业放在优先位置,深化改革,加快教育现代化,办好人民满意的教育。"[1]

对于教育培养什么样的人、如何培养人以及为谁培养人这个根本问题,习近平总书记在报告中指出:"要全面贯彻党的教育方针,落实立德树人的根本任务,发展素质教育,推进教育公平,培养德智体美劳全面发展的社会主义建设者和接班人。"[1]45 先"立德"后"树人",社会主义的建设者和接班人必须"德智体美劳全面发展",要贯彻落实这些要求,就必须加强对学生的思想政治工作。

高等教育是国民教育体系中的最高层次。它建立在中等教育之上,在专业化的教育学科领域提供学习活动,是高度复杂和高度专业化的学习。[2]这是建设者和接班人培养中最重要的一环,更应该坚持正确的政治方向。因此,思想政治工作在高等教育中的重要性更为突出。习近平总书记指出:"高等教育要坚持把立德树人作为中心环节,把思想政治工作贯穿教育教学全过程,实现全程育人、全方位育人,努力开创我国高等教育事业发展新局面。"[3]如何贯彻、落实习近平总书记的重要讲话和十九大报告精神,已成为高等教育研究的热点问题。

高等职业教育是我国高等教育不可或缺的组成部分,怎样将思想政治教育内化到所有课程的教学之中,同样是摆在众多高职院校面前的重要课题。所谓"课程思政",是将思想政治教育有机融入各类课程,挖掘并充实各类课程的思政教育资源,实现各类课程与思政理论课同向同行,形成协同效应。高职院校积极探索实施"课程思政",实现专业教育、通识教育与思想政治教育有效融合,关系到高职学生思想水平、政治觉悟、道德品质和文化素养的不断提升。

一、高等职业教育视阈下的思想政治教育、通识教育

高等职业教育,简而言之就是培养高等职业人才的教育。它以生产、建设、服务、管理第一线的高端技能型专门人才为主要培养目标,具有高等教育和职业教育的双重属性。这是社会工业化到一定阶段对技术应用型人才素质提出新要求而产生的,也是高等教育大众化达到一定程度的产物。[2]

从教育层次上来说,高职教育是高等教育的重要组成部分,与普通中等教育、职业技术中等教育等相比,处于更高的等级和层次。[4]因此,与普通高等院校一致,众多高职院校必须以马克思列宁主义为指导,坚持正确的办学方向,以培养德智体美劳全面发展的社会主义建设者和接班人为己任,为人民服务,为中国共产党治国理政服务,为巩固和发展中国特色社会主义服务,为改革开放和社会主义现代化服务。[3]高职院校的社会主义性质和育人的根本任务要求我们必须做好对学生的思想政治教育。

思想政治教育概念的出现与无产阶级政党的活动密切关联,是中国共产党领导广大人民群众进行无产阶级革命和建设社会主义国家的重要特色之一,是一定的阶级或政治集团为实现其政治目标,有目的地对人们施加意识形态影响,以期转变人们的思想,进而指导人们行为的社会活动。思想政治教育侧重于人们的政治思想,所关心的主要是国家命运,以及如何认识和解决社会矛盾。马克思列宁主义的思想政治教育不仅要解决人们的政治立场、政治观点、政治行为等问题,还必须解决人们的世界观、人生观、道德观问题。[5]大学阶段是一个人思想水平和政治觉悟提升的关键期。要做到习近平总书记提出的"德才兼备",显然不能光靠上几个学期的思政课就能实现。因此,高校的思想政治教育不应受限,而应覆盖学生的在校时间和所有课程,实现全程育人、全方位育人。

高等职业教育的"高等"属性对高职学生的发展要求与普通高校学生是一致的。那就是:他们应拥有宽阔的视野,充分了解并掌握与个人素养和社会发展密切相关的知识,并在此基础上养成独立思考的习惯,提升探究和解决各种问题的能力,发展全面的人格素养。[4]要做到习近平总书记提出的"全面发展",显然不能只专注于学习与未来职业有关的专门知识和进行相关技能实践。早在 2014 年,国务院就提出职业教育应"全面实施素质教育,科学合理设置课程,将职业道德、人文素养教育贯穿培养全过程"。[6]因而高职院校应大力推行旨在关注学生人格、态度、价值观等诸多方面全面、自由发展的通识教育。

"通识教育"由英文 General Education 转译而来。这里的 General 解释为"普遍的、概括性的"。因此,通识教育应面向所有大学生,并与传统"精确、详细"的"专业教育"有所不同。中国人崇"通"尚"识"。在汉语中,"通识"的"通"应理解为"通达事理",是"通识教育"的最终目的;"识"为"学识广博",是实现这个目的的过程。[7]由此,学界普遍认同的通识教育是一种广泛的非专业性教育,是以广博的跨专业知识为教学内容,以促进学生知、情、意全面发展,养成健全人格为目的的教育思想和实践。[8]一般来说,通识教育的核心课程包括了"人文与艺术""科学与技术""经济与生活"等多个方面。人文素质教育历来是通识教育不可或缺的组成部分。对于众多高职院校来说,由于历史和现实方面的种种原因,学生所接受的人文素质教育相对薄弱,亟待加强。

浙江工贸职业技术学院在多年的通识教育实验改革中,提出了"思文通识"的理念,并以此作为本校人文通识课程探索和实践的行动指南。所谓"思",就是高职院校人文通识教育要以马克思列宁主义为指导,以立德树人为目标,大力培育和弘扬社会主义核心价值观,将思想政治工作贯穿通识课程教学全过程。所谓"文",就是这些课程主要以中华优秀传统文化为载体,同时与西方文化展开必要的针对性比较,引导学生全面认识中国、客观看待外部世界。

二、高校思想政治教育与人文通识教育的融合关系

思想政治教育归根到底是为一个民族和国家构筑一个思想的支点和灵魂的休养生息之所。其以"育人"为目标,所有的教育实践活动都离不开所处

的文化环境。人文通识教育关注学生文化素养的提升,但最终还是以他们思想水平、道德品质的提高为依归。因而,高职院校思想政治教育与人文通识教育的融合,有着深厚的理论依据和强烈的现实需要。

(一)理论依据

1.教育目标一致

教育目标也叫教育目的,是培养受教育者的总目标,有时也可指在教育总目标指导下,根据各级各类学校所担负的任务和学生年龄、文化知识水平而提出的具体培养要求。[9] 习近平总书记指出:"培养社会主义建设者和接班人,是我们党的教育方针,是我国各级各类学校的共同使命。"[10] 我国的高校要坚持立德树人,为实现中华民族伟大复兴贡献力量。

我国高校的思想政治教育坚持社会主义方向,其根本目标是"提高人们的思想道德素质,促进人的全面自由发展,鼓励人们为建设中国特色社会主义,最终实现共产主义而奋斗"[11]。这包含了两方面的内容:一是提高学生的思想水平、政治觉悟,使学生拥有良好的道德品质,明确自己的奋斗目标;二是促进学生的全面发展。这两方面直接规定了思想政治教育的共产主义方向。

我国高校通识教育的探索和实践正是基于马克思主义关于"人的全面发展"学说,其目标是培养社会中的健全公民,关注人的道德、理智、情感以及工作、生活的和谐发展。

由此可见,思想政治教育与通识教育在对人的终极关怀上是一致的。一方面,两者都注重对人的存在意义的探索,致力于人的全面发展。思想政治教育与通识教育都以培养有道德、有教养、有智慧、有知识的全面和谐发展的人为目标,引导学生去理解、建构自己的道德标准和精神家园。另一方面,两者都注重对人的生命质量的提升。它们通过提供符合人的生命本性的思维方式、价值追求,引导学生去思索自身存在的价值,进行自我实现和自我超越。

2.教育内容相通

教育内容是为实现教育目标,经选择而纳入教育活动过程的知识、技能、行为规范、价值观念、世界观等文化总体。一般通过课程的形式体现,实现满足社会需要和满足个人需要相统一。[9]

高校的思想政治教育与通识教育都是面向所有大学生的,关注的是全体学生的身心健康和全面发展。两者都是涵盖哲学、政治学、经济学、历史学、社会学、伦理学等学科的庞大的人文社会科学学科群。因而,两者的教育内容是相通的,特别是思想政治教育与人文通识教育的契合度就更高了。通识教育注重人文社会学科的融会贯通,这无疑能充实和深化思想政治教育。思想政治教育以马克思主义的世界观、方法论教育为主旨,以中国特色社会主义的爱国主义、集体主义为核心的价值观与道德观教育为内容,这与人文通识教育文学、历史、哲学、法律以及伦理等学科教育内容互相渗透。因而,思想道德教育与人文通识教育内容相通、原理相似。思想政治教育以人文通识教育为基础,而人文通识教育的实施有效促进了学生思想道德水平的提高。

3.教育功能互补

教育功能亦称教育作用,指教育对整个社会系统的维持和发展所产生的作用和影响,主要涵盖人的发展和社会发展两个方面。育人是教育的根本功能,教育的社会功能是育人功能的延伸和转化。[9]教育功能是教育本质的外在体现和集中表露,也是教育得以存在的"合法性"的基础,以及教育价值发挥的前提。思想政治教育根本上是对学生个体社会人格的塑造或发展的推动,其核心任务是要赋予学生以马克思主义的世界观、价值观、道德原则和行为规范等。它不仅能直接培养和发展人的思想水平、政治觉悟、道德品质,也会间接促进人的认知、判断、选择和执行等方面的素质和能力。人文认知和思维判断功能同时也是人文通识教育的最主要功能。这是由其"以人为本"的核心教育理念所决定的。人文通识教育不仅能直接提升学生的文化素养,也能间接培养和发展学生道德品质、政治觉悟和社会责任。

(二)现实需要

1.通识教育发展的内在要求

中国高等教育在由"精英化"向"大众化"转型的过程中,通识教育的重要性日益突出。通常来讲,通识教育仅指现代高等教育中的非专业教育,也就是不同专业的学生所要掌握的"共同部分",这部分教育并不直接针对学生专业与职业选择。从学理上说,通识教育就应包含思想道德教育。但是,由于传统和国情等原因,我国高等教育体系中的思想道德教育还是一个相对独立、占据主流地位的领域。

通识教育理念来自西方,要求"回归人本",核心是"如何做教育的"人,其终极目标是培养全面发展的人。20世纪80年代以来,中国通识教育结合中国独特的历史、文化和国情,坚持以马克思列宁主义为指导,尤其是新时代以社会主义核心价值观为引领,有了巨大发展。可以说,马克思列宁主义是通识教育在中国发展的根基,习近平新时代中国特色社会主义思想是通识教育与时俱进、保持活力的源泉。通识教育的目标"人的全面发展"本身就蕴涵着思想道德教育的内容,其最终目的就是对学生进行思想政治观念与素质的培养。新时代,思想政治教育与人文通识教育必须加强融合,不断提高学生的思想水平、政治觉悟、道德品质和文化素养,实现"德智体美劳全面发展"。"人"则应该是"社会主义事业建设者和接班人"。

2.思想政治教育创新的必然选择

目前,课堂教学还是我国高校思想政治教育的主要方式,教学内容和授课模式等方面偏重于理论说教和意识形态灌输。在这样的情况下,受教育者往往是消极被动地去接受而非积极主动地去内化吸收这些理论。在很多情况下,思想政治教育显得呆板枯燥、索然无味。这种实效性大打折扣的教育显然无法适应新形势的发展要求。要走出困境,高校就必须"坚持把立德树人作为中心环节,把思想政治工作贯穿教育教学的全过程,实现全程育人、全方位育人"。[3]在人文通识教育方面,力行"思文通识"。

全球化时代,各种思潮盛行,多元文化并存,对大学生的价值观念、思维方式和行为习惯等方面都产生深刻影响。很多学生既没有深刻领会中华优秀传统文化、思想、观念的精髓,对社会主义核心价值观的了解往往浅尝辄止,也没有真正了解外来文化、思想、观念的本质。在学习上,部分学生只重视与专业相关,对将来谋生有直接影响课程的学习,忽视精神层面的储备,甚至对思想政治教育不屑一顾。在精神上,他们只考虑自己,不考虑集体和他人,缺乏人生规划和对人生目标的思考,不去追求良好道德品质和人格修养的养成。在这样的情势下,思想政治教育显然已不能墨守成规、一成不变,而应积极寻求创新。"思文通识"以中华优秀传统文化为载体,大力培育和弘扬社会主义核心价值观,就是努力挖掘人文通识课程的核心价值,优化整合思想政治教育和人文通识教育,最终实现思想政治教育的创新发展。

三、高职人文通识教育"课程思政"的实施——以"中西文明十五讲"为例

2012 年,浙江工贸职业技术学院开始了高职通识教育实验改革。到目前为止,该校已开发 27 门高职通识课程,分为"人文素养""科学素质"和"职业能力"三大类。"中西文明十五讲"是"人文素养"类的核心课程,以中西文明对比的讨论课方式呈现,选取若干中西文明进程中比较有代表性的专题,分别为文明的起源、思想、航海、节日、科技、古典文明的终结等,每个专题具体分中、西两个方面安排两讲,最后的一讲是总结:"各有千秋",共有 15 讲。

(一)目的与原则

习近平总书记强调,中国有独特的历史、独特的文化、独特的国情,要教育引导学生正确认识世界和中国发展大势,能够全面认识中国、客观看待外部世界,以便让青年学生明确"时代责任和历史使命,用中国梦激扬青春,为学生点亮理想的灯、照亮前行的路,激励学生自觉把个人的理想追求融入国家和民族的事业中。勇做走在时代前列的奋进者、开拓者"[3]。"中西文明十五讲"正是响应习近平总书记号召,打破旧有学科藩篱,贯彻高职"思文通识"的一次有益尝试。在开发和教学实践过程中,"中西文明十五讲"采用专题化、案例化的方式,尽量少讲理论,多讲史实,力求将要传达给学生的思想、理念渗透进史实之中。其目的就是让学生在简明的中西文明对比中形成大的格局观,在学过之后能有所思考,加深对两种不同类型文明的认识,助力高职学生全面认识中国、客观看待外部世界。

习近平总书记指出,中国高校的立身之本在于立德树人。办好中国的高校,必须坚持以马克思列宁主义为指导,全面贯彻党的教育方针。[3]人文通识课程"中西文明十五讲"正是以马克思列宁主义"人的全面发展"理论为基础开发的,并在课程中渗透了马克思列宁主义哲学、社会学、新时代中国特色社会主义等多领域的原理和知识。例如,在谈到对文明多样性时,就介绍了习近平总书记对此的看法,进而引导学生展开讨论和思考。习近平总书记说:"文明是多彩的。不论是中华文明,还是世界上存在的其他文明,都是人类文明创造的成果。……文明是平等的,人类文明因平等才有交流互鉴的前提。……文明是包容的,人类文明因包容才有交流互鉴的动力。"[12]无论是课程的

设计开发,还是教学实践,"中西文明十五讲"都紧贴"思文通识",以中华优秀传统文化为载体,大力弘扬社会主义核心价值观。例如,"中西文明十五讲"第五讲"儒家思想与中国社会传统"以中华几千年儒家文化的发展和演变为开篇,介绍儒家的"礼"和中国的人文传统,阐述儒家的"中庸"思想和中国人的"和谐观",为的就是引导学生从鲜活、丰富的中华优秀文化传统中吸取养分,加深对社会主义核心价值观中"文明"以及"和谐"的理解。可以说,"中西文明十五讲"是以社会主义核心价值观为引领并始终围绕其展开教学的,但不同的章节侧重点不一。

(二)方法与途径

习近平总书记指示:"做好高校的思想政治工作,要因事而化、因时而进、因势而新。要遵循思想政治工作的规律,遵循教书育人的规律,遵循学生成长的规律,不断提高工作能力和水平。"[3]课堂教学是对学生进行思想政治教育的主渠道。要高质量完成习总书记的要求,对于高校相关教师来说,就应该使人文通识课程与思想政治理论课程同向而行,形成协同效应,在教学中坚持以学生为本,落实好以文化人、以文育人,不断增强思想政治教育的亲和力、针对性、时代感和吸引力,从而春风化雨、入脑入心。"中西文明十五讲"贴合高职层次,用生动、简洁、现代化的语言"包装"人类文明的过往,贴合高职层次,以史实引入主题,以史实串联主题,适当小结。每一讲按照"名人名言—历史故事—现象分析—原因探寻—规律总结—思考"来建构,使原本沉重、晦涩的文明史讲述变得通俗易懂,能给学生留下深刻印象,引发思考。

"中西文明十五讲"课堂讲授力求生动有趣、清新直白,每一讲围绕四个核心点展开,做到深入浅出。该课程彻底摒弃对学生知识性的考察,依照"认知—理解—思考—感悟—认同"的模式,鼓励学生就七个专题的相关话题说出自己的观点和心声,以此提升学生的自主思维、独立判断的能力。例如,第六讲的主题是"思想解放运动与西方的近代社会",实质是围绕社会主义核心价值观中的"自由""平等"而展开。该讲用西方的文艺复兴和启蒙运动强化学生对"自由"和"平等"的认知,在此基础上引导学生对两者的本质进行理解,然后提出"自由到底有没有边界?"以及"平等是绝对的么?"等问题,在讨论中启发学生思考,勇于说出自己内心的真实想法。最后,教师全程参与,针对高职学生的思想状况,扮演好引导者的角色,收放自如地把握教学方向,最终促成学生的感悟和认同:西方的"自由"和"平等"也是相对的,有明显的不足,全盘照搬就是放弃传统、迷失自我。我们追求的"自由、平等"应是符合中国国情、符合时代要求、具有中国特色的。

综上所述,高等职业教育视阈下,思想政治教育融入人文通识课堂,顺应了习近平总书记把思想政治工作贯穿教育教学全过程,实现全程育人、全方位育人的要求,体现了现代高等教育"大德育"的发展思路,丰富了课程思政的研究和实践。

参考文献

[1] 习近平.决胜全面建成小康社会,夺取新时代中国特色社会主义伟大胜利——在中国共产党第十九次全面代表大会上的报告[M].北京:人民出版社,2017:45.

[2] 顾明远.中国教育大百科全书:第 1 卷[M].上海:上海教育出版社,2014:334-335,371.

[3] 习近平.把思想政治工作贯穿教育教学全过程,开创我国高等教育事业发展新局[EB/OL].(2016-12-08)[2019-08-07].http://www.moe.edu.cn/jyb_xwfb/s6052/moe_838/201612/t20161208_291306.html.

[4] 贺星岳,叶锋.高职院校通识教育特色化道路的探索和思考[J].浙江工贸职业技术学院学报,2014(4):14-17.

[5] 顾明远.教育大辞典(增订合编本下)[M].上海:上海教育出版社,2002:1464.

[6] 中华人民共和国国务院.国务院关于加快发展现代职业教育的决定[M].北京:人民出版社,2014:12.

[7] 贺星岳.职业素养与职业技能教育论[M].上海:上海交通大学出版社,2017:100.

[8] 顾明远.中国教育大百科全书:第 3 卷[M].上海:上海教育出版社,2014:1759.

[9] 顾明远.教育大辞典(增订合编本上)[M].上海:上海教育出版社,2002:764-765,747.

[10] 习近平.在北京大学师生座谈会上的讲话[M].北京:人民出版社,2018:5.

[11] 陈万柏,张耀灿.思想政治教育学原理[M].北京:高等教育出版社,2007:73.

[12] 习近平.在联合国教科文总部组织的演讲[EB/OL].(2014-03-28)[2019-08-07].http://world.people.com.cn/n/2014/0328/c1002-24761811.html.

(叶　锋)

第二节 高职专业思政教育体系构建初探
——以国际贸易专业为例

2016年12月,习近平总书记在全国高校思想政治工作会议上强调,要坚持把立德树人作为中心环节,把思想政治工作贯穿教育教学全过程,实现全程育人、全方位育人;要用好课堂教学这个主渠道,使各类课程都要与思想政治理论课形成协同效应。

高校如何贯彻落实课程思政,2017年以来广大学者开展了深入研究,主要包含三个方面:一是关于高校的大思政教育体系构建;二是关于"课程思政"的研究与探索,主要包含"课程思政"模式、路径、对策的研究,以及课程教学层面的探索实践;三是关于高职专业或专业大类层面的"课程思政"研究。

近年来,已有的大量研究中未涉及或未深入但又不得不引发思考的问题有:

(1)思政教育的内涵体系在思政课程、第二/第三课堂、专业课程、实训实习中如何进行结构性布局与合理分配?

(2)每一门专业课所承担的思政教育的子任务是什么? 思政教育教学目标如何建构? 课程如何实施、监控、保障和评价?

这就涉及课程思政教育体系与专业人才培养体系的全面融合,不仅要精准把握和深入剖析高职思政教育的内涵,还需按照高职职业能力分析与课程开发的基本方法与思路去重新构建专业思政教育体系。

一、高职专业思政教育体系的构建

思政教育体系是指实现思政教育功能所需的各种教育要素的有序组合。依据PDCA质量管理理论和教育系统论,将高职专业思政教育体系分解为标准体系、目标体系、实施体系、评价体系和保障体系等五个维度,如图1-1所示。

(一)标准体系

高职人才培养方案编制的逻辑起点是人才需求。以往高职专业对人才需求的认知更多来自行业企业调研。实质上,人才需求分析应上升到高校"为谁培养人"和"培养什么样的人"的高度上来。也就是说,人才需求分析既

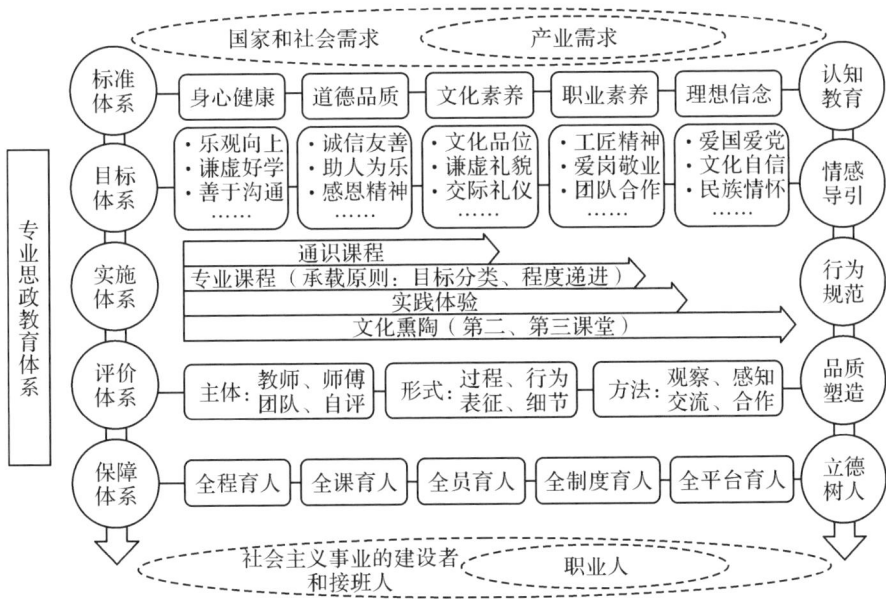

图 1-1　高职专业思政教育体系框架图

要从微观上以产业需求为依据，更要从宏观上以国家和社会需求为依据。高职首先要培养的是社会主义事业的建设者和接班人，其次才是具备某一行业或专业领域知识、能力和素养的职业人。

那么国家和社会需要怎么样的人才呢？习近平总书记给予我们的答案是"为人民服务，为中国共产党治国理政服务，为巩固和发展中国特色社会主义制度服务，为改革开放和社会主义现代化建设服务"。这就为高校思政教育指明了方向。理想信念是党和国家对青年的要求，是广大青年人生观、世界观和价值观塑造的指引；道德品质是社会对公民的基本要求；文化素养和职业素养是能够为改革开放和社会主义现代化建设服务的前提；当然，身心健康是这一切的基础。这就是身心健康、道德品质、文化素养、职业素养和理想信念这五个维度构成的高职专业思政教育的标准体系。

（二）目标体系

目标是标准的具体描述和量化，是以标准为依据制定的能够为活动提供方向和价值指引的预期成果。高职专业思政教育标准解决了"为谁培养人"的问题；思政教育目标的制定，也就是"培养什么样的人"的问题，应以"培养社会主义的事业建设者和接班人"以及"培养产业所需的职业人"两种定位分别展开。前者由高职院校马克思主义学院(或人文学院等类似机构)按照中央、上级教育主管部门以及学院党委关于高校思政工作的总体精神开展上述五个维度的通识素养目标分析。全校各专业的通识素养目标基本一致,可概括为"执着信念、优良品德、专业扎实、本领过硬"。后者由高职工作任务和职业能力分析方法,按照"确定专业对应的职业岗位群—分别分析核心岗位和迁移岗位的典型工作任务—对典型工作任务所需的素养进行细分和归纳"的路径,对职业习惯、职业操守、职业能力、职业品质、职业道德等方面的素养需求进行详细分析,如图 1-2 所示。

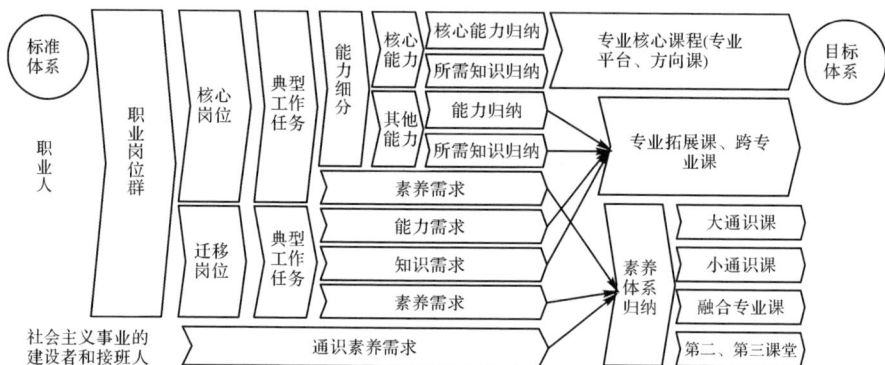

图 1-2 高职专业思政教育目标制定流程图

值得注意的是,两条路径分析所得的目标是有所交叉的,因此应对细分的素养目标进行进一步梳理和分层分类归纳,构建形成素养目标体系。素养目标分类可按照上述五个维度开展,可采用模糊聚类法、决策树分类法、朴素贝叶斯分类法、人工神经网络法等;分层思想可参照布鲁姆教育目标分类方法,结合素养养成教育的规律和特征,在"知道、领会、应用、分析、综合、评价"六个目标层次的基础上,构建涵盖认知意识、情感引导、行为规范和品质塑造四个层级的层次模型,分别表示素养教育目标由低到高的四个不同层次。

(三)实施体系

实施体系围绕着"怎么样培养人"的问题展开,也就是思政教育的载体和路径。当前高职思政教育的主要载体有通识课程、专业课程、实训实习、第二课堂、第三课堂等,因此要在制定培养方案时对素养教育实施体系进行系统解构。当前培养方案中通识教育平台课大类下主要包含品德素养课、人文素养课和职业素养课。专业需对照专业思政教育的总体目标,分析这三类通识教育平台课程的教学目标预期达成度。将其中未涉及的、未深入的,或者具有行业职业特性的目标剥离出来,划归到专业课程、实训实习、第二课堂、第三课堂等实施载体中,并分别在专业必修课、专业选修课中,校内实训、认知实习、顶岗实习、创业实践和毕业设计中,寝室文化建设、社团活动和团日活动中进行落实体现。

在课程实施中需注重分析信息素养养成的递进规律,将不同层次的目标按照一定逻辑顺序分解到不同课程中或同一门课程的不同章节中,并在实际实施中明确于课程标准、细化于教学设计、落实于教学过程、反馈于教研活动。在教学过程中注重专业教师和辅导员之间的良好沟通与互动,全面掌握学生课堂表现和课外活动状态。例如,可采取专业学生与辅导员定向结对的形式,共同参与专业学生的思政教育教学工作。

(四)评价体系

尽管思政教育讲究潜移默化,但对专业思政教育教学目标达成度的量化评价体系设计不可或缺。针对专业课程,由于每一门课、每一个章节、每一个教学模块都融合了多元教学目标,故需采用多元教学评价形式。首先是评价指标,不仅要根据教育教学目标分类设定评价指标,还要专门针对素养目标进行指标体系的二次分解,凸显出对学生理想信念、职业素养、道德品质等素养养成成效的衡量。其次是评价主体,探索以评价内容为依据的专业任课教师、企业指导教师、思政教师、学生互评、学生自评等组成的多主体协同评价形式,提升评价的客观性和准确性。三是评价实施,除了在试卷、报告等考核材料中设计关于思政观点和行为评测类的题型外,更多的是要在平时教学过程中,通过观察、感知、交流、合作等形式,主客观动态结合来鉴定学生的思政教育教学成效,反映在对学生平时成绩的考核鉴定中。

(五)保障体系

在"三全"育人体系基础上构建"五全"专业思政教育保障体系,如图1-3所示。全程育人是指思政教育不仅在"两课"中体现,而且要贯彻落实到学生人才培养全过程中,在专业课程教学、实训实习、毕业设计、第二课堂中都要体现,更要在学生学业指导中,结合学生思想、学习、生活实际和学生个体特征,帮助其做好大学生涯规划,就如何选课、如何选择专业方向、如何选择参加社团组织、如何选择实习单位、如何选择毕业设计主题等方面提供指引。

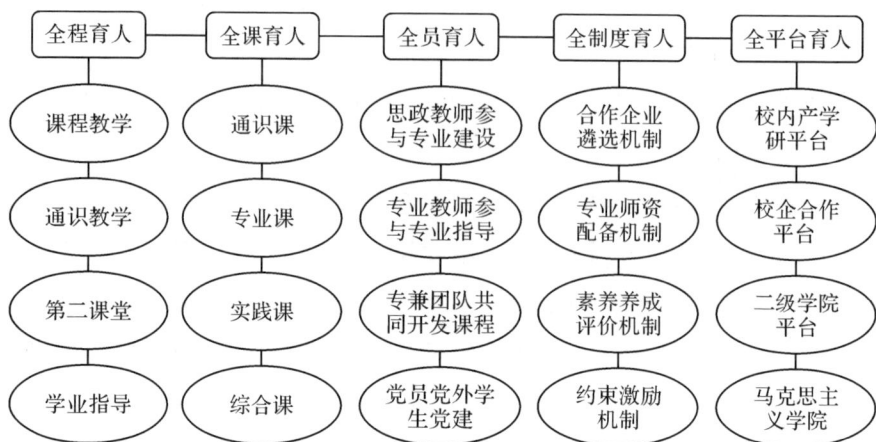

图 1-3 高职思政教育保障体系图

全课育人是指通识课、专业课、实践课、综合课、选修课等所有不同类别和性质的课程中,都要有目的性且恰如其分地融入思政教育元素。全员育人是指思政教师、专业教师、辅导员、其他行政人员都要扛起思政育人的职责。其中思政教师和党员教师不仅要上好"两课",更要参与学生社团活动指导、专业课程开发、学生实训指导建设等方面工作,利用专业优势帮助专业教师更好地落实育人任务;专业教师要更多地参与学生学业指导和社团指导,使思政教育与专业实际更加融合,更加"落地";行政教师也要在日常教学管理、学生管理、后勤管理、考务管理等跟学生密切相关且有所接触的行政工作中有意识地开展思政教育。全制度育人是指学校在标准、制度、规范设计中要充分考虑到思政教育,除了学生管理、学籍管理、学业管理等规章制度以外,在师资管理、校企合作、专业建设、教学改革相关制度设计中都要予以体现。例如在实习合作企业遴选时要考虑企业文化和价值观,与主流意识形态和价值观相悖的企业应一票否决;在教师教学质量考核中,也应该充分考虑专业教师在思政育人中的表现和贡献等。全平台育人是指学校不仅要为思政教育搭建马克思主义学院等人文思政教育平台、各类学生社团和社会实践平台,还要在各类产教融合平台、二级学院平台、产学研服务平台、文化传承与创新平台中纳入思政育人的功能,让学生充分参与到各类平台实践中来,在学习知识、培养技能的同时得到思想感化、文化熏陶和素养提升。

二、国际贸易专业思政教育的探索实践

(一)对应岗位素养需求分析

根据图 1-2 高职专业思政教育目标制定流程图,重点针对跨境运营专员、跨境客服专员、外贸销售专员、国际市场推广专员等核心岗位,兼顾衍生岗位,分析归纳国际贸易专业所对应的岗位素养需求,如表 1-1 所示。

表 1-1 岗位对应素养需求分析表

专业方向	岗位名称	主要工作任务	岗位素养需求
跨境B2C	跨境运营专员	产品上架 文案优化 站内推广 站外引流 支付结算	· 具有良好的职业道德,诚实守信 · 具备法律意识,能遵守涉及知识产权法、侵权法等法律法规,以及国际贸易条例、公约等 · 能有效与平台运营人员、采购员、跟单员等协作 · 乐于了解海外的人文习惯和消费文化及消费心理 · 具备整合协调各方资源的能力 · 具备互联网思维能力 · 具备对新事物快速学习能力
	跨境客服专员	售前咨询 交易促成 订单跟踪 纠纷处理 客户维护	· 具备良好的沟通能力和团队合作意识,能有效与平台运营人员、采购员、跟单员等协作 · 具备跨文化交际能力 · 具备耐心细致、一丝不苟的工作态度 · 具备谦逊、宽容的良好性格和服务意识 · 具备较强的学习能力 · 具备换位思考的意识
跨境B2B	外贸销售专员	客户需求分析 竞争对手分析 谈判策略制定 交易磋商 签订合同	· 具备创新能力,根据不同的客户变换谈判策略 · 具备良好的职业道德,诚实守信 · 具备细致的观察能力 · 具备换位思考和随机应变能力 · 具备良好的信息素养和互联网思维
	国际市场推广专员	运营平台选择 行业调研与分析 货品选择 推广方案选择 运营优化	· 具备细致的观察能力 · 具备良好的信息素养和互联网思维 · 具备良好的职业责任感和主动解决问题的意识 · 具有良好的跨文化沟通表达能力 · 兼具国际化视野和民族自豪感

续　表

专业方向	岗位名称	主要工作任务	岗位素养需求
衍生岗位	跨境采购专员	产品规划 供应商选择 供应商管理与维护 采购成本管理 货品周转管理	• 具备良好的职业道德和敬业精神 • 具备集体荣誉感和团队合作意识 • 具备良好的沟通交流能力 • 兼具国际化视野和民族自豪感
	跨境网络编辑	视觉设计 图文策划 图文编排 视频拍摄与编辑 视觉展示	• 具有精益求精的工匠精神 • 具有良好的审美能力 • 具备换位思考的意识 • 具备团队合作意识，能有效与平台运营人员、采购员、跟单员等协作 • 具备国际风情文化素养

（二）素养需求的分层分类

分别运用基于决策树的素养模糊聚类分析法和层次分析法对素养需求进行分层分类归纳，分类结论如图 1-4 所示，分层结论如图 1-5 所示。

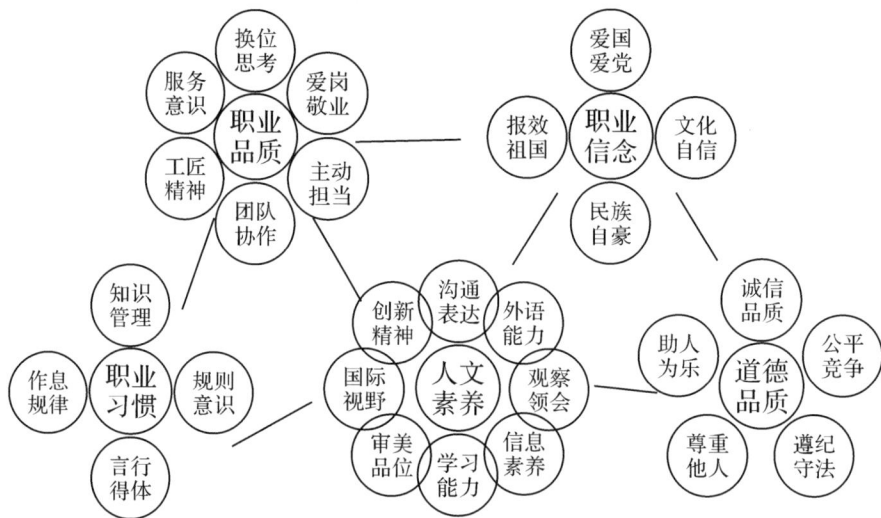

图 1-4　基于决策树的素养需求模糊聚类分析结果示意图

认知意识 C1			E34国际视野		
情感导引 C2	E13规则意识	E22换位思考 E24爱岗敬业	E32观察领会	E41尊重他人	E51爱国爱党 E53民族自豪
行为规范 C3	E11知识管理 E12作息规律 E14言行得体	E21服务意识 E25团队协作	E31沟通表达 E34学习能力 E36外语能力	E43遵纪守法 E44助人为乐 E45公平竞争	E52报效祖国 E54文化自信
品质塑造 C4		E23工匠精神 E26主动担当	E33信息素养 E35创新精神 E38审美品位	E42诚信品质	

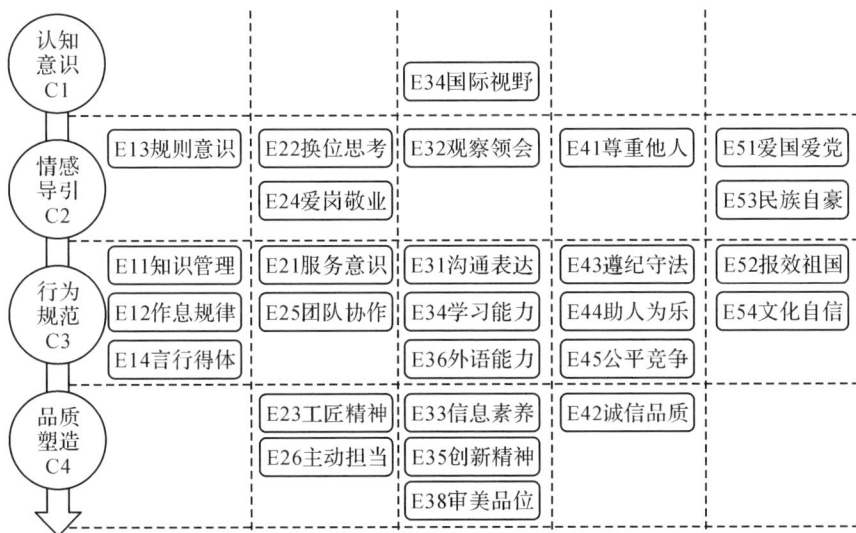

图 1-5　素养需求分层结果示意图

(三)素养需求的归纳与落实

素养需求的分类落实主要通过与课程体系的匹配实现,结果如表 1-2 所示。

表 1-2　素养需求与课程体系的匹配表

课程大类	课程类型	课程名称	对应素养
通识教育平台课	品德素养	毛泽东思想与中国特色社会主义理论体系概论、思想道德修养与法律基础、形式与政策	E51 爱国爱党(C2/C2)、E52 报效祖国(C2/C3)、E42 诚信品质(C2/C4)、E54 文化自信(C2/C3)、E24 爱岗敬业(C1/C2)、E14 言行得体(C1/C2)
	人文素养	语文、英语、军训、始业教育、心理健康(人文素养选修课选课指导)	E36 外语能力(C1/C3)、E31 沟通表达(C1/C3)、E12 作息规律(C2/C3)、E22 换位思考(C1/C2)
	职业素养	就业指导、创业基础、计算机应用基础(职业素养选修课选课指导)	E33 信息素养(C1/C4)、E35 创新精神(C1/C4)、E24 爱岗敬业(C1/C2)

续　表

课程大类	课程类型	课程名称	对应素养
通识平台课中：未涉及的，未深入的，具有行业职业特性的	小通识课	谈判口才、形体礼仪、书法	E31 沟通表达（C2/C3）、E14 言行得体（C1/C2）
		大学英语口语、外贸英语视听说、剑桥商务英语	E34 国际视野（C1/C1）、E36 外语能力（C2/C3）、E31 沟通表达（C2/C3）
	融合专业课	经济学基础、国际投资、实际市场分析	E51 爱国爱党（C2/C2）、E53 民族自豪（C2/C2）、E54 文化自信（C2/C3）、E34 国际视野（C1/C1）、E52 报效祖国（C2/C3）
		跨境电商客服、国际商务礼仪、国际商务谈判	E31 沟通表达（C2/C3）、E22 换位思考（C1/C2）、E54 文化自信（C2/C3）、E36 外语能力（C2/C3）、E14 言行得体（C2/C3）、E21 服务意识（C2/C3）
		国际贸易实务、跨境电商多平台运营、跨境电商营销	E23 工匠精神（C3/C4）、E42 诚信品质（C3/C4）、E44 助人为乐（C2/C3）
		跨境电商法律部法规、国际商法	E43 遵纪守法（C2/C3）、E45 公平竞争（C2/C3）、E42 诚信品质（C2/C4）、E13 规则意识（C2/C2）
		跨境电商信息编辑、PHOTOSHOP 基础	E33 信息素养（C3/C4）、E38 审美品位（C4/C4）、E23 工匠精神（C3/C4）、E25 团队协作（C2/C3）、E34 国际视野（C1/C1）
		跨境电商物流、跨境电商结算	E42 诚信品质（C2/C4）、E21 服务意识（C2/C3）、E24 爱岗敬业（C2/C2）、E13 规则意识（C2/C2）
	实训实习	中期实习 顶岗实习 创业实践 专业竞赛 毕业设计	E24 爱岗敬业（C3/C3）、E25 团队协作（C3/C3）、E43 遵纪守法（C3/C3）、E23 工匠精神（C4/C4）、E33 信息素养（C4/C4）、E42 诚信品质（C4/C4）、E26 主动担当（C4/C4）、E35 创新精神（C4/C4）、E12 作息规律（C3/C3） ……
	第二、第三课堂	寝室文化建设 社会活动 团日活动	E23 工匠精神（C3/C4）、E33 信息素养（C4/C4）、E42 诚信品质（C4/C4）、E26 主动担当（C4/C4）、E35 创新精神（C3/C4） ……

　　素养需求的分层落实主要依赖不同课程以及一门课程内不同教学模块的特定编排逻辑来实现。例如,关于国际贸易专业学生信息素养的培养,将信息素养按照素养分层标准分成四个层级,分别是位于最低层次"认知意识"的信息加工操作、第二层次"情感引导"的信息应用意识、第三层次"行为规范"的信息运用能力以及第四层次"品质塑造"的信息伦理规范;并将信息素养养成的递进规律融合到相关课程的编排逻辑中来。在第一学期的通识课程"计算机应用基础"中主要培养学生信息加工的一般操作技能,在第二学期的专业课程"跨境电子商务基础"中主要培养学生信息应用的方法和技巧,在第三学期的专业课程"跨境电子商务信息编辑"中主要培养学生运用信息化手段解决问题的意识和能力,而在大三的专业综合实训中主要培养学生的信息伦理道德。也就是说,信息伦理教育不是一门课程、一朝一夕可以实现的,而是通过三年循序渐进的积累,从术到道、从外显的能力到内敛的素养层次实现的质变。

三、结　语

　　专业思政教育是一种兼具显性教育和隐形教育特征的综合性教育活动,教育的目标、路径、方法和评价既有特定的章程范式,又是随着时事政治、学习者、学习环境等内外部因素变化而动态发展变化的。因此,专业思政教育既要讲究"润物细无声""育人了无痕",又要从专业层面明确相应的标准、规定和范式,让教师在实施时能够"有章可循""按图索骥"。当然,教师在实际应用时也不能完全按部就班、照本宣科,而应在"守"与"变"、"用"与"创"之间找到最佳平衡点。

■■■■ **参考文献**

[1] 陈涛.着力打造合格的高校思想政治理论课教师队伍——学习习近平总书记在全国高校思想政治工作会议上的讲话精神[J]. 思想教育研究,2017(7).

[2] 董洪亮,等.加快推进高校思想政治工作改革创新[N].人民日报,2016-12-10(4).

[3] 施星君.学创一体:高职创业教育与专业教育融合新模式初探[J].工业和信息化教育,2017(12).

（施星君）

第三节　知识传授与课程思政的融合方法研究
——以"高等数学"教学为例

一、课程思政的内涵和特征

课程思政不同于思政课程,思政课程是思想政治教育课程及相关教育活动的总称;课程思政则不然,它不是特定的一门或一类具体教学科目或某一教育活动,它是指学校育人的所有教学科目和教育活动,都渗透和贯穿着思政教育。[1]思政课程是一门课程,而课程思政是一个教学理念。

课程思政有三个明确的内涵与要求:(1)全课程有德育;(2)全员讲育人;(3)全过程育人。即所有的课程都有育人的教育功能和任务,所有的教职员工都有教书育人的职责,教学过程的每一个环节都要贯彻教书育人的原则。

(一)全课程育人

古人云:"文以载道",强调德育与智育的统一,说明智育离不开德育。辩证地说,"以文载道",就是强调德育也离不开智育。总之,教书必然育人,这是古今教育家共同揭示出的一条规律。"师者也,教之以事而喻诸德也。"(《礼记》)陶行知认为,"先生不应该专教书,他的责任是教人做人;学生不应该专读书,他的责任是学习人生之道";徐特立主张"教书不仅是传授知识,更重要的是育人,教育后一代成为具有共产主义思想品质的人"[2];"美德即知识"(苏格拉底)。这些名家之言字字珠玑,言之凿凿,无不道出教书育人的真谛。

古希腊三大教育家苏格拉底、柏拉图和亚里士多德,提出了著名的"知德统一"原则,认为有了知识才能有"至善"的道德。也就是说,教师传授知识,实际上也在培养学生"善"的道德品质。资产阶级教育理论家赫尔巴特最先提出了"教育性教学"的正确论断。美国教育家杜威也承认学习知识的过程必然是思想教育的过程,即"道德的目的是各科教学共同的、首要的目的"。伟大的革命导师列宁 1920 年对青年团员发表著名讲演时就明确指出:"只有用人类创造的全部知识财富来丰富自己的头脑,才能成为共产主义者。"这就深刻地阐明了科学文化知识的教育与共产主义信仰的树立这两者之间的内在联系。[3]

赫尔巴特从"教育性教学"的原则出发,得出了"教学的教育性"的正确结论。他认为没有知识教学,培养道德性格、塑造人才的教育目的就不能实现;而不进行思想、道德教育的单纯的知识教学也是不存在的。他有一段重要名言是:我想不到有任何"无教学的教育",我也不承认有任何"无教育的教学"。他说:"教育的唯一工作与全部工作可以总结在这一概念之中——道德。道德普遍地被认为是人类的最高目的,因此也是教育的最高目的。"[4]对于教学,王策山这样定义:"所谓教学,乃是教师教、学生学的统一活动。在这个活动中,学生掌握一定的知识和技能,同时身心获得一定的发展,形成一定的思想品德。"通过定义不难理解教学过程就是育人过程。

(二)全员育人

教书育人是教师的天职。任何一个教师无论教何种课程,它的授课内容本身就包含有知识内涵和育人内涵,不仅要求学生掌握知识本身,而且要告诉学生学了它来干什么;不正确的引导将助长不正确的东西滋长,以致学生走向邪路。这方面典型的一个例子就是诺贝尔奖设立者诺贝尔,他在晚年为自己发明炸药而深深自责,从而设立了诺贝尔奖。每位教师不仅要做好专业知识的传播者,还要自觉当好正确政治方向的引导者和高尚心灵的塑造者,才不愧为合格的人民教师。教书和育人是紧密联系在一起的。将教书和育人割裂,只顾教书,不管育人,这不仅是淡忘了自己的社会角色,缺乏职业道德的表现,而且是对党的教育方针和社会主义教师神圣职责的亵渎。[5]

(三)全程育人

教学过程是教师有目的、有计划引导学生掌握知识、技能,发展学生智能、个性、体能,并形成一定思想品德的过程。可见,教学过程包含了思想品德形成的活动,教学过程的每一个环节都应贯彻教书育人的原则,教师在传授知识和技能的同时,要不失时机地进行思想品德教育。

教学要遵循教学原则,让教学必须遵循的基本要求和指导原理,既指导教师的教,也指导学生的学。我国社会主义的教学原则,是在社会主义制度下教学经验的总结,同时也是在批判继承历史遗产和吸收外国教学经验的基础上逐步形成和发展起来的。教学原则有:科学性与思想性相统一的原则,理论联系实践的原则,直观性原则,启发性原则,循序渐进原则,巩固性原则,因材施教原则。[6]教学第一原则便是科学性与思想相统一的原则,就是教师教学要把知识传授和思想教育融为一体,两者不可分割。课程思政体现在职业性原则中,包含职业道德和职业素养的形成,比如职场礼仪、文化修养、法律法规等的教育。

二、教学过程各环节思政方式方法研究

推进课程思政建设是学校提高人才培养质量的重中之重,加强课程思政建设,基础在课程,关键在思政元素的高水准融入。课程思政,首先要仔细梳理各专业课程的思政元素,将其列入教学计划的重要条目和课堂讲授的重要内容,将知识教育同价值观教育结合起来,使各类课程与思政理论类课程同向同行,形成协同效应,构建起全课程育人的格局。要特别强调的是,教师在教学过程中应在专业学科知识体系中寻找与德育知识体系的"触点",顺其自然而不是牵强附会、生搬硬套,用学生喜闻乐见的方式,润物无声地开展德育教育。

(一)教学环节简述

传统的"五环节教学模式",是指"导入新课、教学新课、课堂练习(巩固练习)、新课小结、布置作业";"六环节教学模式"则是在教学活动最开始添加了一个"复习铺垫"环节。随着教学改革的深入,关于教学环节已发展演变成多种模式,可谓百花齐放。针对不同的学科和课型,有不同的教学环节。

现在常用的有五环节~八环节教学,其中五环节有的演变成"观、思、读、讲、练"。观就是观察,理论支撑来自伟大的生理学家巴甫洛夫名言"观察、观察、再观察";思就是思考,《论语·为政》中孔子说"学而不思则罔,思而不学则殆";读主要指读教科书,苏联教育家凯洛夫认为"教科书是学生知识的主要来源";讲就是讲授,韩愈在《师说》说"师者,所以传道、授业、解惑也";练就是练习,"纸上得来终觉浅,绝知此事要躬行"就是说明练习实践的重要。

有的五环节教学模式变形为"引、学、点、用、练",即"目标定向、激发兴趣,自主学习、合作交流,组织研究、体验发现,应用实践、巩固提高,反思小结、课堂检测"。有的演化为"目标导学、自主学习、分组展示、合作探究、当堂达标"五环节。

也有人把教学环节分解为"八环节教学模式",是指"复习旧课、导入新课、讲授新课、课堂练习、课堂检测、巩固新课、课堂总结、布置作业",只不过是在"五环节"基本上进行了进一步扩充,其主要环节还是离不开常用的"五环节"。在此,就最基本的五环节并增加一个复习环节中的课程思政方法一一进行论述,其他环节中的课程思政方法可如此仿效。

(二)教学环节中思政预设

1.复习旧课环节的思政方法

为加强对旧知识的巩固,往往要通过复习旧课来导入新课。复习旧知识:一是概括性总结;二是相似或相反知识对比;三是旧知识的趣味化重构。在这一环节,能有机渗透课程思政元素。

[例1]《高等数学》在学习新知识"间断点及其分类"时,要先复习"连续"的定义式(一)$\lim_{\Delta x \to 0} \Delta y = 0$,定义式(二)$\lim_{x \to x_0} f(x) = f(x_0)$。

同时还要对(二)式进行展开说理:

$$\lim_{x \to x_0} f(x) = f(x_0) \begin{cases} \text{右边的函数值 } f(x_0)\text{存在} \\ \text{左边的极限值 } \lim_{x \to x_0} f(x)\text{也存在} \\ \text{极限值} = \text{函数值} \end{cases}$$

等式成立的必要条件是左右两边都存在,或说函数在某点有意义,函数在某点附近有极限,由此说明哲学上"存在"的重要性。进一步延伸为"存在决定意识,没有存在就谈不上意识"。

定义式(一)和定义式(二),形式各异,内涵一致。说明内容是核心,内容决定形式,形式是丰富多彩的;形式是为内容服务的,形式不过是内容的客观反映;形式和内容是协调一致的,形式和内容的统一才具有了和谐美。如上两式改写成:

$$\lim_{\Delta x \to 0} f(x) = f(x_0)$$

虽没有知识错误,但不是最佳表达形式,不具有和谐美,在语文上叫作"用词不当"。

复习旧知识:一是为了进一步巩固旧知识,增强记忆,减少遗忘;另一目的是引出新知识。孔子说:"温故而知新,可以为师矣。"通过复习旧知识,因而可以获得新知识。在复习旧知识基础上,通过知识发酵、引申、迁移、升华,可以挖掘其隐藏的思想性和教育意义,达到教书育人的双重目的或终极目的。

2.导入新课环节的思政方法

课堂"导入",又称"开场白"或"导课",是课堂上正式教学的启动,它指课堂教学开始之前,教师有意识、有目的地引导学生进入新的学习状态的教学组织行为,是教师和学生在此过程中所有教学活动的统称。常用的导入技巧有创设情境法、巧用图片法、故事导入法、情感导入法、兴趣导入法、提问导入法、谜语导入法等。

[例2]作者在教学《无穷小与无穷大》一节时,介入时事综合应用了讲故事、展图片、提问等方法来导入新课。讲《大国工匠"顾两丝"顾秋亮》的故事,同时呈现图片或视频,然后提问:2丝等于多少米?追问 0.000 02 米是无穷小吗?再问 1 纳米(nm)＝10^{-9}米(m),1 阿米(am)＝10^{-18}米(m)是无穷小吗?希望学生回答:不算小。引出课题——无穷小。

[例3]用同样的方法,通过讲《大国工匠南仁东》的故事,介绍举世瞩目"天眼",引出天文数字 1300 光年＝2.3×10^{19}米,提问这是无穷大吗?引出课题——无穷大。

用"大国工匠顾两丝"故事作为教学导入,目的是让学生学习工匠精神,精益求精,砥砺奋进。作为导入,从长度单位"丝"说起,稍加拓展到"纳米"和"阿米",自然贴切,还起到了科普作用。

用"天眼"捕捉远距离星球的新闻报道,进行科普,进而引发对无穷大的思考与理解,在传授知识的同时,激发学生的爱国情怀,增加学生的自豪感。整个设计自然流畅,一气呵成,浸润思想教育于新知识传授中,起到润物细无声的教育效果。

新课导入,还可以引用名人名言。

[例4]在《高等数学》第一次课中,为了介绍本学科,直接引用马克思名言:"一门科学,只有当它成功地运用数学时,才能到达真正完善的地步。"直接表明数学有用,马克思靠谱。还引用了菲尔兹奖获得者数学家丘成桐名言"不学数学,社会将乱套",以此强调数学培养理性意识,而理性就是科学思维、按规律行事。将科学的世界观和方法论置入学生头脑。

[例5]教学《函数》一节时,在复习学过的知识之前,先引用数学家克莱因名言"函数是数学思考和科学思考的心脏和灵魂"。以此激发学生的学习兴

趣,同时传达一种理念:认识事物,要分主次;看问题,要看本质。

新课导入,借用现代科技成就进行思想教育。

[例6]在讲授《导数》一节时,设计引例:高铁是目前非常受欢迎的交通工具,既低碳又快捷。设一高铁走过的路程关于时间 t 的函数关系为 $s=t^2$,求它的瞬时速度。通过求平均速度的极限向瞬时速度过渡,从而引出导数物概念。这里介绍我国高铁的发展形势:到"十二五"末期,我国铁路营业里程已达到 12.1 万千米,其中高铁运营里程达到 1.9 万千米,居世界第一,占世界高铁总里程的 60% 以上。通过数据介绍,学生将充满幸福感和自豪感。

3.讲授新课环节的思政方法

有效的讲授新课方法有讲授法、研讨法、直观演示、练习法、问题探究法、情景教学法、尝试教学法、发现法、成功教学法、项目教学法等。无论什么教学方法,都可针对性置入适当的思政内容。

[例7]讲授《夹逼准则》时,先单刀直入给出准则。若

$$g(x)\leqslant f(x)\leqslant h(x)$$

且

$$\lim_{x\to *}g(x)=\lim_{x\to *}=A$$

则

$$\lim_{x\to *}f(x)=A$$

为帮助学生定性理解,出示成语"蓬生麻中",并且是让学生上网搜查得出下一句"不扶自直"。"麻"类比为" $g(x),h(x)$ ","蓬"类比为" $f(x)$ ","自直"类比为" $\to A$ "。紧接着,又指出"环境造就人"的道理;所谓"近朱者赤,近墨者黑",也是蕴含了这种逼近极限思想。通过成语学习,既学会了做人的道理,又旁敲侧击加强了对数学新知识的理解。对于数学教学,似走了弯路,实则达到快速理解的效果,明曲实直,比那些避而不谈的"冷"场要好得多。

[例8]讲解《定积分》时,当讲到用定义式表示极限时,先板书:

$$\lim_{n\to\infty}\sum_{i=1}^{n}f(x_i)\Delta x_i=\int_a^b f(x)dx$$

进行提炼:定积分可简述为"积的和的极限",定积分的实质是"求极限",定积分的结果是一个"数值",定积分的思想是"先分后和的极限思想";定积分的几何意义是曲边梯形的面积是无数个小曲边梯形面积之和。

进行升华:引出习近平总书记的话"每个人的生活都是一件件小事组成的,养小德才能成大德",进行高度小结[7]。

辩证思想渗入:(1)分合思想体现对立统一;(2)一分为二观点(一般与特殊,近似与精确);(3)量变到质变规律。

[例9]在会计班讲授《不定积分》例题:

$$\int \frac{x^2}{1+x^2}dx = \int \frac{x^2+1-1}{1+x^2}dx = \int \left(1-\frac{1}{1+x^2}\right)dx = x - \arctan x + c$$

用到了一个技巧:分子加1减1,顺势说道"借1还1,有借有还,再借不难",话语不多,但对学生来说,是进行了一次诚信教育。接着布置练习"求不定积分 $\int \frac{x^4}{1+x^2}dx$ ",教学效果很好。

4.巩固提高环节的思政方法

教师讲完新课后,及时进行巩固练习,可以使学生及时进行知识反馈,加强学生的理解和记忆,提高学生分析问题和解决问题的能力,还可提升智慧和精神境界。

[例10]教学了《重要极限公式》后,为了巩固所学公式,从易到难,由单一到时综合,布置三道练习题:

$$(1)\lim_{x\to\infty}\left(1+\frac{1}{x}\right)^x=e, (2)\lim_{x\to\infty}\left(1+\frac{1}{x}\right)^{2020}=1, (3)\lim_{x\to\infty}\left(1+\frac{1}{x}\right)^{x+2020}=e$$

当学生解答出来后,说明:针对指数(1)与(2)区别在于一个是无限,一个是有限,针对有限次幂可采用"幂的极限等于极限的幂"法则计算,而对于无限次方,不能采用这个运算法则;其次,当 $x\to\infty$ 时, $\frac{1}{x}\to 0$,但不是纯粹的零,(1)式只能读作"1加无穷小的无穷大次方的极限",而不能读作"1加0的无穷大次方的极限", $\frac{1}{x}\to 0$ 和纯粹的0用"差之毫厘,谬以千里"警言来说明,既深刻又明白,还起到了思政的效果。第(3)题设计的思政内容是"有限与无限的矛盾统一体,无限中包含了有限"。

5.总结新课环节中的课程思政方法

课堂总结,可以帮助学生把孤立零散的知识贯穿起来,形成完整的知识结构,它是整节课内容的高度概括,是教学总体思路最明确、最深刻、最集中的阐述。由于是对知识的高度概括,稍作提炼升华,便可引出思政内涵,达到"晴空一鹤排云上,便引诗情到碧霄"的效果。

[例11]高等数学第一章节要复习及补充一些函数,在进行课堂总结时,设计如下:

$$\lim_{x \to \infty} a^x = \infty, (a > 1), 1.1^{365} \to \infty$$

$$\lim_{x \to \infty} a^x = 1, (a = 1), 1^{365} = 1$$

$$\lim_{x \to \infty} a^x = 0, (a < 1), 0.9^{365} \to 0$$

请学生谈谈等式或不等式对人生的启迪。

(1)差之毫厘,谬之千里。

(2)蝴蝶效应。

(3)每天进步一点,一年后成绩斐然;若每天故步自封,一年复一年,还在原地踏步;若每天退步一点,一年后将一事无成。

这种教学新颖别致,让学生耳目一新,感受中学数学课上从来没有体验过的情感,对数学有了新的认识和兴趣。

6.布置作业、考试中的课程思政方法

作业或练习,是学生对新知识的复习或进一步巩固,同时也是对所学知识的一次再加工,达到对知识或技能的熟练掌握、理解、灵活应用,防止遗忘、增加记忆的重要环节。作业特别是课后作业,留给学生的时间自由,学生能充分利用时间进行知识归纳、总结、整合、创新。布置作业时,针对题目特点,可创造性设计一些包含思政元素的问题。

[例12]布置如下作业,举例说明无限个无穷小之和不一定是无穷小。学生往往会举出之前学过的求极限的例子如下:

$$\lim_{n \to \infty} \left(\frac{1}{n} + \frac{1}{n} + \cdots + \frac{1}{n} \right) = \lim_{n \to \infty} \frac{1}{n} \times n = 1$$

考试时,改变题目为:

若 $\lim_{n \to \infty} \frac{1}{n} = 0$,而 $\lim_{n \to \infty} \left(\frac{1}{n} + \frac{1}{n} + \cdots + \frac{1}{n} \right) = 1$,说说其包含的哲学道理。要求学生从以下几个方面去思考、作答:

(1)积少成多、滴水成河、人多力量大;

(2)量变到一定程度会发生质变;

(3)勿以善小而不为,勿以恶小而为之。

[例13]可设计如下发散性练习:

俄国作家列夫·托尔斯泰有句名言:"一个人就好像是一个分数,他的实际才能好比分子,而他对自己的估计好比分母,分母愈大则分数的值就愈小"。它能很好地映射今天所学《无穷小与无穷大》的哪个知识点? 希望学生回答出:无穷大的倒数是无穷小。

三、思政方法概括提炼

根据思政内容和专业知识呈现的顺序,可以把思政方法归纳概括为前置式、后缀式、镶嵌式、叠加式、升华式等五种方法或模式。

(一)前置式 Q(S-Z)

在专业知识介绍之前,通过一个学生熟悉或感兴趣的事件案例(Q)介入,让思政元素凸显出来,通过思政元素导入专业知识,以此激发爱国情怀和学习激情。如节中的[例2],先介绍大国工匠的故事,故事中的精益求精的工匠精神便是很好的思政元素,然后通过故事主人翁的尊称"顾二丝"涉及的长度单位"丝"从对立面引出课题"无穷小"。[例3]也是按同样方法设计的。思政元素(S)在前,专业知识(Z)后呈现,为前置式。前置式往往应用于导入新课环节。

(二)后缀式 H(Z-S)

在学了专业知识之后,对知识进行概括小结、训练应用时,通过一般向特殊转化,变式教学内容,刻意启发诱导学生发现点明其所隐含的思政元素。如前面提到的[例10],先复习基本公式(一般知识),然后把公式中的指数具体化、特殊化,再变式,把指数变成具体加抽象的综合题。这样设计,就隐含了辩证思维的观点,成了对学生进行辩证法教育的优良材料。[例10]也是类似。先对指数函数的底数进行讨论式小结(三种情况),然后对应设计具体特殊的三种情况,并联想到一年为365天,自然就演变成有思政内涵的材料了。专业知识(Z)在前,思政元素(S)在后,为后置式。后置式往往应用于巩固提高环节和新课总结环节。

(三)镶嵌式 X(Z-S-Z)

在专业知识传授过程中,由一个知识点引申出一个思政内容,然后再进行另一知识点学习,思政内容成为两个知识点之间的一个联结纽带。两知识点(Z−Z)在两端,而思政内容(S)位居中间,是为镶嵌式。本节[例9],在例题讲解和习题练习之间穿插了一个诚信思政教育环节,还提高了解题技巧的能力。镶嵌式往往用于讲授新课环节,课堂练习环节或作业环节。

(四)叠加式 $D\left(\dfrac{SS}{Z}\right)$

在专业知识学习过程中,无论是哪个教学环节,当出现一个知识点时,会引申出两个或两个以上的思政元素,多个思政元素叠加在一起,培养学生多种正能量,拟达到综合教育效果,这便是叠加式思政方法或模式。本节中的[例8]便是属于这种思政模式。定积分概念(定义)教学,至少包含三种辩证哲学观点,是一个好的思想方法教学材料。有些学校引进新数学教师,都要试讲这一节课,一是看授课者的数学教学功底;二是考查教师的思政教育理念和意识。一个知识点(Z)对应多个思政内容(SS),属于叠加式。叠加式往往用于讲授新课环节,新课总结环节,作业环节,考试环节。[例11]、[例12]也可称为叠加式,因为它们都引申出了两个以上的思政内容。

(五)升华式 $S(Z^s)$

数学和文学一样,都具有意境。追求数学意境,属于教学艺术范畴,是教师教学的最高境界。通过"静思—对话—模糊"[9]活动历程,可以进入意境,达到对知识的升华,开辟新天地。可以借助文学来表达数学意境,反过来,也可以借助数学描绘诗词的意境。[10]当然,也可以借助数学来表达具有思想教育意义的哲理。本节中的[例12]就是一典型升华式思政模式。例题中数学知识本身简单但奇妙,其所蕴含的哲理却耐人寻味。通过沉静思考、启发对话、模糊联想,学生能得到启悟,受到教育。有些特殊知识点,可以通过意境升华为一个或多个思政元素,教师要抓住时机用这种方式进行课程思政。它适合于各个教学环节。

总之,课程思政具有随机性和灵活性,针对性和简明性,专业性和典型性,实用性和实效性等特征。[11]即课程思政,要遵循专业特色和知识特点、侧重学生实情和通俗易懂、注重实用和实效。在教学各环节皆可能进行思政,在不同的教学环节中从前置式、后缀式、镶嵌式、叠加式、升华式选用合适方式或方法,力争达到课程思政不露痕迹的"润物细无声"的效果。

参考文献

[1] 邱开金.从思政课程到课程思政,路该怎样走[N].中国教育报,2017-03-21(10).

[2] 姜海燕.谈教学过程中的德育渗透[J].延边教育学院学报,2005(10):47-49.

[3] 殷国聪.对教书育人问题的理性思考[J].云南师范大学学报,1997(5):86-89.

[4] 王玉荣.刍议数学课堂教学中实施德育[J].学周刊(教学科学版),2012(1):51.

[5] 赵振华,夏立玲.基于立体化教学的大学专业课教书育人新模式研究[J].内江科技,
2015(10):58-59

[6] 王道俊,王汉澜.教育学[M].北京:人民教育出版社,1999.

[7] 习近平.习近平在北京市海淀区民族小学主持召开座谈会时的讲话[EB/OL].(2014-05-
31)[2019-04-01].http://cpc.people.com.cn/n/2014/0531/c64094−25088947.html.

[8] 梁富.巩固练习的重要性[J].黑龙江教育,1996(6):24-25.

[9] 李如密,李宝庆.教学意境刍议[J].教育理论与实践,2005(8):26-29

[10] 郭培俊.数学意境的文学表达[J].浙江工贸职业技术学院学报,2018(2):66-69.

[11] 孙俊跃.如何寓德育于学科教学之中[J].职业技术教育研究,2005(10):50-58.

（郭培俊）

第三章　课程思政实践应用研究

第一节　人的全面发展理论视阈下《大学英语》教学改革探究
——以浙江工贸职业技术学院为例

马克思曾说过:"任何人的职责、使命、任务就是全面地发展自己的一切能力,包括思维能力。"[1]在马克思《1844 年经济学哲学手稿》(2000:85)中系统阐述了人的能力的全面发展是马克思关于人的全面发展理论的基本内涵之一,实现人的自由而全面发展理论也是马克思列宁主义人学理论的核心内容。可以说,人的全面发展一直以来就是人类社会发展的核心理念和价值归宿。马克思列宁主义关于人的全面发展理论要求人的能力的发展,人格的完善与全面,素质的全面发展。也就是说,人的全面发展意味着人自身本质力量和潜力的最充分展现。

高等教育作为大学生思想教育主阵地,要始终以马克思列宁主义关于人的全面发展理论来指导高校教育教学工作。习近平总书记在全国高校思想政治工作会议上指出:"要坚持把立德树人作为中心环节,把思想政治工作贯穿教育教学全过程,实现全程育人、全方位育人。"[2]高校教师不仅向学生传授专业学科理论知识和技能,而且还要对学生进行思想教育,从而实现教书育人的目的。2018 年 5 月 2 日,习近平总书记在北京大学师生座谈会上强调:教育兴则国家兴,教育强则国家强。大学是立德树人、培养人才的地方,"才者,德之资也;德者,才之帅也"。人才培养一定是育人和育才相统一的过程,而育人是本。人无德不立,育人的根本在于立德。[3]这是习近平总书记站在中华民族伟大复兴的战略高度,高瞻远瞩,为新形势下高等教育事业指明的发展方向,指明的立德树人社会主义办学教育方向。

随着经济全球化及中国对外开放步伐的加大,高校大学英语课程的重要性日益凸显。近年来,由于网络普及和中西方交往日益密切,西方各种思想文化、社会思潮及价值观对大学生产生了一定的负面影响,从而造成学生难于分辨是非的现象,导致思想和价值观混乱。基于这样的时代大背景,大学英语教师在教学工作实践中要因事而化、因时而进、因势而新。用传统的教育理念和思维来传授专业知识,重视向学生英语语言知识和技能的传授,关注学生英语语言知识操练和提升,势必会导致育人功能没有得到很好的落实和体现,进而使得大学英语教学中出现思想教育短板。

一、当前大学英语教学中思想教育元素缺失的成因分析

(一)大学英语教师对思想教育认识模糊

很多大学英语教师对学生的思想教育工作认识不到位,或对学生思想教育乏味空洞,流于形式,不能起到思想教育的效果。有些大学英语教师认为,英语和思想教育分属不同学科无法融合。其实,这些教师忽视了大学英语课的课程思政作用,他们备课只是关注授课知识点、语言点等,并没有真正用心对教材内容与思想教育的契合进行把握和挖掘。甚至有些大学英语教师认为,学生已经学了思政课,对学生思想教育不是大学英语教师的责任和义务。这些错误认识的根源来自这些教师没有认识到思想教育的时代应用价值和思想教育对大学英语教学的有力促进作用。

(二)大学英语教材滞后,现有的大学英语教材缺乏思想教育内容

现在很多大学英语教材只是一味地重视对学生英语语言知识和技能知识的传授,侧重英语教材专业性或学术性,甚至有的大学英语教材课文内容一味地夸大西方价值观。大学英语教师对学生思想教育没有相应教材作为抓手,感到无所适从。可见,当前大学英语师生急需符合新时代思想的大学英语教材。第一,大学英语教学目标和教学内容中没有根据新时代要求及时更新思想教育内容。大学英语教材没有体现思想教育的实效性。第二,大学英语教学课程设置不合理,有的学校甚至缩减大学英语课时。很多学校大学英语课程只开设一学期或者一学年。这样,大学英语课由于课时不足,教师很难利用有限的课时结合教学内容对学生思想教育做到位,不同程度地弱化

了大学英语教学中思想教育的育人功能。

二、大学生的全面发展与大学英语教学的目标同向性

语言是文化的载体,语言是传承人类文明的工具。英语作为一种语言文化,促进和推动了世界上各国间经济、政治、文化等的交流与合作。高校大学英语课已经成为对学生传授人文素养,培养全面发展的新时代高素质接班人的重要课程。那么,在高校大学英语教学中如何贯穿马克思列宁主义关于人的全面发展理论来指导大学英语教学全过程,从而全面提高学生的素质和能力,就成为新时代高校大学英语教学改革面临的挑战和亟待解决的课题。

(一)以马克思列宁主义关于人的全面发展理论指导的素质教育

马克思列宁主义关于人的全面发展理论,要求人的素质全面提高和人的能力全面发展。素质的全面提高和人的能力的全面发展依赖于教育。教育要贯穿人才培养目标的全过程,高校作为教育主阵地要肩负起人才培养的责任和担当。教师首先要具备高素质、全面发展的能力。正所谓"身正为师,学高为范"。教师不仅要及时更新理论知识和教育教学理念,而且教师要注重提高自己的思想道德素质,要与时俱进跟上时代发展步伐,努力学习思政理论,从而提高思想教育水平和能力。教师提高思想理论素质和水平可以通过学校组织的新时代理论学习或研讨会,例如:浙江工贸职业技术学院马克思主义学院自成立以来,由马克思主义学院牵头组织教师理论学习已成常态。近期,马克思主义学院多次组织学院全体教师学习习近平总书记新时代理论和思想,马院举办系列研讨会庆祝卡尔·马克思200周年诞辰,并要求全体教师组织全院学生积极参与由浙江省委宣传部主办的"卡尔·马克思杯"理想之光思政答题竞赛等,通过答题竞赛,全院师生思想上受到了洗礼,精神上受到了净化。因此,全院师生统一了思想认识,增强了学校的凝聚力。

教师教学中要注重言传身教,以教师人格魅力感化学生,让学生在耳濡目染中受到教育。马克思列宁主义关于人的全面发展理论,要求教师不仅教会学生知识,而且更要教会学生学会学习、学会做人、学会做事,从而实现学生素质全面提高和全面发展。教师在教学中对学生的思想教育要讲究方法和火候,对学生思想教育不能生搬硬套、照本宣科,要从学生能看得见、摸得着的细微小事做起,通过动之以情、晓之以理的方式,针对95后大学生心理特

点设计大学英语德育教育目标和内容,以学生能接受的方式起到润物细无声的效果。

(二)以马克思列宁主义关于人的全面发展理论指导的个性化、差异化进行大学英语创新教学

高校大学英语课程具有自身的特点和特性,学科不同其知识体系差异也较大。但是,单从人才培养角度而言,大学英语教学目标、教学内容、教学手段和教学策略等都要以大学生的全面发展为目标。大学英语教育、教学各环节都要贯彻"教书育人"目标。在大学英语教学中,教师要结合授课内容向学生进行爱国主义、集体主义、爱岗敬业、诚实守信等思想政治教育以达到育人目的。教师既要向学生传授英语语言知识,以提高学生英语听、说、读、写、译的语言知识能力为英语教学目标,更要侧重于对学生英语应用能力、交际能力、主动学习和创新能力的全面培养。

当代大学生多为独生子女,他们大多依赖心理比较强,更喜欢传统的填鸭式、灌输式教学授课形式,学生缺乏对学习任务积极思考和课堂活动的参与。有些学生惰性强,主动学习积极性并不高,如:常出现玩手机或睡觉的现象。为了调动学生英语学习兴趣和提高参与度,教师要根据学生差异化和个性化特点,以"学生为主体"设计课堂教学活动,引导学生积极思考和主动参与学习活动,以促进学生全面发展。教师平时要鼓励学生提高创造性思维能力和动手能力,针对大学英语学科特点,引导学生积极思考,通过小组合作学习达到互相学习,提高人际交往能力的目的。教师根据学生接受程度和学习能力差异,设计差异化和个性化的教学活动让学生主动参与。针对基础好的学生,教师可以设计有点难度、开发学生智力的学习任务使他们感到学无止境,明白自己掌握的知识是有限的,从而激励他们向无限的知识领域扩展,提高学生创新思考能力。而对懒惰、基础薄弱的学生,教师设计最基础的知识,引导学生动脑思考,也可以让学生利用手机查找问题的答案,以此培养学生主动学习的好习惯,鼓励这些学生只要他们参与就能学会知识,答案不是唯一的,只要动脑思考就能取得好成绩。这样,通过反复长效激励训练,学生学习积极性和参与性明显提高。这些学生在快乐学习中进步,享受学习的成就感和自豪感,通过在"学中做,做中学",学生的学习潜能和创新能力得以展现。

三、"人的全面发展"理论指导下的大学英语教学实践

习近平总书记指出:高校的根本任务是立德树人。高校大学英语课程也要在教学实践中积极探索和挖掘课程思政元素。根据大学英语特色人才培养目标和教学内容,在教学中融入对学生的思想教育。大学英语教师不仅要教会学生掌握英语专业知识和技能,而且要在知识传授中潜移默化地渗透对学生的思想教育,从而培养学生全面发展的素质和能力。

(一)大学英语教师要立足新时代,与时俱进,及时更新教育观念

高校大学英语教师要发挥人格魅力,以教师一言一行影响学生,从而达到教书育人的目的。教师作为传道、授业、解惑者,对学生的影响是终生的。品德高尚的教师会严格约束自己的品行,在教学中知道哪些该讲、哪些不该讲,总是以积极乐观心态向学生灌输正能量,以良好的德行感染学生。教师要换位思考,尊重学生人格,通过和学生交心,拉近与学生的距离,以平等的、学生易于接受的方式对学生进行思想教育。这样,教育效果才会更好。

(二)立足大学英语课程,融入思想政治教育元素,编写符合新时代培养目标的大学英语教材

目前,一些高校大学英语教材只注重对学生英语语言知识和技能的传授,缺乏课程思政的指向性和实效性。为此,浙江工贸职业技术学院公共英语教研室全体教师集思广益,克服教学任务重、教材编写时间紧等困难,多次进行思政理论学习,提高了全体教师的思政素质。全体教师把理论学习心得、案例融入教材编写中,在信息化时代依据"十三五"国家职业教育培养目标,在校本《职场英语》教材1、2版基础上,通过师生调研、反馈等方式,本着"一切有利于教学,一切服务于学生"的理念对教材进行了重新修订。经过多次研讨、修改,2017年7月由上海交通大学出版社出版发行的具有浙工贸特色的《职场英语》教材终于面世。

(三)挖掘大学英语教材思政内涵,把德育教育融于大学英语教学实践

这里以融入思政的《职场英语》教材为蓝本,在课堂英语教学过程中渗透对学生思想政治教育。如:以《职场英语》第3单元"旅游英语"教学活动为例。

具体做法:首先,让学生上课以视频、ppt 等方式创造性地做近年中国人旅游方式、旅游目的地、旅游交通工具等汇报,让学生在潜移默化的英语输出中感受到改革开放 40 年全体中国人民从物质需要转向精神需要的重大变化,切身感受到改革开放带给全体中国人民的获得感和幸福感,从而受到爱国主义教育,切身体会到中国特色社会主义制度、理论和道路自信。其次,课堂教学活动任务 1——学生观看介绍中国著名旅游景点,如杭州西湖,北京故宫或西安兵马俑等蕴含人文、历史、传统文化的英语视频,学生耳濡目染了"大美中国"的魅力,增强了英语知识和技能输入,同时让学生在英语输入中受到新时代中国特色社会主义制度自信、道路自信、文化自信的教育,坚定了新时代大学生要牢记使命和担当,为实现伟大的中华民族复兴的"中国梦"而发奋学习的信念。任务 2——段落翻译题,如对比中国改革开放 40 年来,中国人的旅游观和旅游模式等变化,从而了解全体中国人的"旅游梦"。通过做段落翻译题,学生输入了英语语言知识,内化了英语阅读理解和翻译能力,学生对中国旅游的变化有了更深了解,使学生感受到改革开放实现了中国人从吃饱到富足,中国人民从站起来到强起来的跨越式发展,更好地理解中国共产党是为全体中国人民谋幸福的执政党,只有中国共产党才能带领全体中国人民走上奔向美好生活的"强国富民"的康庄大道。学生也更坚定了新时代中国特色社会主义的道路自信。任务 3——学生 5—10 分钟先小组内讨论,然后,各小组推举 1 名同学代表到讲台前就主题为"新时代中国旅游……"做 1—2 分钟英语演讲,重点要求学生演讲主题内容与思政相结合,包含新时代的思想理论或观点。其他组组长和临时推举的几个学生代表给各组打分并做点评。学生通过演讲、点评凸显大学英语课程思政的教育效果,学生从互动活动中收获满满的正能量。任务 4——观看"一带一路"的英语视频,让学生代表谈谈观后感。学生感受到中国的强大和对世界发展的大国担当,培养学生国际化视野,学生对人类命运共同体也有了更深的理解。接着,负责点评本次课的小组组长归纳本次课的收获(要求:结合思政元素归纳英语知识点等)。再次,教师引导学生对本次课思政主题进行提炼、升华。学生切实感受到在以习近平总书记为首的党中央领导下,通过以旅游主题为切入点,感受到人民对美好生活的愿望正逐步实现,国富民强的中国巨龙在世界东方崛起,中国以大国担当带动了世界经济的发展和繁荣。学生受到爱国主义教育,深深感受到作为中国人的民族自豪感。最后,课后延伸部分让学生以小组为单位观看《厉害了我的国》或《辉煌中国》的视频,以"新时代……"为主题,课后各组长组织小组同学讨论,然后,每个同学写观后感(要求120字左右)。通过写融合课程思政的英语写作,学生不仅掌握了英语写作技巧、英语语言知识,而且通过运用英语语言增强了学生英语应用能力,表达了爱国主义情怀。

总之,大学英语课作为传播英语知识、人文思想、世界文化的载体担负着为新时代培养高素质人才的责任和义务。大学英语教学改革要把握时代发展脉搏,融入新时代改革发展大潮。根据马克思的人的全面发展的内涵,德乃为首,也就是良好的思想道德和坚定正确的信念是全面发展的首要任务。在马克思的人的全面发展理论指导下,强化对学生新时代理想、信念、道德的教育,把思想教育始终渗透在大学英语教学各环节,以创新思想教育方式,拓展思政教育手段,培养德才兼备、又红又专的新时代的高素质、全面发展的建设者和接班人是新时代教育的根本目标和永恒主题。

■■■ 参考文献

[1] 中共中央编译局.马克思恩格斯全集[M].北京:人民出版社,1982.

[2] 习近平.把思想政治工作贯穿教育教学全过程 开创我国高等教育事业发展新局面[N].人民日报,2016-12-09(1).

[3] 习近平.习近平在北京大学师生座谈会上的讲话[N].人民日报,2018-05-03(2).

[4] 吴同喜.试论职业教育的价值功能——基于马克思主义职业教育思想中国化的视角[J].黑龙江高教研究,2013(8):16-18.

(许 超 詹丽萍 林 侃)

第二节 高职体育课程思政元素的挖掘与融合
——以浙江工贸职业技术学院羽毛球选项课为例

2016年12月,习近平在全国高校思想政治工作会议上强调:"做好高校思想政治工作,要用好课堂教学这个主渠道,提升思想政治教育亲和力和针对性,满足学生成长发展需求和期待,使各类课程与思想政治理论课同向同行,形成协同效应。"把思想政治工作贯穿教育教学全过程,坚持以立德树人为中心环节,实现全程育人、全方位育人,这是党和国家对当代教育提出的期望,也是全体教育工作者应牢记的历史使命。[1]体育学科也不例外。高校体育教育教学工作,承载着新时代大学生以身体练习为基本手段,以增强人的体质为基本目的,对人体进行培育和塑造的重要使命,能否实现大学生的全面发展,健康人格的塑造和形成,事关祖国的未来,事关高等教育的责任、使命与担当的重任。充分发挥体育学科的特点,挖掘体育学科自身的思政教育元素,有助于实现课程思政整体育人的协同效应。

一、体育精神的释析

体育课程思政元素的挖掘,离不开对体育精神的解读。体育是一种国际语言,人们甚至不需要翻译、不需要解释,就可以自由交流,它为世界和平做出了自己的贡献。奥林匹克精神是体育精神的代名词,是现代社会文明的标志。体育精神包含了很多内容,我们常用常见的词语有遵守规则、尊重对手、团结协作、奋勇拼搏、积极进取、坚持到底、永不放弃、友谊与团结、和平与公平、关爱与尊重等等。体育精神在任何场合都是至关重要的,小范围来说,它体现的是个人的素养;大范围来讲,它代表的是个人所在的集体、国家的形象和国民的素质。它反映了个人所处的集体或国家是否具有凝聚力、感染力和号召力,是集体或个人的理想、信念、道德等多方面的标志,是个人、集体或国家未来发展的灵魂与支柱。[2]

二、当前体育课程现状分析

多年来,我院高职体育课是以加强学生体质、传授学生运动技术技能为主要目的,以强化学生的身体练习活动为主要手段,羽毛球课也不例外。该课程强调的是以学生实践技术学习为主。与"运动知识传授、运动能力提升"的同时进行的学生"价值引领"教育存在疏忽,它们长期以来处于"两张皮"的状态。因此,"运动知识传授、运动能力提升、运动价值引领"三者未能同步同行,即是体育课程思政的现状所在。

三、高职体育课程"思政"元素的挖掘与融合

(一)挖掘体育课程思政元素

课程思政的实践探索要注重显性与隐性教育相结合,体育课堂内的所有师生体育教学活动就好比是一锅"火锅汤",在体育教育教学活动中加强学生的价值引领就好比是在汤内"加盐和味精"。只有把握好恰当的时机和恰当的用量,才能让体育教学的"火锅底汤"料足、有味儿。任课教师添加"盐和味精"的教育活动行为是课程思政的显性教育。2016级学生的羽毛球选项课共有28+32学时。羽毛球选项课的课程思想显性教育,一般通过实践课52学时来实现。

羽毛球选项课深受我院学生的喜爱,每年开学初的体育网上选课,羽毛球项目几乎是秒选状态。可见,学生对于羽毛球运动怀有浓厚的兴趣。如何让学生持续保持这种兴趣,长期坚持羽毛球锻炼,让学生们在高职毕业后,进入职业生涯状态也能具备终身体育的思想意识,这就是任课教师羽毛球课堂教学中必须从头至尾坚持做的隐性教育。羽毛球选项课的课程思政隐性教育的实现,一般通过理论课8学时来加以实现。

1.尊重体育课程的基本规律

任何一种教育活动都必须尊重学科自身的建设规律,羽毛球课程思政也不例外。羽毛球运动技术的教学过程是一个循序渐进的过程,首先从基本动作技术开始教学,如发球、击球、挑球、平抽球、杀球、搓球等等。其次是羽毛球运动的规则和仲裁的学习,最后是关于羽毛球比赛的竞技战术的学习。不同阶段的学习,思政元素各不相同,不能混为一谈,应区别对待。本人根据课堂教学内容的不同,根据前面对于体育精神的深入解读,再融入不同的思政教育。

2.明确体育课程的学科定位

高职教育的人才培养目标为培养德智体美劳全面发展的社会主义技术型、应用型高技能专门人才,羽毛球选项课是服务于这一目标的。通过羽毛球选项课的学习,学生在学习中明白如何与人相处、如何团结协作、如何面对困难、如何遵守和敬畏规则、如何诚实守信、如何具备未来职业人的基本素

养、为以后成为健全的职业人奠定基石。这是本课程结合课程思政的正确定位。

3.正视把握实践痛点

如前面的导语分析可知:"运动知识传授、运动能力提升、运动价值引领"三者未能同步同行,即是体育课程思政的痛点所在。体育课程思政即是在体育教学中,利用各种教学手段,积极挖掘体育课程的思政元素,巧妙融合课程教学的过程。

(二)体育学科的融合路径

本着从发现问题、分析问题的角度出发,如何解决问题即是本次教学案例实践的重点和难点。羽毛球体育选项课程融合思政教育的探索路径有哪些? 本人以 2016 级学生春季学期羽毛球选项课的教学情况和 2017 级学生秋季学期的羽毛球选项课的教学情况进行思路梳理,做法如图 1-1 所示。

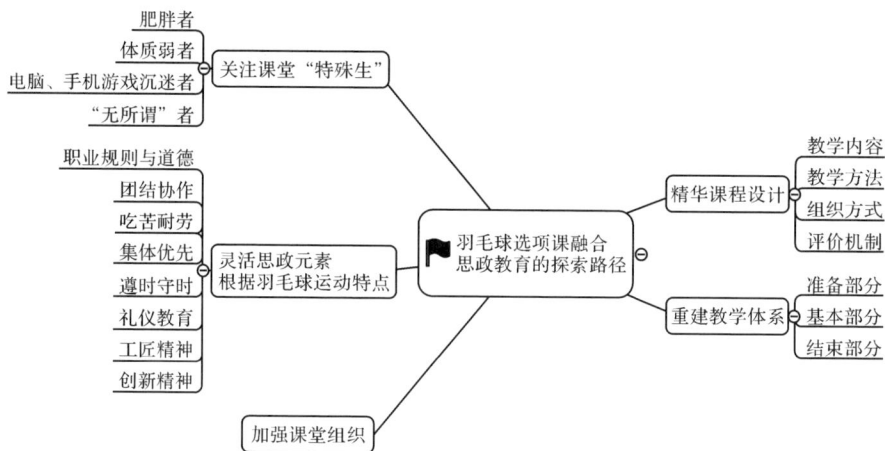

图 1-1　羽毛球选项课教学情况思路图

1.精化课程设计

首先我们必须明确的是,课程思政只是教师在教学素材的选择与教学方法方面的改变,而不是在课堂内另外增加一大思想教育模块。所以,课程设计要做到润物细无声,不牵强、不刻意造作。课程设计的内容主要从以下几个方面进行:教学内容、教学方法、组织方式、评价机制等。

以羽毛球春季学期教学安排为例:本学期主要是传授羽毛球后场技术

(击高球、杀球、吊球)和简单战术(发球抢攻、攻后场、打四方球、杀吊上网、攻入战术、攻中路战术)。教学中以球性练习导入,教学由易到难,并遵循运动技能的掌握规律,同时兼顾学生运动能力的差异性,合理组织教学。通过教学,大部分学生能懂得羽毛球运动竞赛规则与裁判方法。根据教学内容融入思政教育,在教学方法、教学组织与教学评价上进行转变,这是备课前期需要进行课程设计的主线。

2.重建课程教学体系

以羽毛球课程的实战教学为例:羽毛球运动中,单打与双打的教学必须在学生了解运动规则与裁判知识的前提下进行。所以,教学团队采取混合式教学与翻转课堂形式,让学生提前做好视频观看与素材的收集。一个班级学生分成四个组别,不同组别学生收集的视频素材不同,思政教育点也不同。任务下达指令如表 1-1 所示(以 2017 年国际羽联主办的大赛为例)。

表 1-1 2017 年国际羽联某大赛任务下达指令表

任务分组	任务指令类型	指令导向
第一组	单打得分点来回次数最多的视频	奋勇拼搏
第二组	比赛决胜局中落后时反败为胜的赛事	永不放弃
第三组	队员之间相互鼓励与拥抱的视频画面	团结协作
第四组	赛后,运动员向对手、裁判、观众示意的视频画面	体育礼仪

3.加强课堂组织管理

体育课程组织分为准备部分、基本部分与结束部分三个阶段进行,常用的课堂管理办法是分组、分层进行教学。根据不同的教学内容和不同的思政教育目的,进行不同的课堂组织管理。如:在后场击高远球技术教学中,按照常规做法是基础好的同学分在一组,基础弱的同学分到一组。但是为了达到"互帮互学"的目的,我采取"强带弱"的分组模式,运用体育游戏的组织办法,让同学们在学习中体验助人为乐和团结友爱,思政教育自然水到渠成。

4.灵活思政元素应用,即不同教学进度和内容进行不同思政教育

以羽毛球选项课为例,思政元素的挖掘与融合就应该依照羽毛球运动特点来定。就其思政方面来说,有如下几方面内容,具体分析如表 1-2、表 1-3 所示。

表1-2　从羽毛球运动特征来分析

	思政教育元素	思政教育点
运动宏观特征	中华人民共和国成立后羽毛球运动水平快速发展,华侨回国指导	爱国主义精神
	当今中国羽毛球队在国际赛场上争金夺银	体现为国争光荣誉感
	羽毛球运动技术特点:稳、准、韧、精	体现"工匠精神"(工贸类)
	羽毛球的活动形式,必须是两人以上,不能一人打	体现团队协作、角色定位意识
	羽毛球运动技能发展速度快	体现不断创新、追求卓越精神

表1-3　从羽毛球教学内容来分析

	思政教育元素	思政教育点
羽毛球教学点	羽毛球运动竞赛与规则学习	职业规则与职业道德
	项目分组分工与素质拓展	团结协作、顽强拼搏
	羽毛球体能专项训练	坚忍不拔、永不言败
	比赛团体竞赛的排兵布阵	服从组织,集体荣誉至上
	尊重比赛、裁判与对手	礼仪教育、换位思考
	课堂常规(上课考勤,不迟到不早退不旷课)	做一个守时、遵守约定的职业人

5.关注体育课堂"特殊群体"

重视和尊重"特殊群体"是教育职责与使命。在大学生体育课堂中,也存在不爱运动的肥胖者、体质天生弱者、对一切无所谓的网迷者、体育成绩刚好或及格或不及格者、学分有无的无所谓者等特殊群体。对于这类学生,可以采取"榜样的力量""自我价值的实现""体验成功喜悦"等素质拓展项目加以鼓励。教师在课堂中时常保持关注,不停加以跟踪,不断加以鼓励进行重点帮扶,让学生在课堂中不断感受到老师的人文关怀,从而达到从"要我运动"到"我要运动"的转变。[3]

四、高职体育课程挖掘与融合思政元素的实践启示

课程思政的成效是无法量化的,但学生的课堂表现及精神状态与面貌是

能感受到的。当然,也可以通过单独访谈与学生反响来感受变化。羽毛球课堂考核平时分占20%,体质健康测试成绩占40%,羽毛球专项成绩占40%。同学们参与课堂的积极性、对于羽毛球运动的理解和对于羽毛球课堂评价对三大考核指标有着直接的正面影响。所以,羽毛球课程思政元素的挖掘与融合和学生考核评价是相互关联、相互制约的,两者并不是独立存在的。

(一)制定科学的考核评价体系

羽毛球课堂教学中,任课教师对于思政元素的挖掘与融合能起到直接的引导作用,那么对学生课余体育活动、学生课余体育兴趣爱好、学生的社会适应和心理又如何进行思政教育呢? 评价体系中,能否按照"学生自评、学生互评、老师评价、考核结果认定,学生学习体验—分享交流—教师提炼整合—教法运用跟进"等一条连锁链方式进行? 这些不成熟的思考都是实践的不足之处,值得在以后的课程教学中不断探索和研究。因此,探索制定一个科学的体育课程思政考核评价机制,能够保障课程思政建设行稳致远。

(二)提高课程思政的学理认识与把握

通过现有的实践探索和对于不足问题的反思,提升广大体育课程专任教师对课程思政的学理性认识和把握是一个亟待解决的问题。首先,需要深入学习习近平总书记在高校思政政治工作会议上的讲话精神,学习教育部部长陈宝生在全国教育工作会议上的讲话精神等,增强和提升对高等教育"立德树人"根本任务的宏观把握;其次,根据体育学科特点,优化教育内容,提升课程思政教育效果,改进教育方法,提高课程育人质量;再次,加强学术交流,提升教师科研能力。

总之,高职院校体育课程思政改革的探索与实践,是新时代体育学科发展的必由之路。[4]体育课程思政教育结合点有很多,以不同的结合点去分配不同单元、不同项目的体育教师为类别继续深入进行实践教学的探索,细化体育课程思政元素的挖掘,深化体育教学点的融合,将有助于新时代大学生的成长成才,进而实现高校人才培养目标。

■■■ 参考文献

[1] 朱秀清.高职体育课程思政元素的挖掘与融合——以浙江工贸职业技术学院羽毛球选

项课为例[J]. 运动，2018(10).

[2] 刘欣."课程思政"的内在价值与实践路径研究[J]. 郑州轻工业学报(社会科学版)，2018(12).

[3] 陈艳.论高职院校"思政课程"与"课程思政"的交互[J]. 思想政治教育导报，2018(12).

[4] 李效武.新时代高校贯彻"三全育人"理念的实践创新研究[J]. 平顶山学院学报，2019(2).

（朱秀清）

第三节　学生社团助推高职院校课程思政建设实效性研究
——基于温州市高职院校数据

为落实习近平总书记在全国高校思想政治工作会议上重要讲话精神，把思想政治工作贯穿教育教学全过程，实现全程育人、全方位育人，努力开创我国高等教育事业发展新局面。[1]继上海高校于2014年在高校探索实施"课程思政"，将马克思列宁主义理论贯穿教学和研究全过程，全国各大高校迎来了"课程思政"的研究热。各高校在落实立德树人根本任务和进行课程思政建设上也在逐渐探索适合自身发展的路径，总体需把握以下三个着力点，即除了要建设好"第一课程"——思想政治理论课，还要加强"第二课堂"和"第三课堂"建设以助推高校课程思政建设。[2]而作为"第二课堂"重要组成部分的学生社团与"第一课程"同向同行并进行延伸与补充，对高校课程思政建设的推进同样有着关键作用。

一、高职院校学生社团发展的现状及原因分析

本次调查对象选取浙江省温州市5所高职院校，主要调查方式是发放网络问卷和选取各校部分在校学生、社团负责人、社团指导老师和团委负责老师进行访谈，以便了解各校目前社团发展现状，与当下课程思政建设的联系，社团建设中遇到的问题及原因等。

(一)主要成就

1.高职院校学生社团蓬勃发展,数量逐年增加,影响不断扩大

调查显示,2018年温州各高职院校社团数量较以往有所增长,如表1-1所示。社团的规模也在逐渐扩大,社团活动总体也有不同程度的增多。

表 1-1　温州各高职院校社团数量

	安防职业	东方职业	工贸学院	温州科技	温州职业
数量	39	31	56	72	29

2.社团文化不断丰富,呈现百花齐放的局面

从调查的结果来看,温州市5所高职院校的学生社团一般可分为4—6类,其中学术科技类和文体娱乐类社团所占比例偏大。这些社团的活动内容涵盖学科专业、文艺娱乐、体育锻炼、地方文化、实践服务、科技创新、理论研究、思想交流等方方面面,反映了目前高职院校学生多样化的心理需求。随着近些年社团的建设和发展,社团文化内容不断丰富,发展途径得到拓展,尤其是网络信息化的发展,自媒体、微平台等给社团文化发展、传播、传承带来了巨大变革。

3.学生社团自主性较大,很好地激发了学生的积极性和创造性

学生社团是通过自主自愿的方式和机制而组建的群众性团体,满足学生的自主性是社团内部关系得以维系的基础。高职院校学生社团在判断、决策和行为上的机制和能力都具备相对独立性。[3]这样的社团氛围促使学生充分调动其主观能动性,发挥创造力,完成自我教育、自主管理。

4.高职院校社团的服务意识、创新意识和实践意识较强

高职院校教育偏重于培养高等技术应用型人才,重职业技能、实际应用、表达沟通、合作共事等能力,学生选择加入不同的社团来表达这些心理诉求,以提高综合素养。

(二)主要困境

1.学校管理上,社团组织较多、管理松散效果差

首先,高职院校学生社团一般分属于校团委名下,由校团委负责全部社

团管理,而每所高职院校的学生社团有数十个之多,而与之相对应的管理组织却是瘦身版的团委。面对组织众多、类型多样且不断发展的学生社团,学校在抓好社团管理工作的同时,在实现其思想政治教育功能上显得能力不足。

其次,高职院校学生社团指导老师在配备上明显不足,部分学生社团指导老师形同虚设或根本没有指导老师。社团内部管理依靠骨干成员维系或学生自觉自发行动,随意性太大,不利于学校贯彻相关理念。

再次,经费不足和活动场地受限等因素也是高职院校学生社团艰难发展的重要影响因素。经费是决定社团建设和发展的主要因素。[4]高职院校学生社团的活动经费大多来源于社员会费,有时可以通过拉赞助的形式获得一些经费支持,但这种经费来源不稳定,且并不是所有社团都可以通过这样的形式获得资金。另外,场地受限则在很大程度上影响了社团活动的质量和会员参与的积极性,从而影响到社团功能的发挥。

2. 自身运作上,成员素质不高、活动目标不清晰

首先,高职院校学生社团的发展参差不齐,甚至存在"隐匿"社团、"不作为"社团,校团委的态度也是在观望与取缔之间徘徊。其次,在指导老师指导不足的情况下,维系社团发展、社团运作主要靠社团负责人和骨干成员,社团负责人和骨干成员的综合素质将直接影响社团的建设和发展。调查数据显示,社团骨干成员的组织领导能力不够的占 32%。另外,许多社团的活动具有临时性和随机性,活动形式流于表面,这样的活动很难达到会员的期望和教育效果,甚至可能出现原则上和方向上的问题,进而影响社团的横向联系以及社团活动的纵深发展。归根结底还是社团在运作上缺乏长期、合理的规划,没有制定出较为规范的制度,导致活动目标不清晰。

3. 功能发挥上,理论社团偏少,社团活动价值出现偏移

据调查,高职院校学生社团的类型中实践服务类和文体娱乐类所占比例较大,理论学习类社团比例很小,且学校较少对社团负责人和骨干成员进行培训。另外,高职院校社团越来越多地与社会接轨,受社会化和商业化影响,社团管理的随意性和社团活动的自主性导致社团活动价值出现偏移,更别提学生社团的思想政治教育功能的发挥了。

4.发展前景上,持续性不强,没有较为完善的考评和激励、约束机制作保障

高职院校学生社团在发展的持续性上存在很大问题,这在很大程度上与学制有关。高职院校学制三年,通常第三年即离校实习,而在校时间实际只有两年甚至更少。多数社团会选择在新社员进入社团一年左右时间进行换届,那么新老成员的更替和换届传带问题就凸显出来了,如果没有及时做好交接和帮扶工作,必然会影响社团成员的积极性和向心力,进而影响社团的后续发展。另外,在对学生社团"有无常规的考核考评制度和激励、约束办法"的调查中,多数社团负责人表示不太清楚学校这方面的规定,少数社团内部会根据章程有一些简单的评价手段和激励措施。

二、高职院校学生社团在高校课程思政建设中的作用

课程思政建设旨在构建一个全员、全过程、全方位育人的"三全育人"工作机制,课程思政建设不仅要求全员参与,而且还要全时空育人。[5]而所谓"全方位"育人,是指将育人工作落实到各部门,贯彻于各项活动、各个环节的始终,即学校的所有场所都可以成为育人场所,学生社团也不例外,以"隐性思政"的功用发挥着育人功能,引领学生成长成才,如图1-1所示。

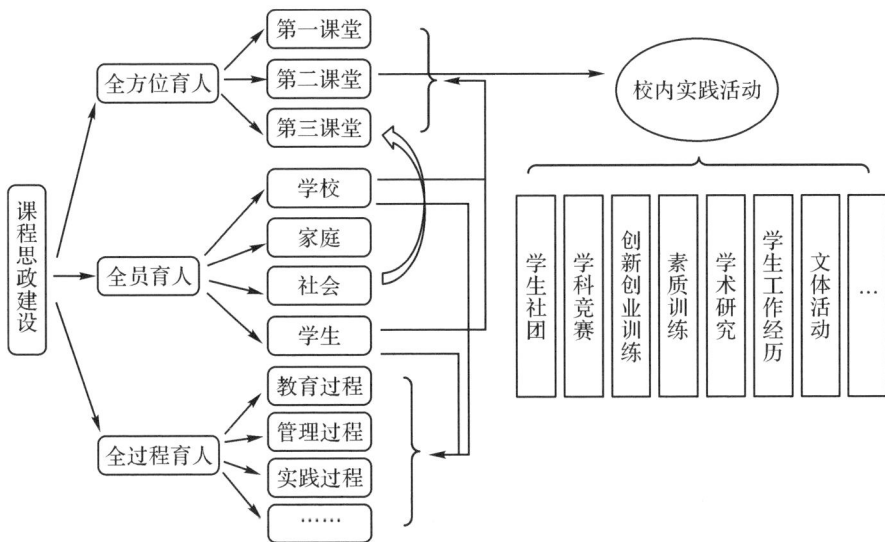

图1-1　"三全育人"工作格局示意图

(一)学生社团活动是课程思政建设的重要载体

1.社团活动内容的目的性凸显了课程思政建设的渗透力

学生社团是基于共同的兴趣、爱好、志向等因素自发形成的学生群众团体,其组织或发起的活动与社团类型和宗旨密不可分,具有较强的针对性和目的性,在某一方面重点发挥着教育导向作用,潜移默化地影响着学生的思想和行为。这一目的性作用在一定程度上凸显了课程思政建设在某方面的思想政治教育功能。

2.社团活动形式的多样性、开放性拓宽了受教群体的教育视野

社团活动主要是通过学生自我组织、独立思考、身体力行等方式进行的,不受时间和空间的限制,活动方式亦灵活多样,形成了众多无形的教育组织平台,为更加普遍地开展大学生思想教育打下了基础。学生在社团生活中受到潜移默化的影响,更容易达到思想政治教育"内化于心"的良好体验。

3.社团活动方式的实践性、创新性增强了课程思政建设感染力和影响力

多数社团活动要求实际体验,亲力亲为,学生在活动中主观能动性得到发挥,获得较强的自我认同感,也为培养健康人格打下基础。而且学生社团以"服务型""公益型""交流型"的角色进入社会,增强了学生适应社会的能力,弥补了传统的思想政治理论课教育的不足。同时,学生社团也为课程思政搭乘学生社团活动开展实践教学提供了绝佳的载体,为解决思政课实践教学应有的系统性、连贯性、层次性问题,把社团活动和实践教学共同打造成大学生真心喜爱、真正受益的文化组织和课程形式,使两者在育人功能上画出"最大同心圆"成为可能。

(二)学生社团建设是课程思政建设的重要组成部分,两者在多方面存在一致性

1.两者根本目的具有一致性

课程思政建设的成效在学生,坚持把"育人"作为教育的生命,把"立德"作为教育的灵魂,实现学生的成长成才和全面发展。[6]而高职院校学生社团作为基层群众性组织,它打破了专业、年级、系别的界限,开展了缤纷多彩的社团活动,吸引着广大学生积极参与其中,服务学生成长成才。学生通过社团

平台接受多方面的锻炼和培养,开阔视野、增长知识、陶冶情操、立德树人,同时也提高了自身的综合素质。两者在影响群体和根本目的上具有一致性。

2.两者都需要通过校园文化这一媒介发挥作用

高职院校学生社团以其社员的广泛参与、目标的鲜明导向、活动的丰富多彩给校园文化增添了勃勃生机。同时,健康向上的校园文化吸引着大学生积极投身到社团中进行自我展示、自我熏陶、自我教育。实践证明,校园文化氛围的优质与否在一定程度上也制约着学生社团的发展层次和影响力。而课程思政作为一种综合教育理念也需要通过校园文化发挥其隐形思想政治的功用。两者都是传承和培育校园文化的客观要求。

3.两者都是高职院校开展思想政治教育工作的载体

高职院校传统思想政治工作的开展主要依赖第一课堂——思想政治理论课教学,以思想政治理论课教师为主力,对在校学生以灌输式教学为主要手段来达到育人效果。但随着教育形势的变革,近年来越来越多的研究表明,开辟第二课堂,从学生的实际出发,与时俱进地开展思想政治教育工作已是大势所趋。学生社团就是其中的重要载体,通过学生社团开展的一系列寓教于乐的活动,一改过去单项传输模式为互动参与模式,营造良好的舆论导向和文化氛围,潜移默化地发挥着思想政治教育功能。提出课程思政建设,打破课程之间的壁垒,形成全学科、全方位、全功效的思想政治教育课程体系,其根本目的还是深化高校思想政治工作改革,全面提升思想政治教育实效。

4.两者的育人实现形式殊途同归

高职院校学生社团的育人实现形式主要是以新颖多样的主题活动丰富大学生课外文化生活,以第二课堂为主阵地,协助第一课堂发挥作用,偏向于能力提升和素质拓展。而课程思政则以思想政治理论课和其他课程思想政治元素的教育教学来认识世界,以第一课堂为主阵地,第二课堂、第三课堂为辅,偏向于知识和经验的传授。

(三)学生社团文化的发展是课程思政建设取得成效的重要体现

学生社团文化与校园主流文化具有一致性,在课程思政建设引导下,应大力发展社团文化,发挥文化育人的隐形作用。

学生社团文化的多样性发展态势、丰富多彩的社团文化生活使每一位社团成员都能受益,是实施素质教育、开展素质拓展的重要阵地,学生社团文化的多样性发展符合课程思政建设的根本要求,是课程思政建设取得成效的一部分。

学生社团文化还体现了时代性特征。当前不少社团已经走出校园,积极参与与社会组织的交流与合作,吸收社会组织的成功经验,而课程思政的提出更是时代的产物,是对更好地发挥思想政治教育功能提出了更高层次的要求。

高职院校学生社团在参与社会交流与合作的过程中,不可避免地要受到社会文化的影响,在学生顺利实现课堂所学理论与当前社会前沿知识的衔接上发挥着重要作用。

(四)学生社团影响课程思政建设实效性的原因分析

1.对学生社团建设和发展的意义认识与重视程度不够

对高职院校学生社团的思想政治教育功能发挥的认识程度不够,尤其是领导层和管理层,仅仅把学生社团当作学生课外活动的组织,发展学生的兴趣爱好,并没有看到学生社团在大学生成长成才中发挥着重要影响,因此也就没有把学生社团工作提高到应有的地位并加以重视,严重影响高职院校学生社团在整个校园文化建设中的作用发挥,影响到其思想政治教育功能的发挥程度。

2.缺乏专业上和思想上的指导使得社团的建设和发展游离于课程思政建设之外

经过多年的研究和发展,学术界普遍肯定发展学生社团对于开展思想政治教育工作的积极作用,但是同时也表示其教育功能发挥的实效性并不强,尤其是在高职院校,究其主要原因还是在于缺乏专业上和思想上的指导。

高职院校学生社团的发展在很大程度上具有随意性、自发性,社团组织的管理者——团委本身工作任务繁重,对于社团工作主要集中在日常事务性工作管理上。而社团指导老师,在社团管理的经验和能力上表现良好,但由于教学和科研压力,用于指导学生社团的时间和精力有限,社团管理成为可有可无的工作。这些原因导致了学生社团在建设和发展上出现偏移,影响其思想政治教育功能的发挥,也一直游离于课程思政建设之外,没有引起学校有关部门的重视。

3.社团文化缺乏精神食粮,缺失价值认同,社团发展难突破

社团文化是社团发展的灵魂,高职院校学生社团在其建设和管理上偏向于活动上,实践和思想上的指导严重不足,忽视其社团文化精神的培育和传承,社团成员在加入社团后并没有对社团文化产生价值认同,在经过一段时间的社团生活后往往难续当初的热情。再者,没有优秀的社团文化做奠基,社团建设在其活动形式、社会效应和可持续发展等方面就成了无源之水、无本之木。当社团生活不能满足社团成员在精神、知识和能力等方方面面的需求后,又如何能够带动社团持续发展,如何达到理想的育人效果呢?

三、高职院校学生社团增强课程思政建设实效性的具体策略

(一)坚持价值引领,将社会主义核心价值观作为指导思想融入社团活动

学生社团凝聚着大学生年轻的信仰和青春的活力,具有自发性、志愿性以及强大的影响力和号召力,学生社团深深地扎根在大学生的生活实践中,内在地承接着社会主义核心价值观的价值诉求。社会主义核心价值观是高职院校学生社团组织开展一系列活动的方向指引,为高职院校学生社团的建设和发展提供了理论依据,为活动的顺利开展并取得实效提供了思想保障;是大学生树立正确人生观、价值观的时代要求,为大学生成长成才提供了强大的思想武器;是做好当前高职院校思想政治教育工作的必然选择,为实现立德树人的教育目标提供了契机。所以,社会主义核心价值观必将成为高职院校学生社团思想引领的主导价值体系。

(二)坚持学以致用,各类学生活动是检验课程思想政治建设的试金石

高职院校学生社团作为第二课堂的引领者和主力军,与第一课程同向同行,实现大学生思想政治教育从课内到课外的延伸。[7]多样化的学生社团活动构建成一个无形的教育平台,通过学生自行组织、自我教育、身体力行的方式潜移默化地对大学生进行思想政治教育。高职院校学生社团多以"实践型""服务型"活动为主,很好地弥补了思想政治课程、理论教学的不足。另外,针对高职院校学生社团中"理论学习型"社团所占比例偏小的问题,学校层面应

该进行调控。结合时代特点和课堂教学,增设理论社团,例如:成立"习近平新时代中国特色社会主义思想读书会"等组织,鼓励学生直接或间接参与社团活动,实现教育方式显性与隐性的结合,达到知行合一,共同促进学校课程思想政治建设取得实效。

(三)坚持责任到人,社团指导老师是落实课程思政建设的关键

落实课程思政建设取得实效,关键在于教师,其实社团建设也一样。高职院校应充分重视社团指导老师的选拔与配备,提高社团指导老师激励水平,鼓励思想政治课教师、辅导员参与社团活动、组织管理、文化建设等。每个社团可以实施"双导师制",即每个学生社团要同时配备一名专业导师和一名思想教育导师。[7]有条件的学校也可聘请校外专业人士兼职指导社团活动和进行社团建设与管理。另外,社团指导老师除了指导社团活动、进行社团管理外,还应注重对社团负责人和骨干成员的培养,他们是社团组织建设和发展的核心力量。打造一批政治素养高、业务能力强的社团骨干是加强社团建设和发展的重要手段,是推动高职院校学生社团向着更高层次发展,更好地发挥其思想政治教育功能的重要力量。

(四)坚持协同互补,学校各部门、各团队的合力是课程思政建设取得实效的保障

建设优质学生社团,仅靠学生社团自身发力是远远不够的,需要高职院校各部门、各团队协同合作,优势互补,创建学生社团发展的可持续长效机制。学生社团受学校党团委组织领导,加强社团思想建设、把握社团发展方向是党团委组织的责任,调控学生社团在建设和发展宏观与微观等方面工作是党团委组织的义务。团委或社团联盟组织直接管理学生社团,与学生社团的建设和发展关系密不可分,应严格执行《高校学生社团管理暂行办法》,结合校情、社情优化管理机制,实行制度化管理与人性化管理相结合,切实解决目前高职院校学生社团面临的经费不足、硬件缺乏、管理效率低下等实际问题。同时,给予充分的物质支持和政策倾斜,努力创造社团优化持续发展的良好环境。学生处统筹学生工作的方方面面,在学生社团的建设和发展方面应帮助团委做好组织建设、教育管理和服务指导等工作,加强宣传与指导工作,为学生社团搭建更多更好的平台,扩大社团思想政治教育辐射面。社团指导老师和辅导员在指导社团工作时要注重对优秀社员的遴选和培养,利用好身边的资源服务社团建设,将社团活动做大做优。社团与社团之间也应加强联动,实现优势互补。学校后勤部门应为社团活动的顺利开展提供便利。只有高职院校各部门、各团队充分重视、职能互补、优势叠加,合力推进社团建设与发展,才能最大限度地发挥学生社团助推课程思政建设的作用。

(五)坚持开拓创新,打造品牌活动、组建特色社团是提高课程思政建设实效性的加速器

为提高社团影响力和生命力,必须树立品牌观念,组建特色社团。高职院校学生社团可以结合专业特点、学校办学定位和地域特色创新社团建设的思路,扶持和打造一些精品社团。这应该作为社团建设的一项重点工作。学校应在政策制度、管理办法、发展方向上给予引导和倾斜,完善社团评选、评比办法,优先发展特色鲜明又具潜力的社团。另外,组建学生社团联合会或者社团联盟是提升社团知名度、优化管理学生社团的重要手段,学校应重视其地位和作用的发挥,给予正向引导。在进行社团管理时,坚持具体问题具体分析、分门别类地进行教育功能的开发,深入挖掘社团活动的深度和内涵,开发社团的特色功能并加以合理引导,促进精品社团建设。只有赋予社团以时代精神和品牌特色,促使社团展现强劲的文化张力,才能发挥社团的示范带头作用,创造校园特色文化氛围,成为课程思政建设取得实效的"加速器"。

四、结　语

综上所述,针对学生社团助推高职院校课程思政建设实效性问题,本节从高职院校学生社团发展现状、学生社团与课程思政的关系展开论述,确定两者存在促进与指导的关系,在高职院校思想政治工作中皆发挥着重要作用,但是还存在许多不足之处。高职院校应该顺应教育发展的趋势,高度重视学生社团的建设和发展,加强社团建设与课程思政建设之间的联系。在各方相互配合、共同努力下,学生社团必定能发挥更大的功能,从而推进高职院校课程思政建设。

参考文献

[1] 习近平.习近平在全国高校思想政治工作会议上强调:把思想政治工作贯穿教育教学全过程 开创我国高等教育事业发展新局面[N].人民日报,2016-12-09(1).

[2] 吴月齐.试论高校推进"课程思政"的三个着力点[J].学校党建与思想教育,2018(1):67-69.

[3] 李朝阳.高校学生社团现状研究[J].高等教育研究,2018,39(2):109.

[4] 崔永聪.高校学生社团思想政治教育功能研究[D].青岛:中国海洋大学,2014.

[5] 高锡文.基于协同育人的高校课程思政工作模式研究——以上海高校改革实践为例[J].学校党建与思想教育,2017(24):16-18.

[6] 李国娟.课程思政建设必须牢牢把握五个关键环节[J].中国高等教育,2017(Z3):28-29.

[7] 蔡榕津.以学生社团为载体提升高校思政课教学实效性[J].内蒙古师范大学学报(教育科学版),2016,29(2):58-60.

[8] 季绍文,杨梅.以学生社团为载体提升高校思政课教学实效性[J].法制与社会,2017(15):230-232.

[9] 莫忧.依托高校社团平台的校园文化建设实效性研究[J].学校党建与思想教育,2013(22):80-81.

[10] 闵辉.课程思政与高校哲学社会科学育人功能[J].思想理论教育,2017(7):21-25.

[11] 张修良.人文社科类社团参与高校思想政治理论课第二课堂教学的价值分析[J].产业与科技论坛,2014,13(11):173-174.

[12] 杨光,唐慧颖.理论社团助推大学生思想政治教育的作用机制[J].教育现代化,2017,4(45):247-249.

[13] 杨涵.从"思政课程"到"课程思政"——论上海高校思想政治理论课改革的切入点[J].扬州大学学报(高教研究版),2018,22(2):98-104.

（朱观娟）

第四节 思政元素融入大学生职业生涯教育的路径研究

思政教育和职业生涯教育具有教育目标一致、教育内容交叉等特点。在树立大学生理想信念和培养职业道德方面发挥着重要作用,思政教育通过理想信念与价值观的教育,塑造大学生高尚的品格;职业生涯规划教育通过对大学生职业能力的培养,使之成为优秀的职业人。基于此,积极地将思政教育元素融合到大学生的职业生涯规划当中,不断引导大学生树立正确的择业观、创业观,实现高校思政教育与大学生职业生涯规划教育的有效结合,提高思政教育实效性,就显得尤为重要。

一、大学生职业生涯指导教育中的思政教育元素

当今社会就业形势严峻,形态多样,同时由于部分大学生思想政治观念方面的偏差,并没有对自己的未来做好职业规划。高校在大学生职业生涯规划课程教学时,只有将大学生职业生涯规划指导与思政教育相互结合和促进,才能够发挥出大学生职业生涯规划的重要导向作用,才能够更好地帮助大学生们树立正确的人生观、世界观、价值观、择业观、创业观等,促进大学生更好地实现创业和就业的目标。

要实现这个目标,首先要在课程思政改革的大背景下,改变思政元素运用松散不成体系的现状,将课程中的思政元素进行全面的梳理。

(一)职业生涯规划理论教育中的思政元素:马克思列宁主义人生观

马克思列宁主义人生观教育是职业生涯教育中最重要的思政元素。人生观是人类对生命的回答,决定人的生活态度与生存意义。大学生正处于人生价值观形成的关键时期,尤其在做职业规划时,很多大学生缺乏正确的人生目标,只重视自己的个人兴趣爱好、专业特长,而没有将之与个人情感、抗打击能力、职业价值取向以及适应职业的能力来综合考量。帮助和引导大学生树立正确的人生观是高校思政工作的重点。而马克思列宁主义人生观辩证地分析了人与社会的关系,从人的存在、人的需要和人的发展的角度来认识世界。马克思列宁主义人生观可以引导大学生分析自己的性格特点与职业发展规律,正确处理职业发展中的矛盾以及职业选择中的困惑。在职业生涯规划的理论教育中融入马克思列宁主义人生观,通过人生观的教育,开阔大学生眼界,提升思想高度,引导大学生树立全心全意为人民服务的人生理想,树立为社会服务的人生观,实现大学生的全面发展。

(二)职业精神教育中的思政元素:民族精神和时代精神

职业精神是职业利益、职业动机、职业责任、职业态度在职业行为上的具

体要求,是某一职业特有的精神传统和工作者特定的精神状态和风貌。职业精神是社会精神的充分体现,社会精神又充分表现为一定的民族精神、时代精神。在全面建设小康社会、实现中华民族复兴的伟大征程中,大学生应当义不容辞地大力弘扬社会主义职业精神。高校需要将中国精神有效融入职业精神教育,中国精神是以爱国主义为核心的民族精神与以改革创新为核心的时代精神的统一与融合。用以爱国主义为核心的民族精神引导大学生热爱祖国、自强不息、爱岗敬业,将爱国主义情感与个人的发展有机结合,正确处理个人与集体的关系。用以改革创新为核心的时代精神培养大学生用科学发展观解决问题,以开放主动的思维方式思考问题,培养大学生的好奇心、创新思维、洞察力,健全大学生的人格。将民族精神与时代精神融入职业精神教育,培养学生精益求精的工匠精神,使之成为合格的社会主义接班人。

(三)职业理想教育中的思政元素:中国特色社会主义共同理想

正确积极的理想信念是大学生面对未知未来的重要保证,同时也是实现其个人价值的内在动力。高校需要将理想信念教育融入大学生的职业生涯教育,将中国特色社会主义的共同理想教育融入职业理想教育,引导当代大学生以积极、自信、进取的心态进入职场。[1]职业生涯规划教育就是引导大学生在就业时,将自身需求与社会实际需求相契合的过程,思政教育与大学生职业生涯规划的作用有着异曲同工之妙。高校必须在充分发挥职业生涯规划导向功能的前提下,将理想与信念作为教育主线,积极引导大学生完善自身、关注社会,使其更好地适应社会发展需求,在激烈的就业竞争中占据有利地位。

(四)职业道德教育中的思政元素:社会主义核心价值观

社会主义核心价值观从国家价值取向角度入手来关注人的价值取向,从国家、社会、个人三个层面阐述了具体的要求和内容;而职业生涯教育主要从个人职业价值观角度来关注人的价值取向。在高校的职业生涯规划教育中,务必要将社会主义核心价值观融入大学生的职业道德教育,引导大学生了解职业道德知识,完善自身职业道德修养,遵守社会的法律与道德规范。同时创造机会培养大学生的职业道德意识,体验职业道德情感,为其职业发展打下良好的基础,形成良好的奉献精神,促进社会主义精神文明建设和社会风气的优化。

二、思想政治教育与大学生职业生涯规划教育的内在契合

大学生职业生涯教育作为高校思想政治教育的重要组成部分,两者有着强烈的价值关联,在目标、对象、内容、方法、功能上都为思政元素融入大学生职业生涯教育提供了合理性和可能性。

(一)育人目标的内在契合

高校思想政治教育的目标是促进大学生德智体美劳全面发展,树立正确的理想信念,将中国特色社会主义的共同理想树立为人生目标。高校职业生涯教育的目的是促进大学生全面自由发展,引导大学生树立合理的职业发展观和职业行为规范。思想政治教育与大学生职业规划教育的目标都是为了大学生全面而自由的发展,帮助大学生成长成才,培养社会主义事业全面发展的建设者和接班人。也就是说,大学生职业生涯规划与思想政治教育都注重培养复合型的人才,并将其视为唯一的发展目标。在育人目标上,两者趋于一致。

(二)教育对象的内在契合

高校思想政治教育与职业生涯规划都是为全面提高当今大学生的综合素质而服务的,两者分别在思想和实践能力方面为大学生的成长成才打下坚实的基础,是以提高大学生综合素质为目的而展开的两种素质教育,并且两者都需要教育者在实施教育教学活动中,结合受教育者的特征与差异进行教育。职业生涯规划教育与高校思想政治教育有着共同关注的教育对象,在教育方式上有许多相似之处。

(三)教育内容的内在契合

职业生涯规划教育是思想政治教育的重要部分,是思政教育纵深化的过程。在开展职业生涯规划教育的同时,可融入理想信念、社会主义核心价值观、马克思列宁主义人生观等相关的思想政治教育,促使人学生将社会主义共同理想纳入自己的职业生涯规划。

(四)方法途径的内在契合

大学生职业生涯规划教育不是纯粹的理论教育,而是基于大学生的实际

需要,解决大学生就业创业过程中的难题与实际职业发展的困惑的实用性教育。职业生涯规划教育与思想政治教育都具有很强的实践性,两者在教育教学过程中需要大量实践积累,需要了解大学生的需要和个性,关注大学生的生存和发展,重视大学生的价值,对大学生进行理论教育和实践锻炼,在理论教育和实践中实现价值导向、价值渗透和价值干预。两者在方法与途径上趋于一致。

(五)育人功能的内在契合

思想政治教育与职业生涯规划教育都有助于培养大学生正确的价值观,提升大学生的能力和素质,提高大学生的思想境界,优化社会生产与生活实践。大学生职业生涯教育引导大学生多角度认知自我,思想政治教育保证大学生寻找正确的发展方向、明确的目标。两者相互促进、协调发展,都具有科学性和时代性。在育人功能上,两者都有助于大学生正确人生观的确立,道德修养和精神境界的提高,都能促进大学生的身心和人格健康发展。

三、课程思政教育元素融入大学生职业生涯规划教育的路径

将思想政治教育融入职业生涯规划指导课程,做好大学生的思想动员工作,纠正和调整大学生的错误观念,提升高校大学生的综合能力和素养。这样才能使得大学生在激烈的人才竞争中处于竞争优势,使大学生更好地实现就业和创新。将思政教育元素融入大学生职业生涯规划教育,应从如下几个方面入手开辟路径。

(一)课程思政教育元素融入大学生职业生涯规划教育的载体

1. 课程载体——将课程思政教育元素融入职业生涯规划相关的课程建设

职业生涯规划的主干课程包括"大学生职业生涯规划""大学生就业指导"与"大学生创业基础"等,在授课时有针对性地融入课程思政教育元素;另外在"思想道德修养与法律基础""大学生心理健康教育"等课程思政教育中贯穿职业生涯规划教育元素。在大学的各个阶段,从理论到实践,引导大学生认真学习职业教育的相关知识,认识自我、了解职业、规划职业目标、实践职业发展。此外,根据大学生的专业、群体差异和个人需求,开设"商务礼仪""求职面试技巧""国际职业形象与服务""青年就业与创业导引""人际交往"

等与大学生职业发展有关联的选修课程,这些课程都为课程思政元素融入职业生涯规划教育提供了重要载体。

2.活动载体——在校内外的各类职业活动中融入课程思政教育元素

活动载体分为校内活动载体与校外活动载体。校内活动包括课内活动与课外活动,课内活动主要包括认识自我的活动、职业测评、职业兴趣、职业角色扮演、成功人士事例讨论、创新能力的头脑风暴等活动;课外活动包括以职业发展为中心的主题班会或者团组织生活会,以职业发展为主题的各种竞赛、职业生涯讲座,以及以职业发展为导向的主题体验型活动。校外活动包括职业实践或实习、职业面试、志愿服务实践、企业考察或调查活动、职业素质拓展等。通过课内课外、校内校外的各类职业活动拓宽职业生涯教育的路径,将课程思政教育融入大学生职业生涯教育各个环节。

3.网络载体——广泛利用网络新媒体将课程思政元素融入职业生涯规划教育

随着网络的发展与手机终端的日新月异,网络成为大学生接收信息的主要渠道,大学生职业教育的网络载体成为引导大学生形成正确的职业发展观的主要渠道,也是获得准确的职业发展信息、培养良好的职业素养的重要载体。教师通过网络将全方位的职业资讯、丰富的职业理论、权威的自我评价测评、工作经验分享给学生;学生可以从网络上获取大量企业信息,了解产业发展趋势,如职前网络学校、职业导航网、北森评价等专业评价网站与就业指导网站。另外,通过手机网络可以实现课堂互动,如学习通、UMU 互动平台、蓝墨云、雨课堂、A＋课堂派、KAHOOT 等应用软件在高校的课堂中得到了广泛使用,有效提高了课堂的参与度,提高了教育教学的实效性。新媒体为大学生职业生涯规划教育提供了丰富的现代化学习手段,但大学生面对纷繁复杂的网络世界,抵制网络负面影响的自觉程度并不高。这就需要在职业生涯规划教育过程中,积极探索新方法、新途径,广泛利用网络新媒体将课程思政元素融入职业生涯规划教育,把握舆论导向,引导大学生准确解读媒介信息,主动为学生创建良好的职业生涯规划教育氛围。

（二）课程思政元素融入大学生职业生涯规划教育的方法

1. 以人的全面发展理论夯实职业生涯教育的理论基础

人的全面发展是人类通过了解世界和改造世界,不断实现个性发展的过程,是人性的全面发展,也是个性的全面发展。在中国梦的大背景下,人的全面发展面临崭新图景与阶段目标。[2]大学生的全面发展需要充分发挥思想政治教育的积极作用,从德智体美劳方面全面完善培养大学生,培养大学生的道德意识和社会责任感。大学生的职业生涯规划教育是促进人全面发展的重要渠道。大学生的全面发展需要在大学教育的所有方面进行落实,无论是课程体系的构建、教学内容的更新,还是素质教育的发展,都需要体现人的全面发展理论,这也是思想政治教育与职业教育整合的基础。职业生涯规划教育需要站在人的全面发展理念的教育高度,在课程思政教育的基础上,把职业生涯规划教育贯穿教育教学全过程,实现全方位育人的目标。

2. 以理想信念教育促进职业生涯教育目标的具体化

理想信念教育是高校思想政治教育的核心内容,也是保证大学生职业教育发展的性质和方向的关键。高校用理想信念教育来指导大学生的职业生涯规划教育,将思想政治教育的相关内容纳入大学生职业生涯规划教育,引导大学生实现个人理想和社会理想有机统一。高校对刚入校的新生进行专业教育,让他们对自身专业有个全面的了解,以便更好地规划大学生职业生涯。同时在新生的《思想道德修养与法律基础》以及《大学生心理健康》中融入职业生涯规划的内容,通过设计人生目标和实现人生理想的可行途径,引导学生树立正确的人生理想。在临近毕业的学生中,开展职业知识教育与就业技巧教育,将理想信念具体化,提高大学生的就业能力,从而使大学生在正确的职业理想和科学的择业理念指导下,进行符合自身实际需要的科学职业生涯设计,做出满足社会需要的合理职业选择。

3. 以社会主义核心价值观引领职业生涯教育的价值取向

高校需要将社会主义核心价值观融入大学生职业教育的各个环节。将国家层面的价值诉求融入个人职业发展,将社会层面的价值诉求融入个人职业竞争观,将个人层面的价值诉求融入个人职业素养,[3]帮助大学生树立正确的择业观与职业发展观,鼓励大学生爱岗敬业,引导大学生正确处理个人价值与社会价值。结合本校与本专业实际开展职业教育,客观对待本专业的就业实际,夯实理论基础,拓宽就业思维,寻找社会实际需求的职业作为职业发展的目标。通过中国特色社会主义共同理想与中国梦的教育,引导大学生树立共产主义理想,形成正确的人生观与价值观。

4. 以体验式教育促进职业生涯教育理论与实践的融合

职业生涯规划教育的教育教学只有与实践结合才能实现教育目的,体现教育效果。高校需要突破传统教学模式,将体验式教学模式引入课堂,进一步推进职业教育体验教学,有效衔接学与用的断层。体验教育采用项目管理的方式,突出学生的主体地位,以生动、多元的形式,让学生参与实践,在不断的自我建构中,把学生的知识内化为个人能力,将个人的书本知识和个人的生活经验融为一体,促进学生的实践思维和实践能力的提升。依托职业生涯规划教育,针对当代大学生的个性特点,全方位开发体验式教学课程,课内设计一系列活动和情境,课外开展各类专业实践活动。同时,加强与政府、企业与社会团体的互动,将最鲜活的企业信息引入校园,让大学生通过实践体验自身专业发展趋势和职业需求,[4]为大学生树立专业目标和职业理想助力,提高思想政治教育的实效性。

5. 以隐性思政提高职业生涯规划教育的实效性

职业生涯教育在注重个性教育的同时容易强调个人价值而忽视社会发展的责任感与使命感,从而导致大学生个人价值的偏离。研究表明,课程思政教育的目的越明显,就越容易引起受教育者的逆反心理,隐性课程思政教育模式成为改变该现状的突破口。隐性课程思政教育是指将课程思政元素融入大学生日常接触的非正式教育载体,使大学生在潜移默化中接受教育;把家庭、团队和社会的影响因素吸收到隐蔽的课堂中,以"多管齐下""无孔不入"的方式开展课程思政教育;[5]是一种超越阶级、时间和空间的教育,是从内容到方法的开放教育。在职业生涯规划教育中,充分挖掘家庭和社会的环境资源,使学校、家庭和社会现实中的所有因素成为可能的学习内容和资源,同时充分利用第二课堂资源,融入职业生涯规划教育的内容。

(三)课程思政元素融入大学生职业生涯规划教育的师资保障

1.建设政治素养过硬的职业生涯规划教育师资队伍

加强对职业生涯规划导师的政治素养的培养。[5]建设政治素养过硬的高校职业生涯规划教育师资队伍是课程思政元素融入大学生职业生涯规划教育的重要保障。三尺讲台是培养人才的窗口,也是意识形态的主要宣传阵地,教师必须坚持对中国特色社会主义共同理想的价值认同和情感认同,具备过硬的政治素质,才能为高校培养具有正确人生观与价值观的大学生。

2.建设具有高理论水平和教学素质的职业生涯规划教育师资队伍

加强思政教育工作者的职业化与专家化是高校思想政治教育的基本需要,也是加强大学生职业生涯规划教育,提高大学生思政工作实效性的重要途径。建设高水准的师资队伍需要吸收多学科、多层次的职业生涯规划专业教师,挖掘有潜力的管理学、思想政治教育、教育学、人文社会科学等不同学科教师进行系统与专业的培训,使之有效参与大学生的职业生涯教育。

3.培养青年辅导员成为职业生涯规划导师

2014年教育部印发的《高等学校辅导员职业能力标准(暂行)》明确了职业生涯规划教育是辅导员的重要工作职责,并提出了具体工作要求。辅导员作为一线思政工作人员,是与学生接触最为密切的群体。加强青年辅导员职业生涯规划教育培训,能很好地将职业生涯教育融入思政教育的方方面面;稳固辅导员队伍的同时也为有意愿在职业生涯规划教育领域发展的青年辅导员提供发展方向。

高校的思想政治教育工作与职业生涯规划教育工作在本源上都是为大学生全面发展而开展的教育,两者在目标、对象、内容、途径及功能上都存在高度的契合。大学生职业生涯规划教育为高校思想政治教育的发展提供了新的平台和载体,是高校思政工作先进性和时代性的保障。课程思政元素融入大学生职业生涯教育是高校立德树人新方式,是全方位育人新载体。高校需要搭建平台,建立激励机制;教师需要不断提炼创新,将课程思政元素灵活运用在教育教学中,鲜活职业生涯规划教育,为高校的思政教育工作开辟更加饱满的路径。

■■■ **参考文献**

[1] 彭立春. 社会主义核心价值体系融入大学生职业生涯教育研究[D]. 长沙：中南大学, 2012.

[2] 刘玖玲. 习近平人的全面发展思想研究[J]. 学校党建与思想教育, 2018(11):23-25.

[3] 张广乐. 社会主义核心价值观融入大学生职业发展教育研究[J]. 思想教育研究, 2018(7):131-134.

[4] 付立平. "体验式教学"在高职院校职业生涯发展教育课程中的运用[J]. 生涯发展教育研究, 2013(2):46-52.

[5] 罗兴娅. 高校职业生涯教育与大学生思想政治教育融合研究[D]. 成都：西南石油大学, 2015.

[6] 尹大伟. 大学生职业生涯规划与思政教育的结合与实现[J]. 学理论, 2014(32):278-279.

（贾飞祥）

下

篇

实践探索

第四章　思政课中的教学实践

案例1　"四个全面"战略与道德建设

一、案例简介

"四个全面"的战略布局是一个完整的体系,"全面建成小康社会"是战略目标,"全面深化改革""全面依法治国""全面从严治党"是一个都不能缺的三大战略手段,分别为战略目标提供动力源泉、法治保障和政治保证。这一战略布局是本届中央领导集体提出的治国理政总体框架,是马克思列宁主义基本原理与中国实际相结合的最新理论成果。"四个全面"战略布局的提出,更完整地展现出新一届中央领导集体治国理政总体框架,这对推动改革开放和社会主义现代化建设迈上新台阶提供了强力保障。

依据马克思列宁主义基本原理,要充分实现四个全面战略布局,必须发挥道德建设的重要支撑作用。全面建成小康社会,需要切实加强道德建设;全面深化改革,需要有社会主义价值观的引领;全面依法治国,需要法律和道德共同发挥作用;全面从严治党,需要加强党员干部的思想道德建设。

二、背景分析

近代以来,国人的最大梦想是实现中华民族的"伟大复兴"。为此,中华民族付出了百年的努力,有得也有失。党的十一届三中全会后,中国共产党重新确立了实事求是的思想原则,逐渐提出了一系列务实的阶段性目标。建设小康社会就是在邓小平时代提出的一个重要的阶段性目标。到了2012年,中国共产党第十八次全国代表大会的报告把这一目标发展为到2020年全面建成小康社会;也就是说,该目标将在本届政府的执政期间实现。全面建成小康社会的深刻含义,是指经济建设、政治建设、文化建设、社会建设、生态文明建设以及国防建设"六位一体"的我国社会主义现代化总体布局的全面建成,这也反映了我国正在进入"全面现代化"的时代。"全面建设小康社会"是全面的小康社会,不是片面的小康社会;是惠及十几亿人口的小康社会,而不是惠及少数人口的小康社会;是进入"共同富裕"阶段,告别了"先富论"阶段的小康社会。为了实现 2020 年的宏伟目标,从而为中华民族的"伟大复兴"奠定基础,本届政府又提出了三个务实的手段。

实现全面建成小康社会的目标,意味着国家物质力量和精神力量都得到了加强,所以全民族道德素质的提高,也是全面建成小康社会的重要内容和标志。对于三大手段而言,也需要结合道德共同发挥作用,才能真正把为人民服务的宗旨落地。总而言之,为了保证发展的社会主义性质,党和政府必须一手抓"四个全面",一手抓道德建设。

三、案例立意

本案例适用于高等教育出版社 2018 年版《思想道德修养与法律基础》第五章"明大德守公德严私德"。

社会主义不仅仅是物质领域的高度发展,也是精神文明的高度成熟。社会主义道德建设作为精神文明建设的重要内容,对于推进"四个全面"战略布局具有重要的支撑作用。

四、实施方案

首先提问:有谁知道"四个全面"伟大构想是指什么? 学生对此十分熟悉,很快会给出确切的答案。在此基础上,教师要进一步深入解释"四个全面"伟大构想,可以引入马克斯·韦伯的社会学理论对此进行分析。韦伯把他的社会学理论建立在四种理想的行动类型之上,第一种是目的合理性行动,即为达到某一目的而选择最经济有效的手段,从而把行动导向一个给定的目的,解释的是目的和手段之间的关系。"四个全面"的战略布局,可以合理分解为一个目的和三个手段。

接下来引导课堂讨论:你觉得"四个全面"的战略构想与道德建设之间有

什么样的关系？学生的回答往往大而化之，有的说依据马克思列宁主义原理，社会的发展最终是为了个人的全面发展，而个人的发展自然包括了道德修养，所以"四个全面"的实现应该也是推进道德建设的过程。有的说法治是硬的一手，道德是软的一手，社会发展应该两者并行。有的依据中国传统文化发言，说儒家自古重视个人修养，只有个人修养提高了，才能更好地推动"四个全面"的战略构想。有的甚至引用了孔子的以德治国的观念来强调德治的重要性，所谓"道之以政，齐之以刑，民免而无耻。道之以德，齐之以礼，有耻且格"。

在学生回答之后，教师把各种答案总结为一句话：着眼"四个全面"战略布局，加强道德建设。教师的解释要从党"为人民服务"的宗旨和以人为本的价值高度来阐释这一命题。分别从经济发展、人民生活质量、社会和谐、文化教育等方面，对比 2000 年和 2010 年全面建成小康社会的实现程度，可以看出十年间我国整体水平提高了 20 个百分点。据此，教师强调指出社会的进步以人为本，正在迅速实现的全面小康社会与党和政府切实加强道德建设的努力是分不开的。全面深化改革，意味着要破解更多的难题。同时，教师强调指出这更加需要社会主义价值观的引领，才能协调好各种利益关系，使改革得以顺利推进。全面依法治国，建设社会主义法治国家，教师要让学生明白以德辅助治国的重要性，要坚持依法治国和以德治国相结合，一手抓法治、一手抓德治，两者相辅相成。全面从严治党，则要让学生明白，关键在于加强党员干部的思想道德建设。

五、效果评价

引入古典社会学理论来注解"四个全面"伟大蓝图，增强了说服力，有利于学生深刻理解这一宏伟建构。从党的宗旨的高度和人文主义的视角阐释"四个全面"与道德建设之间的关系，有利于学生在理解的基础上增强政治意识，站定政治立场，最终也增强对于社会主义道路的自信。

（唐晨曦）

案例2 《庖丁解牛》与工匠精神

一、案例简介

《庖丁解牛》是《庄子》里边的一个寓言故事。厨师给文惠帝杀牛的时候,手摸、肩靠、脚踩、膝顶的地方都是咯哒咯哒地节奏分明,杀牛都好像演奏音乐一样优美。文惠帝询问厨师怎么会有这么高的技术。这个厨师就告诉他说自己喜欢钻研技术,开始杀牛的时候看到的牛是完整的,但是随着杀牛次数的增多,几年下来整头牛的结构就烂熟于心,现在杀牛不用眼睛看就知道牛的各个部位,知道哪个地方有空隙、哪个地方要用力、哪个地方不需用力。解剖牛的过程中都不会碰到组织,甚至刀连牛肉都不会碰上,更不用说牛骨头了。一般的厨师是每年换一把刀,因为他们杀牛的时候喜欢用刀割肉,更差的厨师一个月就要换一把刀,他们用刀直接去砍骨头。而这位厨师的这把刀已经用了十九年,杀了几千头牛,因为厨师知道哪个地方有空隙,哪个地方薄点厚点,薄薄的刀插入空空的缝隙绰绰有余。有的时候碰到交错的地方难以处理,厨师就会小心翼翼、非常谨慎地把注意力集中到某一点上,动作放慢一点,割开的关节就像泥土一样散落,这时站在旁边环顾四周,会很有成就感。

《庖丁解牛》说明掌握了事物的客观规律,就能得心应手迎刃而解。文章《庖丁解牛》是古代工匠精神很好的范例,对我们今天培养工匠精神有重要启示作用。

二、案例背景

《庖丁解牛》与工匠精神提出的背景:2016年1月4日,李克强总理召开了钢铁煤炭行业发展座谈会,说:"我们还不具备生产模具钢的能力,包括圆珠笔头上的'圆珠',目前仍然需要进口。"看似普通的"笔尖问题"反映出中国制造与世界先进制造业的差距,在十二届全国人大四次会议政府工作报告上,总理说:要鼓励企业开展个性化定制、柔性化生产,培育精益求精的工匠精神,失去了工匠精神还谈不上制造强国。当代中国要成为制造业大国与强国,没有工匠精神就不可能产生能工巧匠,时代呼唤工匠精神。

三、案例立意

《庖丁解牛》对工匠精神的立意所在:我国社会主要矛盾已经转化为人民日益增长的美好生活需要和不平衡不充分的发展之间的矛盾。市场对精品需求大增,工匠精神社会基础已经具备,我们科技强国、生活都需要"工匠精神"。

立意一:庖丁能把牛的生理结构熟稔于心,能够依照牛体本来的构造击入筋骨缝隙,顺着骨节间的空处进刀,不惜花费时间精力,孜孜不倦,把99%提高到99.99%。这就是精益求精的表现。

立意二:即便自己技艺娴熟,但当"解牛"解到筋骨交错等不太容易的位置时,仍"怵然为戒",通过这种如临深渊的感受,确保了技艺"日日新",工作"零差错"。这就是严谨,一丝不苟。

立意三:技术高明的厨师使用的刀都要一年一换,而他的刀已用了十九年,宰牛数千头,却依然锋利无比,"日日行,不怕千万里"。可见庖丁耐心、专注、坚持。这是在中国当下最需要的,即对技艺的追求永无止境。

立意四:庖丁为文惠帝解牛,"手之所触,肩之所倚,足之所履,膝之所踦",莫不合于《桑林》之舞,已经达到了一种美的享受。让技术变成艺术,这是工匠的最高境界。

四、实施方案

《庖丁解牛》在工匠精神教学的实施过程中是一种以案例为基础的教学法,教师在教学中扮演着设计者和激励者的角色,鼓励学生积极参与讨论。

(一)导入案例

1.日本的电动马桶盖近来火了! 很多中国消费者基本不问牌子不问价格就把这种相当于2000多元人民币的马桶盖一扫而空。为什么会这样?(学生讨论:对中国制造没有信心。)

2.为什么会对中国制造缺乏信心?(学生讨论:企业急功近利,在学而优则仕的文化里,大学生以考公务员为就业首选目标,人们普遍追求廉价商品,市场对工匠的要求不高。最基本的是缺少精品,缺乏工匠精神。)

3.说到"工匠精神"不必老是提日本、德国等;在中国传统文化中不乏"匠星"闪烁。庄子笔下的《庖丁解牛》可见中国自古就有工匠鼻祖。

（二）挖掘案例《庖丁解牛》中的工匠精神，层层提炼，逐步深化，由技术到艺术

1.庖丁"解牛"过程。先是看见一只完整的牛。经过三年的研究，乃至发展到"目无全牛"，最终做到游刃有余——这说明什么（学生讨论）？

老师点评并提炼工匠精神之一：注重细节，追求完美和极致，精益求精。

2.庖丁顺着牛体的肌理结构，劈开筋骨间大的空隙，沿着骨节间的空穴使刀。宰牛的刀从来没有碰过经络相连的地方，紧附在骨头上的肌肉和肌肉聚结的地方——这给你什么启示（学生讨论）？

老师点评并提炼工匠精神之二：对筋脉经络相连的地方和筋骨结合的地方熟悉，对牛的结构采取严谨的态度，不达要求绝不轻易下刀。这就是严谨，一丝不苟。

3.庖丁用十九年解牛数千头，刀口始终像刚从磨刀石上磨出来的一样。说明了什么（学生讨论）？

老师点评并提炼工匠精神之三：说明他做得久，还看到他在坚持改进技术，刀如新的一样，技艺非常精湛，已经达到炉火纯青的境界。这是工匠精神耐心、专注、坚持的体现。

4."手之所触，肩之所倚，足之所履，膝之所踦"，已经完全合乎舞蹈与音乐的节奏。这是一种什么境界（学生讨论）？

老师点评并提炼工匠精神之四：技术变成艺术，工匠精神的目标是打造本行业最优质的产品，打造其他同行无法匹敌的卓越产品。

（三）引导学生对上述四个方面进行综合，提炼出工匠精神的主要内涵

上面几个方面涉及的就是工匠精神，请同学们把上面几个方面的情况总结一下，看看工匠精神包括哪几个方面。

老师点评并提炼：包括精益求精、严谨、一丝不苟、耐心、专注、坚持，专业、敬业等品质。

五、效果评价

《庖丁解牛》用于工匠精神的教学，至少取得以下效果：

1.增强了对民族传统文化的自信;

2.在不断讨论中获取知识,课堂生动有趣;

3.案例教学直观、生动的形式,有身临其境之感,易于理解;

4.共同探讨,开阔思路,集思广益,教学相长,收到一些意想不到的良好效果。

(陈伟华)

案例3 李学生心中有大爱

一、案例简介

1969年出生的李学生是来自河南商丘现在温州务工的青年。2005年2月20日下午5点左右,当他路过金温铁路鹿城马坑隧道口时,发现有一辆由杭州开往温州的5107次列车正以70千米的时速呼啸而来,而在距离火车头700多米处的铁轨上有一男一女两个小孩正在玩耍,不知道危险即将来临。在这千钧一发之际,李学生没有任何犹豫,飞身上前抓住就近的男孩并将他甩出铁轨,然后回身去救女孩。可当他快要抓住女孩时,时间已经不够用,只见火车尖叫着冲了过去,最终无情地夺走了他俩的生命。

二、背景分析

1978年12月召开的党的十一届三中全会,是中华人民共和国成立以来党的历史上具有深远意义的伟大转折,标志着中国特色社会主义进入新时期。随后几年,全国农村普遍实行了家庭联产承包责任制,数以亿计的农村富余劳动力选择外出打工这种方式向二、三产业转移。在这些外出务工人员中,产生了大量像李学生这样优秀的中华儿女,他们身上不仅保留了数千年来中国人民的优秀品质,而且具备了中国特色社会主义新时期的良好风貌,在事业上勤勤恳恳,在工作上任劳任怨,平淡之处见精神,危难时刻显身手。比如,2012年6月9日下午,当新疆乌苏市古尔图镇中心小学六年级学生李某不慎在克孜加尔湖二库落水后,1989 年出生的宁夏泾源县香水镇米岗村农民拜金仓因勇救落水女童而牺牲。2016 年 9 月 16 日下午,在温州市瓯海区郭溪街道曹埭村,1995 年出生的贵州省岑巩县羊桥乡龙湾村的吴国彪舍己救人,5 岁的孩子被救回来了,可吴国彪却消失在水流中。在这些优秀的中华儿女代表身上体现的这种危急关头舍己救人的优秀品德,不仅是农村外出务工人员的榜样,更是全国亿万普通劳动者的楷模。

三、案例立意

本案例适用于《思想道德修养与法律基础》第一章"人生的青春之问"第三节"创造有意义的人生"。

四、实施过程

介绍案例及其背景之后,老师开始向同学们提问:"来自河南商丘的李学生在温州做了什么事? 对社会造成了什么影响?"

经过同学们积极回答之后,老师提供参考答案:2005 年 2 月 20 日,来自河南商丘的李学生在温州舍身救人,感动了温州,感动了家乡河南。没过几天,李学生的事迹就传遍了大江南北,感动了整个中国,感动了亿万民众。

接着老师提问:"在那千钧一发之际,李学生能够不顾个人安危飞身上前救出男孩,这是一时头脑发热,还是长期养成的良好习惯?"

同学们经过激烈讨论后,一致认为:"当我们为李学生舍己救人的英雄主义行为感慨万千的时候,我们更应该知道,生活中的李学生是那样的乐于帮助别人。在家乡商丘时,他曾无数次为乡亲们收麦打场;到温州打工后,他无数次热心地帮助同乡,那种侠肝义胆,那份古道热肠,赢得了多少信赖和赞誉。在他的身上,有着甘于奉献的精神,有着重义轻利的情操,有着兢兢业业的作风,有着关心他人的品格。正因为如此,在列车迎面而来的关键时刻,李学生挺身而出,舍己救人,谱写出一曲壮美的生命赞歌。义薄云天,品质使然。"[1]

老师进一步提问:"李学生的壮举引起了社会的广泛好评,党、政府和社会团体如何评价他?"

经过同学们的各种猜测之后,老师公布答案:事件发生后不久,温州团市委追认他为"温州市见义勇为好青年"。2005 年 3 月 9 日,河南省人民政府批准李学生为革命烈士。3 月 23 日,时任浙江省委书记、省人大常委会主任习近平做出批示:"李学生的事迹感人至深! 李学生是见义勇为的英雄。"4 月 5 日,中共河南省委追认李学生为中共党员。4 月 26 日,中华全国总工会追授李学生全国五一劳动奖章。

接着老师提问:"李学生牺牲后,党、政府和社会人士如何善待这位英雄的家属?"

经过同学们的积极讨论之后,老师告诉他们:"李学生的壮举感动整个温州城,十多年来,这个温暖之州承担起英雄为人子、为人父的职责,牵起他老父和幼女的手,助他们在温州安心养老、成长。李学生去世后短短几日,温州全城捐款 357703.75 元,料理完后事,全部捐款合计约 28 万元,由鹿城区慈善总会开设专户进行管理,每月支出 1700 元生活费,加上其他医药费报销、上学开销,截至上月底,这笔慈善金还剩下 102706.3 元,足够支持其女李敏继续求学;落户温州后,水心社区为李敏申请了低保,每月发放低保金 900 元;被纳入温州叶康松慈善基金百名特困孤儿健康成长跟踪救助计划后,李家每月能另外获得部分生活费以及学杂费。李学生牺牲后,李敏成了鹿城区水心二小的寄宿生,食宿费全免。之后的六年中学生活,李敏一直住校,享受食宿费、学杂费全免。高中时,学校还每学期给她的校园卡里多存一些钱,方便她像普通同学一样在小卖部里买东西。"[2]

最后老师提问:"李学生事迹感人至深,我们应该如何向李学生学习?"

同学们畅所欲言后,老师总结:"从党的十八大开始,中国特色社会主义进入了新时代。作为新时代的大学生必须树立正确的生死观,明白人的生命是有限的,而生命的价值却是无限的。李学生心中有大爱,能够在列车迎面而来的关键时刻挺身而出,舍己救人,是我们学习的好榜样! 我们学习李学生,就是要学习他'舍己为人、视社会责任高于生命'的品格,学习他'急公好义、为他人着想胜过自己'的精神,学习他'始终把人民放在心里、创造有意义的人生'的风范。"

五、效果评价

通过本案例分析和学习,同学们普遍感到:要在实践中创造有意义的人生,就必须走与人民群众相结合的道路,走与社会实践相结合的道路。为此,我们必须向李学生学习,做到心中有大爱,在他人有难的关键时刻能够毫不犹豫地挺身而出。

■■■ 参考文献

[1] 万川明.河南日报社评:中国被你感动,河南为你自豪[EB/OL]. (2005-03-02)[2018-05-25]. http://www.dahe.cn/hnxw/sz/t20050302_52096.htm.

[2] 章会,王荣.温暖之州十年守护:李学生父亲健康 女儿是大学生[EB/OL]. (2015-11-24)[2018-05-25]. http://news.66wz.com/system/2015/11/23/104642251.shtml.

(程振设)

案例4　当代大学生爱国主义的实践表现
——马里兰大学中国留学生对杨舒平演讲的反击及处理

一、案例简介

2017年5月,美国马里兰大学的毕业典礼上,中国留学生杨舒平受校长邀请做了演讲。她以一种极其夸张的语气和神态从空气质量讲到言论自由,谈了很多中国的缺陷和美国的优势。在演讲中,她说起在国内自己长大的城市里,每天出门必须戴着口罩,否则就会生病。与之形成对比的是美国的空气新鲜,没有污染。由此引出她对美国自由民主氛围的仰慕。

她还说她在来到美国之前,从来不知道政治、种族、性别歧视可以被公开讨论。她还提到,她在高中学习到了自由宣言,但对其中的自由、民主的概念完全不能理解。

杨舒平的毕业演讲却让台下的中国留学生感到无比的尴尬和愤慨,也引发了来自全球各地坚持客观认识中国的人的不满,大家纷纷在各个社交媒体上发表分享自己对杨舒平毕业发言的看法。尤其是不少处于舆论风暴中心的马里兰大学的学子,也顶着来自社会固化思维下对辟谣行为的不解,甚至批评的压力,勇敢地在微博、微信、脸书等社交媒体上发表了自己对她本人,以及对后续爆出的马里兰大学校长与达赖会见等伤害大多数中国人情感的行为的批评。

二、背景分析

随着中国改革开放的进一步深入,随着中国经济的高速发展,中国的实力不断增强,在国际关系中的地位也在不断上升。但面对发展中的中国,国际社会中呈现出不同的声音和做法。有欢欣鼓舞地参与到中国发展的世界格局中的,有钦佩仰慕中国的变化的,也有冷眼旁观甚至是落井下石的,他们用尽各种方法诋毁中国,污蔑中国的发展进程。

留学生在国外学习他国的文化和知识时,也承担起了中外文化交流的责任和义务,他们在国外的一举一动代表着中国人的形象,尤其是在一些公开高端的场合,他们的言行将直接影响着他国人民对中国及中国人的评价。杨舒平作为一名毕业生代表,却在如此严肃的场合说了一些不负责任的话语,恶意诋毁自己的祖国以期博得西方人的眼球,寻找跳板企图融入西方社会。这种做法不仅是不理性的,更是对自己祖国的一种恶意攻击。

三、案例要义

本案例主要应用于《思想道德修养与法律基础》第二章"弘扬中国精神"。通过本案例的分析训练,学生应理解和平时期爱国主义的表现,明确理性爱国的意识,同时提高分析问题和解决问题的能力。

四、案例实施方案

(一)以问题导向的方式快速导入案例,创设案例情境问题

同学们,当有一天,你走出国门,却看到有一名同胞正在用夸张不实的语言恶意抹黑我们的祖国时,你会怎么做?(观看杨舒平的演讲视频,带入情境教学)

(二)组织学生分组讨论,分析探寻解决问题的方法(给学生 10 分钟的时间讨论并推荐代表发言)

学生观点一:直接冲上前去,打断杨舒平的发言。

学生观点二：寻找上台的机会，澄清中国的形象。

学生观点三：用自己的言行，矫正他人对中国的看法。

......

(三)小组代表发言,阐述他们组对问题的处理方法

(四)学生对各小组的解决方法进行点评,哪种方法是理性的、有效的,促进对问题的进一步思考(点评阶段可以让学生深入思考,评价各种方法的优劣,从而提高解决问题的能力)

(五)教师点评

1.交代案例的实际发展进程:马里兰大学的留学生用他们的实际行动突显了今天中国青年的理性与智慧

他们首先创建了一个群,并在群里发布公告:请同学们一起拍摄视频,赞美了自己的家乡,并发布在各个社交网站上。

然后当天晚上他们自发组织留学生穿着印有"Proud of China"字样的衣服来表达自己对中国的骄傲。

再次,面对问题的升级,以马里兰大学中国学生联合会的名义发布了三点声明,强调:杨舒平的毕业演讲仅代表其个人观点;CSSA(中国学生学者联合会)正在积极和学校进行沟通,了解事情的来龙去脉;希望大家不要盲目攻击马大及马大学子。

2.对马里兰大学的中国留学生的表现进行点赞

马里兰大学的这件事情已落下帷幕,但许多留学生对待这件事的态度与做法值得我们大家学习。在现场听了演讲的他们,作为本该是最为愤怒的一群人,反而用了最理性的态度面对这件事。我们看到了无数留学生顶着巨大的压力,带着超强的执行力,试图用理性的声音消弭这个演讲对中国的影响。留学生群体几乎没有瑕疵的处理让我们看到了中国年轻一代的素质和行动力,也看到了大家对祖国的骄傲和热爱。正如他们分享的看法:"为什么我越出国,就会越觉得我的祖国特别好呢,我真的能感觉到欧美国家的人对我的排斥感,也能深深地感觉到自己国家的人对我的真心帮助。走得越久,越想回来。"

这一批留学生,他们敢于顶着国外反华情绪盛行的舆论奋力,敢于肩扛反华群体的舆论施压,勇敢地对扭曲、攻击、抹黑中国的行为说不,他们还用理性的思考力,超强的执行力来消除此次演讲带来的负面作用,捍卫了祖国的尊严。

五、案例反馈

通过此案例的学习,学生从一个侧面了解了爱国主义的表现形式及内涵,同时他们的爱国热情也被大大激发了。他们表示以往的爱国情感往往处于自发的表现,而通过理性爱国的分析,使爱国情感上升为爱国意识,并逐渐转化为爱国行为,这不仅仅是一个案例分析,更是一次爱国精神的实践活动。

正如外交部发言人陆慷对此事的回应:任何一个中国公民对于任何事情都应该做出一个负责任的表态,一个公民在对自己的国家做出评论的时候,是以什么样的方式,在什么样的场合做出这样的评论,我相信所有人都不难看出他对自己国家的感情。年轻学子留学期间对事情的看法、思想的认识,可能都会有一个发展变化的过程,只要最终他们还是从心底热爱祖国,愿意为自己的祖国做出贡献,相信中国是鼓励、支持和欢迎的。

这段话是对这件事情最好的总结,同时也表明了现在中国的青年更自信了,中国的舆论场也应该随之更自信起来。任何歪曲、抹黑、攻击的言论都无法阻挡中国崛起的步伐,因为我们有了越来越多有自信、有胆识、有智慧、有担当的优秀青年来推动祖国的发展,实现祖国的富强!

（朱余洁）

案例 5　在地铁里看什么书乖乖玩手机不好吗

一、案例简介

最近,微信群里转了这样一篇文章:

今天早上我起来去上班,像往常一样边玩手机边走入地铁站,突然间看到这么一条微博。

中国人地铁上都在玩手机？

欧洲人地铁上都在看书？

甚至有人由此说：中国人国民素质就是不如外国人，我们没有时刻学习的观念！

真是细思恐极，如果由此下去中华民族岂不是危险了？？忧国忧民的我赶紧调查了一下，发现了一个令人尴尬的事实。

原来，外国人在地铁上不玩手机背后的真实原因是：因为他们的地铁里……没！有！信！号！

这张图片背后的真实故事是：德国有四大运营商 T-Mobile、Vodafone、E-Plus 和 O2，但是每一家都非常懒惰，通信基站建得一个比一个慢，覆盖率一个比一个低。

外国的基站建设是私企来做的，所以没钱赚的活儿他们是绝对不会做的。但中国的基站建设多是国企来做的，只要是有人居住的地方都必须保证有信号覆盖，哪怕成本再高技术再难也要保证完成任务。

二、背景分析

2012 年 10 月，党的十八大报告中首次提出三个自信。党的十九大报告中再次宣示四个自信。

当今世界，要说哪个政党、哪个国家、哪个民族能够自信的话，那中国共产党、中华人民共和国、中华民族是最有理由自信的。习近平总书记明确指出："中国特色社会主义不是从天上掉下来的,是党和人民历尽千辛万苦、付出巨大代价取得的根本成就。中国特色社会主义,既是我们必须不断推进的伟大事业,又是我们开辟未来的根本保证。"

然而,社会尤其是高等教育领域,文化不自信和社会主义理论、制度、道路不自信随处可见,这也深深影响着我们的莘莘学子。因此在高校思政课堂进行有效的自信宣传教育刻不容缓。

三、案例立意

运用于《毛泽东思想和中国特色社会主义理论体系概论》第十章第一节"建设现代化经济体系"。小事情解读大问题,通过此案例向学生展示社会主义基本经济制度——公有制的巨大优越性,公有制在生产效率、更好的服务方面是完全碾压私有制的。

四、实施方案

(一)导入

请学生浏览《在地铁里看什么书乖乖玩手机不好吗》一文,并谈谈浏览此文后的感受。

(二)任务

学生分析:公有制和私有制谁的效率高? 为什么?

教师分析:公有制效率高于私有制,不管是理论上还是实践上都可以得出这一结论。

(三)要点

从理论上讲,私有制下,企业是属于老板的,做得越多,老板得到的多,企业员工得到的却极少,甚至因为做得多,技术进步快,老板所需要的人力资源日益减少,在社会中占多数的员工有可能因为有些人做的太多而丢掉了工作,成为无业游民。因此,在科技高度发展的今天,私有制已经成为社会生产力发展的障碍。实施社会主义公有制,企业属于人民,员工都是企业主人,企业的发展、壮大、提高会使员工人人受益,所有人都会积极支持企业的创新、发展,自然地,公有制会创造更多的物质财富,让人民生活得更幸福。德国和中国通信基站建设状况就反映出两种制度的巨大差异。

从实践中看,自从1917年"十月革命"至今,所有的社会主义国家的发展历程也都证明了公有制的巨大优越性,世界上第一个社会主义国家苏联在实施了公有制后,由欧洲最落后的国家一跃成为欧洲第一、世界第二的社会主义强国,率先将宇航员、人造地球卫星送入太空,在与以美国为首的资本主义国家竞赛中处于强势。在解体前夕,其经济发展速度仍高于美国。如若不是价值观出了问题,苏联仍然存在,美国就不会像现在这样嚣张,导致世界战争不断、难民不断、恐怖不断。南斯拉夫、中国、朝鲜、古巴等社会主义国家的发展也给我们提供了依据。

(四)延伸

关于大锅饭养懒汉问题。实事求是地讲,大锅饭的确养了懒汉,但懒汉是少数,是思想价值观念极其落后的人,是需要教育的人,养他们是社会主义的人道主义的表现,并不是鼓励不劳而获。事实上,在当时社会上懒惰是受轻视的、大家都看不起的行为,不会是大多数模仿的样板。但是在我们教科书上有的提法在现实中妨碍了学生对社会主义制度的认同,他们认为公有制会导致大家懒惰,这一点要向学生说清楚。

关于自信问题。1840年后,中国人经历了三千年未有之变局,到了亡国灭种的边缘。在这个过程中,有些中国人的脊梁彻底断裂,到今天难以愈合,他们看不到1921年中国共产党成立以后中国革命焕然一新的状况,看不到经过中国人民艰苦卓绝的努力中国所发生的翻天覆地的变化,看不到中国蒸蒸日上的未来,整天抱怨指责,不能容忍中国一点点发展过程中的问题,羡慕西方、跪舔洋人,恨不能全中国人拜倒在洋人脚下甘做奴才,因此他们利用媒体互联网大肆攻击社会主义制度、攻击中国传统文化。我们在进行此案例教学中可以顺带讲下这个问题,提高学生的鉴别力。

(五)反馈

学生第一次听到这样的观点可能会震惊,也有可能提出许多疑问:苏联为什么会解体? 中国为什么有大跃进? 朝鲜为什么三代相传? 这些问题都可以用马克思列宁主义的观点去解释,也并不妨碍对社会主义的认同。

五、效果评价

该案例与学生距离很近,在地铁里玩手机是他们基本上都做过的事,自然能引起他们的注意,紧接着提出的国民素质问题涉及对他们自身的评价,抓住了学生的心,给出的答案出人意料又增加学生作为中国人的自豪感。最后一步步指出是公有制的社会主义优越性使然,环环相扣,论据充分,结论让人吃惊。这是一个较好的案例。

（郭　薇）

第五章　通识课中的课程思政

案例1　以小球(地掷球)为媒介的精神链接
——一堂基础法语课的课程思政设计

一、案例背景

本门课程为基础法语(3)。本单元内容介绍法国当地体育项目的历史、现状及发展。法国在近代体育的发展史上占有重要地位。法国著名教育家顾拜旦是近代奥林匹克运动的创始者,对推动世界体育的发展有重大历史功绩。法国也是西欧体育发展较早的国家,更是体育强国。课文中提到一些法国传统强势项目:网球、自行车、足球、滑雪等,教学时扩展知识引出法国的"小国球"——地掷球(法式滚球)。

地掷球是随时随地都可以玩的。钢制的滚球重七八百克,为避免落地后混淆,球上印有不同的条纹。一般是两人一组,比赛前先在地上画个圈,在圈内向前抛出一只小木球——即"目标球",然后人站在圈内将钢球朝目标投去,双脚不能离地。比赛的规则非常简单,谁投的球离目标最近,谁就得分。同组的两人当中,通常一个是"投球手",负责投球,另一个是"阻击手",负责将对手的球弹开。简单来说,就是一攻一守。如果双方投的球离目标都很近,肉眼判断不出来,就需要测量双方离目标的球距。大众娱乐时粗劣的量法用脚步,竞技比赛时则要求精确因而使用尺子。

法式滚球,在众多球类运动中,属最晚被命名和确定比赛方式的运动之一,它在20世纪初才算正式诞生继而登上国际赛场。2006年,我校承办了第五届世界女子金属地掷球世界锦标赛,这不仅是我校首次获得承办世界级体育赛事的殊荣,更是温州市首次承办世界锦标赛,同时还是地掷球项目 20 年来首次在亚洲举办世界性大赛,来自 21 个国家的 120 余名运动员来到温州参加比赛。

现如今,它正在积极申报成为奥运会项目。

二、案例主题立意

本学院体育教师郭晓敏代表中国地掷球国家队在第五届世界女子金属地掷球世界锦标赛中勇夺两枚金牌,实现中国地掷球金牌零的突破。随后连续参加四届世锦赛,获得了六次世界冠军。尤其是在 2014 年第九届女子大金属地掷球世锦赛上,郭晓敏获双人连续抛击和个人准确抛击两项冠军。至此,在双人连续抛击这个项目上,郭晓敏实现了五连冠,成为世界级的"擂主"。这一项项荣誉的背后是郭晓敏辛勤的汗水和沉甸甸的付出。

地掷球在我校的发展壮大,不仅能深切地感受到学校重视体育的魄力与决心,同时也看到一批为校为国争光的优秀教师的拼搏奋斗、不懈努力。这些可贵的精神都深刻并长远地影响着我院学生的身心成长。

三、案例实施细节

(一)介绍地掷球词汇

RÈGLEMENT TECHNIQUE

6 CHAMPIONNATS:DOUBLE-SIMPLE-COMBINE TIR PROGRESSIF-TIR DE PRECISION TIR RAPIDE EN DOUBLE

La composition des équipes doit être annoncés à la Direction Technique de la F. I. B. au plus tard une heure avant le tirage au sort prévu pour l'établissement de l'ordre des rencontres.

Pour chaque CHAMPIONNAT et jusqu'à une heure avant le début officiel (horaire du programme), le changement du joueur ou des joueurs est autorisé. Passé cet instant, plus aucun changement ne peut être effectué. Les mêmes joueurs poursuivent donc la compétition jusqu'à son terme.

Le manager peut demander (directement à l'arbitre) un "Temps mort" d'une minute, une fois par partie, mais en Double et Simple il ne peut débuter dans les 10 dernières minutes du temps prévu. Il n'y a pas de temps mort dans les épreuves de Tir.

比赛章程：

6 项赛事：双打、单打、联合、连续抛击、准确抛击、快速双人抛击。

参赛队组成：最多 6 名运动员、1 位教练、1 位领队。

年龄小于 14 岁的运动员不得参加。

主办方最多承担 5 人费用：4 名运动员＋1 名球队负责人。

参赛成员信息最晚需在已通知的抽签时间前 1 小时向地联报备，以便地联更好地安排比赛次序。

任何一场比赛，如果队员需要临时变化，应在赛场表规定的比赛开始时间前 1 小时申请。一旦超过此时间限制，不允许任何人员变动，由原定运动员完成全部比赛。

暂停时间：

教练每一局比赛可以直接向裁判要求一次 1 分钟的暂停。但是在双打和单打比赛的最后 10 分钟不可以叫暂停。抛击比赛没有暂停。

（二）融入本校地掷球项目及运动员的发展介绍，并可实地接触项目

2001 年，学院决定将地掷球运动作为特色体育项目引进校园。在场地、设备、人才和资金方面大举投入，成立了专门的地掷球运动队，外引内培地掷球专业运动人才，将地掷球教学纳入常规体育课程，组建学生地掷球社团，分层次培养地掷球运动人才。2002 年，学院开始逐步建设符合国际标准的训练比赛场地，并被指定为国家地掷球集训的训练基地和浙江省地掷球训练基地，吸引了多名国手留院任教。2004 年，我院教师郭晓敏入选地掷球国家队。2006 年，学院举办第五届世界女子金属地掷球世锦赛。在备赛阶段，郭晓敏作为主力队员每天要进行 12 小时高强度训练，日复一日，毫不懈怠。在离比赛只有一个月的重要时刻，她得了阑尾炎。医生要求她停止训练，住院手术，但比赛近在眼前，郭晓敏咬咬牙，决定放弃开刀，转用药物控制病情。打了一周的点滴后，郭晓敏的阑尾炎得到了控制，她得以重返训练场。但她没有想到的是，考验并没有结束，比赛当天心情紧张的郭晓敏又犯了胃病。学院领导和教练看着脸色惨白的她，纷纷劝她放弃比赛。"倔强"的郭晓敏依然坚持比赛。功夫不负有心人,良好的心理素质、顽强的毅力和永不服输的斗志,终于让郭晓敏站到了冠军领奖台上。

(三)结合"作为翻译,陪同我院地掷球国家队参加 2017 年男子大金属球世锦赛"的经历和感受

1.人在国外时,爱国情怀会更加浓郁。当我们走出机舱,迎面便是一个巨幅"OPPO"国产手机品牌中文广告,内心涌起强烈的自豪感,"Made in China"再也不是廉价的代名词,它代表着自信自强的中国形象。

2.连续十几个小时的飞机,队员们来不及休息调整时差就开始适应场地,进行紧张的赛前训练。作为一个随团翻译,强烈并且真实地感受到运动员们深植内心的爱国热情和顽强拼搏的精神。

3.当比赛过程中出现误判时,队员们团结一致,为了中国人的尊严和为国争光的初心,据理力争不卑不亢。

四、案例效果

通过本单元课程的学习,形象具体地向学生传达了体育强国的重要意义,帮助学生理解爱国主义情怀的深刻内涵,引导学生树立正确的人生观、世界观和价值观,激励学生努力拼搏、奋发向上。本单元将爱国教育融入专业教学中,有别于传统思政课程,有利于学生接受和掌握。

五、案例评析

爱国教育需要从心出发,让学生切身体会到身为中国人的荣誉感和使命感;爱国教育结合体育强国的具体实例,更具影响力和感染力;爱国教育在外语教学中,更是体现在细微处,以小见大,不容忽视。

(尹 晨)

案例 2　从国际机场的变化中学习《职场英语》,体悟强国情怀

一、案例背景

对于富强和爱国(Prosperity and patriotism)感触颇深,国家富强(National prosperity)是中华民族伟大复兴中国梦(the Chinese Dream)最基础的内涵。没有国家富强、民族振兴,人民幸福就没有了前提;国家富强、民族振兴更是海外中华儿女的坚强后盾与骄傲。因此,从"站起来"("Standing up")、"富起来"("Getting rich")的发展阶段开始向"强起来"("Starting strong up")迈进,是当代中国高度自觉的必然选择。

记得 2002 年,第一次抵达悉尼机场,心里忐忑不安,满眼的英文指示牌,处处都是白皮肤黄蓝眼睛的人,耳边响起的也是"不啦不啦"听不懂也不明白的语言。双眼努力搜寻着期盼的自己原来世界里黑头发黑眼睛的人民与熟悉的语言。当我满心喜悦地看到象形文字,但愉悦的心情持续了几秒就蓦然发现机场上许多指示牌下的象形文字是日文或韩文,不是我远方亲爱的祖国的中文。当我又满心惊喜地搜寻到黄皮肤黑眼睛的人,快步小跑接近,想着可以打探一下该往哪边走,表格该如何填写,耳边听到的依然是自己听不懂的日文或者韩文。身处遥远的异国,"不知道咋办,又听不到熟悉的语言"平添了内心的不安与忐忑;"满眼不熟悉的皮肤颜色,听不懂的语言"让人特别想回到自己熟悉的祖国的温暖怀抱。

中国人民坚持党的政策,不忘初心,牢记使命,高举中国特色社会主义伟大旗帜,决胜全面建成小康社会,夺取新时代中国特色社会主义伟大胜利为实现中华民族伟大复兴的中国梦不懈奋斗。实现社会主义现代化的中国人民不仅生活水平得到了很大提高,走出国门也会得到更多赞许。外国人也将更喜欢中国,对中国人民取得的进步由衷赞叹。这一路走来,中国人民越来越强大,不再是外国人眼里的东亚病夫,对此身处异国的海外华侨华人都感到深深的骄傲。

二、案例立意

身处他乡异国会让人更加思念与热爱祖国,十几年来的亲身经历与体验

更加深刻,祖国的繁荣富强对于海外的华侨华人显现得尤为重要。这十几年来,随着时间的推移,每次进入澳大利亚,身临其境,无论在悉尼或墨尔本机场的各种变化,都深深感受到祖国的进步与发展。在国外地位的逐步提升,让海外的中国人体会到关注度的变化,感受到无比的骄傲与自豪。

随着出入国际机场次数的增多,流程的熟悉,语言能力的提高;随着岁月的流逝,祖国经济的腾飞,悉尼墨尔本机场的指示牌下的日文韩文不知道何时已悄悄地变成了中文,黄皮肤黑眼睛的国人也越来越多,时常耳边飘过来的"不啦不啦"是自己亲切熟悉的中文母语。碰到走出国门的大妈大爷们在通安检过海关与工作人员言语不通的时候,可以主动地跑上前,帮忙翻译沟通,告诉大妈大爷们接下来往哪边走,该干啥的时候,心里也异常开心与自豪。心喜自己的变化与成长,更加自豪祖国的逐渐强大正影响到中国在澳洲乃至在世界上的地位。更多的国人走出中国,在国际游走与生活,熟悉的肤色、语言习惯、文化在身处异国的你身边流动,慢慢地你的内心就发生了变化,心里无比自豪与温暖,逐步感受到地球就是一个村。慢慢地,从最初走出国门想学习与感受国外先进的知识与文化,随着自己语言能力的提高,在国外文化熏陶与生活历练中成长,祖国的日益强大的推动下,看到许多在澳洲生活几十年的老一辈华侨与对中国不了解的外国人,渐渐地觉得有了新的使命,要把我们引以为豪的日益强大的祖国介绍给他们认识,架起他们与祖国之间的桥梁。

本案例是基于《职场英语》中在机场(At the airport)这一单元主题拓展而成。本单元"At the airport"学习认识机场的英文指示牌;了解国际机场的程序与各个流程的关键;需要交流的对话与表达;秉承一直以来高职高专的英语教学理念,以培养学生"英语运用"能力为目的,不断重复练习简单的易懂实用的词句来掌握本单元最基本的表达。

从在国际机场(以墨尔本、悉尼机场为例)各种变化与亲身感受,引出学生对国际机场各种牌子,登记程序,安检,过海关等等的英语学习。让学生搜集整理相关资料,了解国际机场的各种程序与常识,并以英语作为交流工具来展示自己的研究结果。在思考和讨论的过程中,学习相关英语语言知识,提高自身的英语应用能力,并且也为从机场的变化中反映出的祖国之富强,中国文化之自信,民族的自豪感与经济之腾飞,感觉到祖国的强大后盾,海外龙的传人与华人的爱国之情油然而生。

三、案例实施设计

本案例的教学实施以学生自主学习,小组讨论与运用英语为主导,以项目型教学法为驱动,实施项目教学法。即,将核心内容以项目的形式展现,在教师指导下,学生完成相关课程信息的收集,寻找问题解决的途径,将结果进行展示,以多听多讲的教学手段为辅助,结合团队合作学习教学模式,最终完成自我评价。

(一)课前任务

课前任务分配:学生以小组(4 人一组)为单位,通过网络、书籍、沟通访问或小组成员经历分享的形式,寻找有关机场出入境及咨询相关案例,从中初步了解国家在机场的建设及出入境方面的基本常识,激发学生自主探究的意识。该过程分以下两个步骤:

Step 1　Brainstorm:If you are going to travel abroad,what preparations are necessary?

1. Passport and visa

2. Health certificate & first-aid kit

3. Flight tickets

4. Phone,laptop & plugs

5. Loose money and dual-currency Credit Card

6. Clothes and daily necessities

7. Don't forget your travel contract & itinerary.

Step 2　Word Preparation:

Group 1　Passenger Cabin

Group 2　Flight Crew

Group 3　Boarding Pass

(二)课中任务

课堂中,教师的角色不是简单地让学生按照教师的安排和讲授去得到一个结果,而是依据学生分组得到的相关案例,进行各组展示。教师则对展示结果给予评价。评价内容主要从学生展示效果、内容表达、课程贴切度等延伸到人们出入机场中应遵守的规定、应注重的礼仪与礼节等方面，引导学生树立正确的国家形象意识，具体分以下几个步骤进行。

Step 1　Airport Signs (机场标识)

Do you know the Chinese meanings of the following airport signs? Work in groups and try to find out the answers as many as you can.

1. International airport 国际机场
2. Domestic airport 国内机场
3. Ticket office 购票处
4. Check-in 登机手续办理
5. Customs declaration 海关申报
6. Boarding pass (Card) 登机牌/登机凭证
7. Security check 安检
8. Queue here 在此排队
9. Departure lounge 候机室
10. International/Domestic departures 国际/国内出发(出港、离开)
11. International/Domestic arrivals 国际/国内到达
12. Stairs and Lifts to Departures 由此乘电梯前往登机
13. Passport control 护照检查处
14. Lost and found 失物招领处
15. Occupied (卫生间)有人
16. Vacant(卫生间)无人
17. Airport terminal 机场候机楼/航站楼
18. Gate/Departure gate 登机口
19. Luggage claim/Baggage claim 行李领取处
20. Transfers passengers 中转旅客
21. Transfer correspondence 中转处
22. Customs 海关

23. Taxi pick-up point 出租车乘车点

24. Airline coach service 航空公司汽车服务处

25. Airport shuttle 机场班机

26. Toilet; W. C.; lavatories; rest room 厕所

27. Men's; gent's; gentlemen's 男厕

Step 2　Boarding Procedure(登机程序)

1. Check in

2. Go through the security check.

3. Find the boarding gate and wait.

4. Board the plane.

Step 3　Check-in Procedure(登机程序)

1. Show your ticket and passport.

2. Check in your baggage.

3. Answer security questions.

4. Choose your seat.

5. Get your boarding pass & carry-on baggage.

6. Learn information about your seat number, boarding gate and time.

7. Wait for your boarding time at the departure lounge (候机区) near your boarding gate.

8. At the boarding time, queue & board the plane.

Step 4　At the Customs(过海关)

Declaration：

Before the plane lands, the air attendant will ask you to fill in a declaration form, and remember no food, meat, plant, fruit or beverage is allowed to bring into a foreign country.

If you have new electronic products, watches, cash over 10,000 dollars, cigarettes over 2 packages, then you need to declare them to the customs officer.

Common Questions asked：

Can I see your passport and visa documentation?

What's the purpose of your visit?

How long will you be staying?

Where will you be staying?

Can you show/tell me the address?

Is this your first time to …?

Do you have anything to declare?

Watch the videos and repeat after them.

(三)课后任务

课后任务除了让学生完成规定的课后作业之外,围绕国家机场建设的发展趋势,逐步让渡到实现中国梦的主线上来,要求学生熟记中国社会主义核心价值观和十九大的相关词汇,使学生有意识地用英语表达国家意志。具体分以下三个步骤。

Step 1　Revision of Boarding Procedure

Task 1　Put the following steps into a proper order according to usual boarding procedure.

(　　) a. Transport luggage & get the boarding pass

(　　) b. Go the security checkpoint

(　　) c. On the plane

(　　) d. Go to the departure lounge

(　　) e. Go to the check-in counter

(　　) f. Go to the luggage claim and pick up luggage

(　　) g. Go through passport control and customs

(　　) h. Arrive your destination

(　　) I. Go through the boarding gate

(　　) j. Go through the immigration

Step 2　十九大的相关词汇掌握

1. 中国梦 the Chinese Dream

2. 国家富强 National prosperity

3. 爱国 Patriotism

4. 不忘初心,牢记使命

Remain true to our original aspiration and keep our mission firmly in mind

5. 中国共产党第十九届全国代表大会

The 19th national congress of the communist party of China

6. 工匠精神 Craftsmanship spirit

7. 实现中华民族伟大复兴

To realize the great rejuvenation of the Chinese nation

8. 中国制造 2025 Made in China 2025

9. 古丝绸之路 the ancient Silk Road

10. 海外代购 overseas shopping representative

11. 中国社会主义核心价值观:富强,民主,文明,和谐;自由,平等
公正,法治;爱国,敬业,诚信,友善

Prosperity, democracy, civilization and harmony;

Freedom, equality, justice and the rule of law;

Patriotism, devotion, honesty and friendship.

Step 3　任务

以"国家富强 National prosperity,热爱中国(National patriotism)"为题,
从国际机场的见闻,4 名同学为一组,准备一段 5 分钟左右的表演。

目的:让学生复习巩固所学,经过不断重复的练习与综合灵活的运用后,
进行英语口语练习,进行语言输出,提高学生英语"语用"能力。

五、问题与不足

部分高职学生英语基础薄弱,没有去国内机场与国际机场的经历,更没有海外生活的经历与体验,无法体会国家的强大,无法体会海外华人华侨内心因有祖国作为自己坚强后盾的自豪,对祖国深深的思念与爱国的情怀。这对教师如何选择内容,宣讲,组织课堂,达到学生感同身受的效果提出了较高的要求。针对此类学生,教师需借助情景套入法、图片教学法、问答教学法等一步步引导,最终达到预期思政渗透与机场程序熟悉,英语表达能力提高的目的。

六、下一步思考

如何在英语教学中悄无声息地融入爱国主义的思政教育,提高英语课程的全方位育人功能,提高学生综合素养,使英语教学的意义更深更广,加强团队合作的力量,做进一步的课题研究与教学推广。既要通过英语的学习,了解西方的思维方式、人文思想,拓宽学生的国际视角,也要让学生在中西的对比中体会到中国悠久的文化的沉淀与传承,深入了解社会主义核心价值观,从而增强文化自信,激发学生爱国主义情怀。要做好"度"的把握,既要有英语语言课程的基本必要特点,也要适度完美地结合课程思政元素,做到教学的合理布局与相融并进,悄无声息地进行课程思政元素渗透。

（林　侃）

案例3　活化语言学习,在"变"中提升文化自信

一、案例背景

几十年前,国人并无"休闲"和"旅游"的概念,旅游是大部分人遥不可及的梦想。改革开放后,国家大力发展旅游业。各地旅游景点的修建和维护,交通、酒店、餐饮等相关配套设施的完善,文化元素的融入,国家法定节假日

的确立,带薪休假制度的建立,均为我们实现旅游梦创造了条件。短短几十年,中国国内旅游、出境旅游、入境旅游人数跃居世界前列,国民的旅游模式发生了翻天覆地的变化。

(一)旅游目的地之"变"

受交通所限,以前国人旅游出行只局限于周边区域。但随着我国现代综合交通运输体系的不断完善,出行所选择的交通工具也逐渐呈现多元化趋势。人们可选择汽车、火车、飞机、豪华邮轮等交通工具出行,网络约车平台也为游客在目的地的出行提供了便利。发达交通体系的构建大幅减少了路上花费的时间,扩大了出游范围,世界"缩小"了。

此外,"一带一路"倡议的提出也让我们对旅游出行的目的地有了更多选择。"一带一路"沿线国家旅游资源丰富,汇集全球约80%的世界文化遗产,覆盖面高达60多个国家。互联互通,旅游先通。中国已成为"一带一路"沿线国家的重要客源市场。"十三五"期间,我国预计将为"一带一路"沿线国家和地区输送1.5亿人次游客。

(二)旅游形式之"变"

在旅游业发展初期,人们出行主要选择跟团游,以走马观花式的景点参观为主。显然这种旅游方式并不能满足人们对自由旅行的向往以及精神文化方面的需求,国人旅游开始向个性化方向发展:体育旅游、文化旅游、农业旅游、医疗旅游、教育培训旅游、购物游、户外探险以及自由行等特色体验式旅游形式逐渐进入大众视野。同时,随着中国人均GDP的稳步增长以及消费意识的逐步转变,国民对旅游品质的追求也不断攀升,大型休闲度假高星级酒店大量涌现。携程提供的数据显示,2017年上半年,超60%的出游旅客选择入住高星级酒店,而其中选择境外高星酒店的人数更是接近7成。这种高端的休闲度假式旅游日渐受到人们的青睐。

(三)旅游结构人群之"变"

以前,旅游休闲并非人人都能享受,出游似乎只是少数达官显贵以及有钱人的特殊消遣。而今,中国十几亿人已总体上实现了由温饱到小康的历史性跨越,旅游也从少数人的奢侈品发展成为今天人民群众大众化的日常消遣,中国进入"大众旅游"时代。国家旅游局统计数据报告显示,仅2017年上半年,国内旅游人数达 25.37 亿人次,中国公民出境旅游人数达 6203 万人次。

二、案例立意

十九大报告中指出中国特色社会主义进入新时代,我国社会主要矛盾已经转化为人民日益增长的美好生活需要和不平衡不充分的发展之间的矛盾。旅游模式"转变"的原动力正来自人民对美好生活的追求和向往。从这些"转变"中,我们看到了观念的进步,社会的进步;从这些"转变"中,我们看到了人民生活水平的日渐提高;从这些"转变"中,我们看到了社会的和谐,国民的获得感、安全感和幸福感的上升;从这些"转变"中,我们看到了在探索、建设、改革、发展的几十年间,在中国共产党的领导下,崛起的中国力量;从这些"转变"中,我们看到了中华民族伟大复兴的中国梦,人们追求幸福生活的旅游梦。国之富强让国民实现了一个个旅游梦,旅游则反之促进富国强民。

本案例是根据《职场英语》中旅游英语(tourism English)这一单元主题拓展而成。从旅游模式之巨变着手,让学生搜集整理相关资料,找出以前和现在中国旅游模式的区别,并以英语作为交流工具来展示自己的研究结果。在思考、讨论和互动的过程中,学习相关英语语言知识,提高自身的英语应用能力,并且也为从旅游模式"巨变"中折射出的祖国之富强,经济之腾飞,民族之复兴,社会之和谐,人民之自由与幸福而感到骄傲。与此同时这也极大激发了学生的民族自信心和自豪感,让他们更加热爱中华民族这片世世代代生生不息的土地。

三、案例实施设计

本案例的教学实施以讨论互动为主导,以任务型教学法为驱动,以翻译教学法为辅助,结合小组合作学习教学模式。

(一)课前任务

任务:课前要求学生以小组为单位,搜集相关资料,完成中国旅游模式变化对比表,并在课堂上用英语展示研究结果。

比较对象	以前（Previously）	现在（Nowadays）
旅游出行交通工具（Transportation）		
旅游目的地（Destination）		
旅游形式（Type）		
旅游结构人群（Tourist）		
……		

预给句型（sentence structure）：

Thanks to/Due to _____（e. g. 改革开放……），our Chinese mode of travel has gone through _____（……的变化）.

Previously, our travel destinations are _____, because _____. However, nowadays we could _____, because _____.

……

任务目的：课前布置任务让学生进行的合作学习和自主学习，培养了学生与人合作和自主解决问题的能力。在自行搜集资料的过程中，学生能挖掘出很多关于中国旅游模式变化的"点"，这也让他们在潜移默化中感受到祖国的伟大复兴。课前预给的句型为学生课堂上的展示搭建了一个语言平台，让基础较薄弱的学生也能有话好讲。同时也引导学生往老师预设的思政主题"富强"靠拢，避免学生在准备的过程中偏题。

（二）课中任务

1. 导入

任务 1：看一则关于"旅游梦"的英语短视频，完成填空题。

任务 2：请学生回答"你的旅游梦是什么？"

任务 3：翻译：For most Chinese, their _____（旅游梦已经实现了），because nowadays they could _____（想去哪儿就去哪儿）. The past decades have witnessed _____（中国旅游模式的巨变）.

任务 1、2、3 目的：通过让学生观看一则短视频（任务 1）以及问问题（任务 2），引入"旅游梦"这一话题。通过请学生进行翻译（任务 3）顺利过渡到中国旅游模式"改变"这一话题。

2.学生展示

任务4:就"中国旅游模式改变"这一主题进行小组展示。

任务5:翻译:From the above changes on the Chinese modes of travel, we could see our country's _____(e. g. 富强), our national _____(e. g. 复兴), our economic _____(e. g. 繁荣发展), Chinese people' _____(e. g. 自由、幸福), our society's _____(e. g. 平等) and _____(e. g. 和谐), which makes us _____(e. g. 更爱国)。

任务4、5目的:学生课前准备,课堂展示(任务4)。老师通过请学生翻译(任务5)的方式提炼思政要素,自然过渡到预设思政主题。

3.分解与深入提炼

任务6:对比"以前"和"现在"旅游出行交通工具、旅游目的地、旅游形式的不同点以及各自的优缺点。

任务6目的:渗透以下表格中所列词的英语表达方式,从而让学生在讨论互动中习得语言知识和技能。

比较对象	以前(Previously)	现在(Nowadays)
1.旅游出行交通工具(Transportation)	火车（train）；长途大巴（long distance bus/coach）；轮船（ship）	自驾（drive one's own car/rent a car）;豪华邮轮（luxury cruise）;动车（bullet train）；高铁（high-speed train）;飞机（airplane）
缺点/优点(Disadvantage/Advantage)	路上浪费很多时间（waste a lot of time on the road）	更快（faster）；更远（cover longer distance）；更方便舒适（more convenient）
2.旅游目的地(Destination)	周边地区（surrounding areas）	一带一路沿线国家(英文,略)；世界任何一个角落(anywhere in the world)
缺点/优点(Disadvantage/Aduantage)	略	略
3.旅游形式(Type)	跟团游（package tour: including transportation, meals, hotels, sightseeing, guide service）	自助游(DIY Tour)；出境游(outbound tour)；自驾游(self-driving tour)；休闲游(leisure tour)；文化旅游(culture tour)

续 表

比较对象	以前(Previously)	现在(Nowadays)
缺点/优点 (Disadvantage/ Advantage)	相对便宜(relatively cheap) 累(tired/exhausted);走马 观花/刷景点(rush round the sights)	自由(free);放松(relaxing);个性化 (personalized);体验式(experiential); 休闲(leisure);高端享受(high-quality enjoyment)

任务7:旅游出行交通工具之"变"带来了旅游目的地的变化。

"一带一路"倡议的提出让国民"向外"的交通更加便捷,旅游目的地选择更加多样化。观看"一带一路"短视频,学习其中的英语表达方式。

一带一路(the Belt and Road)

丝绸之路经济带(Silk Road Economic Belt)

21世纪海上丝绸之路(21st Century Maritime Silk Road)

中马友谊大桥(China-Maldives Friendship Bridge)

中欧班列(China-Europe Freight Trains)

港口(port)

铁路(railway)

公路(highway)

朋友圈(friend circle)

大道之行也,天下为公(A great cause should be pursued for common good)

任务7目的:有意识地引入"一带一路"这一思政元素,让学生了解掌握相关的英语表达方式。

(三)课后任务

任务8:以"辉煌中国"为题,从旅游模式变化入手,写一篇130字左右的英语作文。

任务8目的:让学生整合所学,经内化后进行英语语言输出。

四、案例效果评析

英语可以是任何知识、思想、文化的载体。英语课程完全可以实现思政内容的全面渗透。本课借助英语这门语言为学生打开了一扇窗,让他们看到中国的发展、世界的发展,也让他们看到中国的繁荣富强可具体表现在我们生活的方方面面。仅从旅游模式之变化就可窥见祖国的进步,人民生活条件的改善,人们对美好生活的向往。旅游这一话题源自生活、贴近生活,这让学生在用英语探究、表达、交流、写作的过程中有话可说,也让他们在此过程中掌握了英语语言知识,提高了语用能力。

五、问题与不足

部分高职学生英语基础薄弱、语言学习热情不足、课堂参与度不高,导致对教师想传递的思政观点不能完全领会并用英语畅所欲言地表达出来,这就对教师的课堂组织引导能力提出了较高的要求。针对此类学生,教师需以任务为导向,由浅入深、因材施教,加强语言基础知识的传授,同时采取多样化的教学方法,比如翻译法、图片教学法、问答教学法等一步步引导,最终达到预期的思政渗透。

六、下一步思考

如何将思政内容内化到英语教学中,实现英语课程的全程育人、全方位育人,使英语教学变得更加有意义和有深度,是我们需要积极研究探索的重要课题。为了实现此目标,我们下一步应思考:

1.如何借助英语将中外优秀的文化元素融入课堂,通过语言的表象剖析其所传达的文化和人文精神,让学生了解中西方文化差异的同时,更加辩证地看待西方文化,使学生拥有对家国与世界的深切关注,增强其文化自觉与自信。

2.如何结合英语课程的特点,将社会主义核心价值观的基本内涵、主要内容等纳入整体教学布局,做到相融共进。

3.如何调整提升英语教师的思政素养,让其对主流意识形态的观点有所了解,做一个把思政融入教学中的积极实践者。

4.如何借助网络平台动态调整教学内容,实现线上线下一体化育人。

(詹丽萍)

案例4 精选题材，巧设情境，在语言学习中培养和谐人际关系

一、案例背景

党的十八大以来，中央高度重视培育和践行社会主义核心价值观，党的十九大报告将之提升到新时代坚持和发展中国特色社会主义的14个基本方略层面，更凸显其重要性。24字社会主义核心价值观是社会主义核心价值体系的内核，体现社会主义核心价值体系的根本性质和基本特征，反映社会主义核心价值体系的丰富内涵和实践要求，是社会主义核心价值体系的高度凝练和集中表达。

二、案例立意

本课的教学主题是"Relationship(关系)"，根据浙江工贸职业技术学院课程思政行动方案精神，本单元的教学内容主要突出"harmony(和谐)""honesty(诚信)"及"kindness(友善)"三大立意。其中，"和谐"是国家层面的价值目标，构建和谐社会是每个中国公民的共同愿景，和谐不仅需要通过协调各方面的利益关系来维护社会公平，更需要通过营造良好的社会氛围来形成良好的人际环境。本单元的"relationship"侧重于指人际关系。而人际关系的和谐，就是人与人之间关系的和谐，包括个体之间、个体与群体之间、群体与群体之间关系的和谐，体现为人们在利益关系平衡基础上的互相尊重、平等互利、诚信友爱、互帮互助、融洽相处。作为新时代的大学生，毋庸置疑要为构建和谐社会尽己所能，其首要任务就是构建和谐的人际关系。"诚信"与"友善"是公民个人层面的价值准则，也是公民的内在修养。在构建和谐的人际关系中，发挥"诚信"与"友善"的个人品质是构建和谐的人际关系和社会关系的道德纽带，更是维护健康良好的社会秩序的伦理基础。

本课的教学旨在通过对"Relationship"的英语语言知识学习与交际技巧探讨，让学生了解和谐关系的重要性，掌握有关建立和谐的人际关系的英语表达，并通过课程思政，倡导学生发挥"友爱和善、关爱他人、真诚守信、助人为乐"的社会主义美德，为构建和谐社会尽责尽力。

三、案例实施设计

(一)导入

本课的第一步骤是问题导入,引导学生展开思考。第一个问题是"良好的关系包括哪些?",如家庭关系、朋友关系、社会关系等。第二个问题是"和谐人际关系的重要性",通过讨论让学生得出只有每个公民都成了"和谐分子",整个社会才能成为和谐社会;只有每个中国人的梦想都如愿实现,中华民族伟大复兴的"中国梦"才能最终实现。作为一位新时代的大学生,我们则要从自己做起,从现在做起,积极融入构建和谐社会的实践中。最后,引导学生以朋友关系为例,让学生就"朋友应该具备的个人品质"发表观点,引出"honesty(诚信)""kindness(友善)""sincere(真诚)"等词汇。通过对这些良好品质的学习,学生明白建立或维持良好的人际关系的重要性,要和他人或群体保持互相尊重、平等互利、诚信友爱、互帮互助、融洽相处。

(二)输入

1. **问卷调查**:What are the three most important qualities should a friend have?(朋友最应具备的三个品质是什么?)

该环节承上启下,通过让学生扫如图 1-1 所示的二维码,就学生认为"朋友最应具备的三个品质是什么"展开调查,既让学生巩固了有关个人品质的相关词汇与表达,又让学生对大家心目中的良好的人品是什么,怎么做才会收获友谊展开思考。

图 1-1　问卷调查二维码

核心词汇:honest, friendly/kind, sincere, active, considerate, generous, humorous, unselfish, modest, good-looking, funny, punctual, elegant, easy-going, responsible, helpful, diligent, keep secrets for you, have common interests with you

（诚实、友好/善良、真诚、积极、体贴、大方、幽默、无私、谦虚、帅气、幽默、守时、优雅、随和、有责任心、有帮助、勤勤恳恳、为你保守秘密、与你有共同的兴趣）

该问卷调查结果如图 1-2 所示，其中占比前三的是"honest（诚信）""sincere（真诚）""keep secrets for you(为你保守秘密)"。

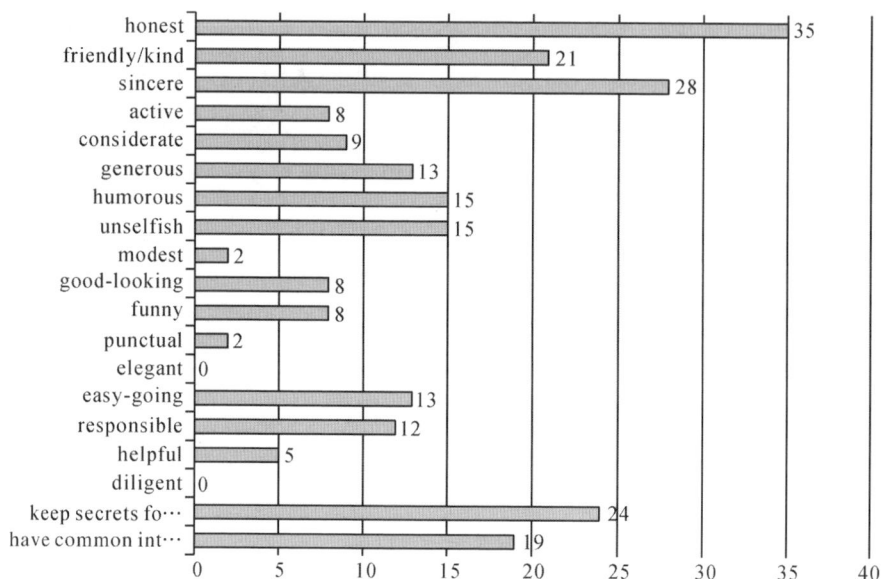

图 1-2 问卷调查结果

2.视听练习

该部分的视听素材一是人际关系，二是交友。其目的是通过视听练习，让学生知道我们所有人都会涉及很多人际关系，有些与家庭有关，有些与同学或工友有关，等等。大多数都是快乐的、积极的关系，但如果处理不好，也会出现问题。建立和维持良好的人际关系，要投入时间，要培养与他人的共同兴趣。但是最重要的是要以诚待人，与人为善。在和谐的人际关系中，我们会更幸福，更健康，更能积极地投身各项学习、生活与工作中去。

（三）输出

该部分为语言学习的输出部分，在教学中一是"说"，二是"译"，三是"写"。其一，说的内容是就教材中对话的学习、演练与改编，通过说的输出，学生了解在生活中如何用英语恰当表达，才会显得彬彬有礼、合理得体、落落大方,以及如何表达才会让他人感觉到真诚友善。其二,译的内容是句子的英汉互译,通过翻译,学生除了对语言的习得进行巩固,也能明白生活中的一些人际关系名言警句,如"世界上有一种最美丽的声音,那便是母亲的呼唤","人生没有朋友,犹如生活没有了太阳",等等。其三,写的内容也是本课的课后作业——"On Friendship"(友谊观)。友谊观可以类推到其他多种社会关系,朋友是另一个自己,善始善终,本课以友善结束。

四、案例效果评析

通过本课的学习,学生不仅习得了在日常生活中如何用英语与人沟通,建立良好与和谐的人际关系的词汇与语言技巧,而且通过一系列的语言素材的输入与输出练习,思考和探讨了社会主义核心价值观之"和谐""诚信"与"友善"等核心词汇。通过讨论,学生明白"和谐"与我们每个人息息相关,和谐既是个人成功的基石,也是中国梦实现的要素。通过问卷调查,我们了解到学生自身最注重的个人品质还是"诚信"与"真诚",当代大学生的诚信观和友善观并未缺失。在生活中要做到"友爱和善、关爱他人、真诚守信、助人为乐"。通过课后的写作,了解到人人都希望面对亲朋好友或者陌生人时遇到一个诚实守信、言行一致的人,而不是满口谎言、捉摸不透的人,我们大家都愿意生活在简单洁净的社会环境中,建立良好的社会信用体系人人有责。

五、问题与不足

本课的教学尽管取得了一定的成效,在学生当中也产生了一定的反响,但存在的问题和不足也不容忽视。一是高职学生英语基础参差不齐,有部分同学因为英语基础薄弱,影响了对本课思政主旨的理解与表达。二是社会主义核心价值观是一个整体概念,其 24 字是一个相辅相成、不可分割的有机组合,本课只对其中"和谐""诚信"与"友善"三个词汇做了阐述,显然还不能全面地说明社会主义核心价值观的精髓。

六、下一步思考

在下一步教学中,首先还是要加强学生的英语基础知识学习,使英语不再是障碍,而是能帮助学生更全面、更透彻地了解中国和世界的语言工具。

其次,英语教学中还应加强社会主义核心价值观中其他核心词汇的渗透,使思政教学进英语课堂能成为一个系列,一个整体。最后,英语教育不能为了思政而思政,要根据一定的教学内容,结合相应的思政主题,使得英语教学因为思政主题得到升华,使得思政因为英语的语言魅力增添色彩。

(张瑞娜)

案例5 《故乡的野菜》:品菜、品文、品人,品出家国情怀

一、案例背景

汪曾祺作为一代优秀小说家,他的家乡高邮对他的成长有着很深的影响,以至于后来汪曾祺在北京,每每回忆起来,在作品中都有浓浓的故乡深情,有浓浓的故乡味道。

大学语文课本选取的汪曾祺的一篇作品《故乡的野菜》,作为"风土人情""故乡深情"主题下必修的一篇文本,是我们讲课所选的重要篇目。

这样的文章作为爱国爱家乡主题的教育是非常实用的,一来可以了解名家在自己作品中如何体现对故乡的爱,以至于升华为对国家的热爱。二来可以引出学生对自己家国的讨论,从而加深对家国的情感。三来可以引发学生进行对家国概念的提升,对自己寻根文化的挖掘。

二、案例立意

《故乡的野菜》,从文本看,作家汪曾祺写的是故乡的野菜,有这样的那样的野菜,有我们熟悉的野菜,也有我们听都没有听说过的野菜。谈故乡野菜的吃法,有很常见的吃法,也有我们闻所未闻的吃法。谈野菜的作用,谈野菜的功能,谈野菜的形状和小故事,更是很新鲜,很独特。

其实,《故乡的野菜》不同于真正写野菜的文章,在文本中,汪曾祺是带着那种淡淡的遗憾感来写,他怀念野菜,其实就是怀念被野菜簇拥的故乡高邮,野菜的味道就是思乡的味道,野菜中含着乡恋的情愁,野菜中有故乡的文化,

有故乡的特色。

　　说起野菜,现代人是很不熟悉的,甚至陌生,吃得也少,见得不多,野菜的文化,带给现代人的,可以说是一种恍若隔世的距离感。也正是如此,汪曾祺在写故乡的野菜时,选择的内容就不只是谈野菜,他的内容显得很平和,很接近人,通观这篇散文,谈的是野菜,写的是风景,说的是文化,还带讲述掌故,而这些,汪曾祺都是在一种平和的状态下娓娓道来。也正是这种平和,才暗藏着一种深情,野菜能让我们感受到汪曾祺那种对故乡的最深的喜悦和悲哀,于是,故乡的野菜在他的笔下显得不一般,他给我们呈现出一种异样的美。看他写的种种野菜,每一种野菜都是景,是记忆,是故事,是情趣,是历史,真的是,一草一木总关情。

三、案例实施细节

　　首先,提出问题:汪曾祺写"故乡的野菜",反复强调的是什么? 这个词与句子表达了汪曾祺的什么情感?

　　下面我们先来看看词频最高的"我的家乡"。如表 1-1 所示。

表 1-1　"我的家乡"词频统计

我 的 家 乡	情感
"蒌"字我的家乡不读楼,读"吕" 我的家乡普通人家平常是不包包子的 我的家乡人大都不知莼菜为何物 但是我的家乡是不大有人吃的 (灰菜)这东西我的家乡不吃	与别的地方不同
我的家乡出过一个散曲作家王磐 我为我的家乡感到欣慰 我的家乡本是个穷地方,灾荒很多 过去,我的家乡人吃野菜主要是为了度荒 现在吃野菜则是为了尝新了	自豪、欣慰、心酸
喔,我的家乡的野菜	复杂,暗含情感

　　我们先从词频统计入手,词频最高的是"我的家乡"。汪曾祺在文章中不停地写到"我的家乡",一直强调"我的家乡"如何如何,家乡的野菜如何如何,其实,每个称呼背后都暗含情感,文中"我的家乡",都饱含着汪曾祺哪些情感呢? 请小组合作探究。

比如"蒌"字我的家乡不读楼,读"吕"。我的家乡普通人家平常是不包包子的。对于第一个表格框的内容,他要表达的是,"我的家乡"和别处不一样,以示区别。

我的家乡出过一个散曲作家王磐。很自豪。出过著名作家。

我为我的家乡感到欣慰。直接写出欣慰。可是,我的家乡本是个穷地方,灾荒很多……读来很心酸。

过去,吃野菜是为了度荒,现在则是为了尝新了。从心酸到欣慰。感情比较复杂。而所有复杂的情绪的落点,就是最后一句。

喔,我的家乡的野菜!

这句话饱含汪曾祺复杂的情感,很多情感,下面我们通过朗读来好好体会这种感情。

分三步,第一步,读出汪曾祺对故乡野菜的感情。然后,换一个词,融入你对自己故乡的感情。可以再加个动作,把感情更好地读出来。请大家打开我们的微信小程序。

播放视频。

1.读出汪曾祺的情感。(学生读,说理由,并互评)

2.换一个词,读出你对自己故乡的情感。

3.加个动作,帮助抒发你的情感。

体会了汪曾祺对故乡的情感,融入自己对故乡的情感,然后深深地带着感情念出来,接着开始分享,分享好了继续来讨论。再次谈谈,你故乡的特色景点,你故乡的特产,你故乡的特色的人,你故乡的方言,你故乡的童谣,你故乡的难忘的事情,你故乡让你深深记得的都有什么?

这个在实施的时候分小组,由组长带领大家讨论,查资料,找图片,找网站,找视频,准备分享。

然后介绍汪曾祺、周作人、沈从文、莫言、老舍等对故乡有着深厚感情并且被故乡深深影响的作家,这些作家身上都有故乡的深深烙印,然后引出讨论,一个人的故乡对他的影响,一个人对故乡应该做些什么,你带来的是什么。

在结束课文探究后,开始拓展阅读,从古代的《诗经》到现代的汪曾祺的《故乡的野菜》。周作人的《故乡的野菜》写道:荠菜是浙东人春天常吃的野菜,乡间不必说,就是城里只要有后园的人家都可以随时采食,妇女小儿各拿一把剪刀一只"苗篮",蹲在地上搜寻,是一种有趣味的故乡的野菜游戏的工作。那时小孩们唱道:"荠菜马兰头,姊姊嫁在后门头。"周作人的野菜里也多次写到对故土的情怀,淡淡而来,还在《故乡的野菜》里表达自己的价值追求和审美情趣。

这样细细品味,汪曾祺一类的作家,写《故乡的野菜》,到底要表达的是什么。

回顾汪曾祺写《故乡的野菜》其实真正的目的是:

1.用来表达自己对故乡深深的怀念之情,表达对故乡的爱;

2.也用来抒发对百姓苍生、世事沧桑的感怀,事是故乡的事,人是故乡的人,感慨的是当时的故乡,当时的情怀;

3.汪曾祺本来就是一个心态特别好的人,他随遇而安,他懂得解脱,他是一个很平和的人,因此这篇文章也用力表达一份平和、淡然、乐观的人生态度,还有对美好质朴的人情、简单淡雅的物趣的喜爱和想念;

4.从更高境界上说,他要表达的是一种人生态度,一种欣赏和审美的艺术人生态度,懂得欣赏、学会尊重、能品尝生活中一切美好的事物。

学习《故乡的野菜》,现代的大学生主要要学习做人做事的是:

1.对故乡要有一种深深的爱,无论你出生在哪里,这个地方都是你成长的地方,都应该有一种深深的亲切感,对故乡的人、故乡的事要多多关注,多多关心;

2.对故乡的人的一种爱。故乡的人是你的亲人,故乡的人是和你同根的人,故乡的人是和你有缘的人。所以要深深爱着他们,时刻关注他们的生存现状,关注他们的生活环境,关心他们的身心健康;

3.拥有故乡独特的人生态度。一方水土养一方人,要有一股子故乡的质朴的人情味,有故乡的那种乐观的人生态度;

4.故乡造就早期的你,待他日你学成,要回报故乡;

5.对故乡的美食、风俗人情都要有一定的了解;

6.有一种情趣,一种对待生活、对待日常的审美追求。

汪曾祺在《故乡的野菜》里,把野菜写得那么精细,那么讲究,这其实是汪曾祺作为文人的一种雅趣,一种生活审美,对自然、诗意和美的追求。

油盐酱醋皆滋味,衣食住行成文章,在日常生活中,保持一种发现美、欣赏美、创造美的情趣,就是一种生活的讲究。在讲究中保持对自己故乡的爱,对家国的爱,对平凡事物保持一种最初的喜爱和探究,保持一种浓浓的情感,最终要学会的是一种人生态度,平和,淡然,懂得欣赏和尊重人生美好的馈赠。

四、案例效果评析

本专题涉及的课程思政元素有两个层次:热爱故乡和回报故乡。爱国,爱家乡,爱故土,是基于对自己家乡的认识、熟悉才有的感情,在老师引导一方水土养一方人,家乡对人的重要性的基础上,学生对自己的故土越了解,学生对家乡的热爱程度、将来回报的概率才会增高。从效果看,学生收获还是很大的,他们学会更深入地去了解家乡,了解家乡的特色,了解家乡的人文,并欣赏他人的家乡,熟悉他人的家乡,引发探究的兴趣,总体效果不错。

(施杏姑)

案例6 人类永恒的主题
——爱情漫谈

一、案例背景

爱是生命延续的原动力,是人类始终不渝而追求的。不管是杜丽娘在梦中的憧憬,还是捡麦穗女孩儿的懵懂;不管是唐明皇与杨贵妃的比翼、连理的甜蜜,还是陆游的错、错、错的悲苦;不管是麦琪礼物的凄美,还是愿做爱人的急流、云朵的执着;不管是泰坦尼克号中杰克的"You jump, I jump",还是大话西游中至尊宝的那段"曾经有一份真挚的爱情摆在我面前……"的经典台词,因为有了爱情,世界才出现了色彩,才显得如此绚丽多姿。对于年轻的大学生朋友,现在正是憧憬爱情、体验爱情、享受爱情的时候,本专题旨在通过对古今中外经典爱情故事的研讨和学习,引导大学生树立正确的恋爱观。

二、案例立意

结合文本内容,通过课堂研讨,渗透课程思政内容,旨在引导大学生树立

正确的恋爱观,主要包括两点:

1.不能功利化地对待爱情——爱情的力量可以超越世俗的一切而达到精神的永恒;

2.爱情需要理性——理性面对爱的冲突、爱的选择,理性面对分手等。

三、案例实施设计

从古代到现代,从东方到西方,从小说戏剧到神话传说,从经典影视剧到现实生活,人们传颂着许许多多的经典爱情故事。同学们课前准备,课堂上讲述1—2个古今中外经典爱情故事,比如梁祝、罗密欧与朱丽叶、宝黛木石情缘、牛郎织女鹊桥相会、杜丽娘与柳梦梅、卓文君和司马相如,比如经典爱情电影《人鬼情未了》《乱世佳人》《罗马假日》《霸王别姬》《泰坦尼克号》等,在赏析经典爱情故事的基础上,分析、探讨这些经典爱情之所以成为经典的原因。

我们会发现这些爱情故事的共性:即爱的超越。在这些故事中,爱情超越了世俗的一切,男女主人公做了我们不敢或难以做到的事情,比如爱情超越了生死(《牡丹亭》《梁祝》),超越了地位(《茶花女》),超越了性别(《断背山》),超越了种族(《金刚》《白蛇传》),等等,爱情可以产生强大的力量超越一切可以超越的东西而达到精神上的永恒。所以爱情是精神层面的,功利化地对待爱情,脱离了爱情的本质。现代社会,很多年轻男女过于功利化地对待爱情,比如某档相亲节目中的女嘉宾公然宣言"宁愿坐在宝马车里哭,也不要坐在自行车后面笑",如果恋爱只看重物质条件或仅仅把恋爱看成是摆脱孤独寂寞的方式,最终都无法产生真挚的感情,也得不到真正的爱情。

哲学家培根说过:毫无理性的爱情常常招致不幸!爱情虽然是精神层面的,但爱情非常需要理性。在爱的选择、爱的经营及面对分手时,都需要理性。在爱情当中,会有精神与物质的冲突、理想与现实的冲突、肉体与灵魂的冲突、自私与无私的冲突、理性与非理性的冲突,面对这些冲突,做何选择,很能体现一个人的价值观,爱情是人性最集中的体现,对爱情本质的揭示也就是对人性本质的揭示。因此,选择一个什么样的人恋爱,需要理性;面对分手,更需要理性。"少女提分手遭男友泼硫酸容貌尽毁"这类新闻事件常见诸报端,因分手而失去理智酿成的悲剧触目惊心,"得不到你就毁掉你"是最残忍也是最没智慧的对待分手的方式。大学生们应该珍惜感情,用心经营感情,但如果爱已不再,情难再续,就应理性面对,潇洒放手。

四、案例效果评析

本专题通过对古今中外经典爱情故事大讨论,在学生们对耳熟能详的爱情故事有了更直观感受的基础上,共同探讨经典故事的共性所在,总结出爱情是精神层面的,因而功利化地对待爱情有违爱情本质,进而分析理性在爱情选择、经营和分手时的重要性,以此引导大学生树立正确的爱情观或恋爱观。本专题的教学,教学内容丰富,课程思政元素契合紧密,故事加研讨的教学方式颇受学生喜爱,专题学习效果显著。

（孙露丹）

案例7 "中国数字"构建"高等数学"概念教学新体系

一、案例背景

就目前多数教材而言,高等数学课程的教学内容普遍侧重于理论教学,而为数不多的教学案例也缺乏针对性,这就增加了学生学习高等数学的难度,削弱了学生的学习积极性,不利于培养学生的数学应用能力。因此,教师在课堂教学过程中,可以适当引入一些生活案例,弥补教材不足,同时也可以丰富自己的教学内容,激发学生的学习兴趣。

与此同时,中国改革开放四十年经济建设取得巨大成就,特别是党的十八大以来,高铁、道路、桥梁、港口、机场等基础设施建设均取得举世瞩目的成就,而用"中国数字"展现这些成就与变革尤为恰当。

"高等数学"概念教学案例多是由数学经典的案例构建,学生只是通过案例加深对数学概念的认识和理解,数学教学与新时代育人理念差之千里。以"中国数字"构建"高等数学"概念教学新体系,是建立在尊重数学概念本身的前提下,让学生在"中国数字"的学习中不但加深对数学概念的理解,而且产生对伟大祖国强烈的热爱,实现课程的思想教育目的。

二、案例实施设计

以"导数的概念"为例。

(一)课程导入

观看视频,了解中国高铁近十年取得的巨大成就。

截至 2016 年底,中国铁路营运总里程达 12.4 万 km,其中高速铁路 2.2 万 km,位居世界第一,超过世界其他国家高铁运营里程的总和。中国已建成世界上规模最大、运营速度最快、具有完全自主知识产权的高速铁路网络。中国高铁凭借自身研发、创新、建设的综合实力有底气、有自信成为世界的"宠儿"。5 年间,中国高铁用独特的方式成为印证"中国速度",成为中国制造走向海外的一张"国家名片"。

过去的 5 年里,中国铁路走过了砥砺奋进的发展历程。2017 年 9 月 21 日,7 对"复兴号"动车组列车在京沪高铁线以 350km 的时速运营,从"和谐号"到"复兴号",中国铁路事业的巨变让国人为之振奋,更让世界为之惊叹。如图 1-1、1-2 所示。

图 1-1 "和谐号"　　　　　　　　　图 1-2 "复兴号"

对比"和谐号"和"复兴号"动车组的各项参数可以发现,其中有两个方面的区别尤为突出,一是车头的外观明显不同,二是运营速度存在差别。针对这两个方面的区别,我们提出以下两个问题:

1.为什么"复兴号"动车组的车头比"和谐号"动车组的车头更加扁平?如何用数学方法刻画动车组车头曲线?

2.如何用数学方法精确刻画速度的概念?

(二)案例分析

案例 1 切线问题

将"和谐号"和"复兴号"的动车组车头曲线,绘制在同一坐标系下,如图
1-3 所示。

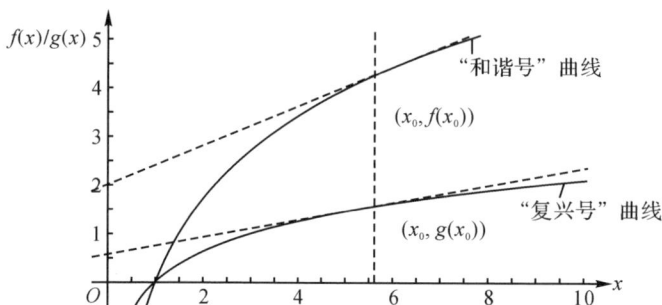

图 1-3 "和谐号"和"复兴号"动车组车头曲线

可以发现当自变量取相同值的时候,两条曲线的切线斜率是不一样的。
因此,我们可以通过考虑切线问题,研究动车组车头曲线的差别。

圆的切线可定义为"与曲线只有一个交点的直线"。但是对于其他曲线,
用"与曲线只有一个交点的直线"作为切线的定义就不一定合适。例如,对于
抛物线 $y = x^2$,在原点 O 处两个坐标轴都符合上述定义,但实际上只有 x 轴是
该抛物线在原点 O 处的切线。下面给出切线的定义。

如图 1-4 所示,设有曲线 C 及 C 上的一点 M,在点 M 外另取 C 上一点
N,作割线 MN。当点 N 沿曲线 C 趋于点 M 时,如果割线 MN 绕点 M 旋转
而趋于极限位置 MT,直线 MT 就称为曲线 C 在点 M 处的切线。这里极限位
置的含义是:只要弦长 $|MN|$ 趋于零,$\angle NMT$ 也趋于零。

现在就曲线 C 为函数 $y = f(x)$ 的图形的情形来讨论切线问题。如图 1-5
所示,设 $M(x_0, y_0)$ 是曲线 C 上的一个点,则 $y_0 = f(x_0)$。根据上述定义,要定
出曲线 C 在点 M 处的切线,只要定出切线的斜率就行了。为此,在点 M 外另
取 C 上的一点 $N(x, y)$,于是割线 MN 的斜率为

$$\tan\varphi = \frac{y - y_0}{x - x_0} = \frac{f(x) - f(x_0)}{x - x_0} \tag{1}$$

式中,φ 为割线 MN 的倾角。当点 N 沿曲线 C 趋于点 M 时,$x \to x_0$。如
果当 $x \to x_0$ 时,上式的极限存在,设为 k,即

$$k=\lim_{x\to x_0}\frac{f(x)-f(x_0)}{x-x_0} \tag{2}$$

则此极限 k 是割线斜率的极限,也就是切线的斜率。这里 $k=\tan a$,其中 a 是切线 MT 的倾角。于是,通过点 $M[x_0,f(x_0)]$ 且以 k 为斜率的直线 MT 便是曲线 C 在点 M 处的切线。事实上,由 $\angle NMT=\varphi-a$ 以及 $x\to x_0$ 时 $\varphi\to a$,可见 $x\to x_0$ 时(这时 $|MN|\to0$),$\angle NMT\to0$。因此直线 MT 确为曲线 C 在点 M 处的切线。

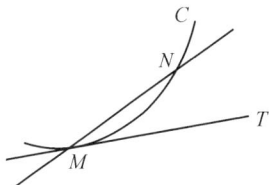

图 1-4　曲线 C 的切线　　　　图 1-5　曲线 C 的切线函数

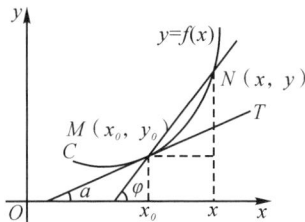

案例 2　动车运行瞬时速度

为研究方便,我们将动车速度问题简化为动车沿直线铁轨运动的速度问题。

设动车(视为质点)沿铁轨直线运动。在直线上引入原点和单位点(即表示实数 1 的点),使直线成为数轴。此外,再取定一个时刻作为测量时间的零点。设动车于时刻在直线上的位置的坐标为 s(简称位置)。这样,运动完全由某个函数 $s=f(t)$ 所确定。这个函数对运动过程中所出现的 t 值有定义,称为位置函数。在最简单的情形下,该动车所经过的路程与所花的时间成正比。就是说,无论取哪一段时间间隔,比值总是相同的。

$$比值=\frac{行驶的路程}{所花的时间} \tag{3}$$

这个比值就称为该车的速度,并说该点做匀速运动。如果运动不是匀速的,那么在运动的不同时间间隔内,比值式(3)会有不同的值。这样,把比值式(3)笼统地称为该动车的速度就不合适了,而需要按不同时刻来考虑。那么,这种非匀速运动的动车在某一时刻(设为 t_0)的速度应如何理解而又如何求得呢?

首先取从时刻 t_0 到 t 这样一个时间间隔,在这段时间内,动车从位置 $s_0=f(t_0)$ 移动到 $s=f(t)$. 这时由式(3)算得的比值

$$\frac{s-s_0}{t-t_0}=\frac{f(t)-f(t_0)}{t-t_0} \tag{4}$$

可认为是动车在上述时间间隔内的平均速度。如果时间间隔选得较短，这个比值式(4)在实践中也可用来说明动车在时刻 t_0 的速度。但对于动车在时刻 t_0 的速度的精确概念来说，这样做是不够的，而更确切地应当这样：令 $t \to t_0$，取式(4)的极限，如果这个极限存在，设为 v_0，即 $v_0 = \lim\limits_{t \to t_0} \dfrac{f(t) - f(t_0)}{t - t_0}$，这时就把这个极限值称为动车在时刻 t_0 的(瞬时)速度。

定义 1　设函数 $y = f(x)$ 在点 x_0 的某个邻域内有定义，当自变量 x 在 x_0 处取得增量 Δx(点 $x_0 + \Delta x$ 仍在该邻域内)时，相应地函数 y 取得增量 $\Delta y = f(x_0 + \Delta x) - f(x_0)$；如果 Δy 与 Δx 之比当 $\Delta x \to 0$ 时的极限存在，则称函数 $y = f(x)$ 在点 x_0 处可导，并称这个极限为函数 $y = f(x)$ 在点 x_0 处的导数，记为 $y'|_{x=x_0}$，即

$$y'|_{x=x_0} = \lim_{\Delta x \to 0} \frac{\Delta y}{\Delta x} = \lim_{\Delta x \to 0} \frac{f(x_0 + \Delta x) - f(x_0)}{\Delta x} \tag{5}$$

也可记作 $f'(x_0)$，$\dfrac{dy}{dx}\Big|_{x=x_0}$ 或 $\dfrac{df(x)}{dx}\Big|_{x=x_0}$。

函数 $f(x)$ 在点 x_0 处可导有时也说成 $f(x)$ 在点 x_0 具有导数或导数存在。

导数的定义式(5)也可取不同的形式，常见的有

$$f'(x_0) = \lim_{h \to 0} \frac{f(x_0 + h) - f(x_0)}{h} \tag{6}$$

$$f'(x_0) = \lim_{x \to x_0} \frac{f(x) - f(x_0)}{x - x_0} \tag{7}$$

如果函数 $y = f(x)$ 在开区间内的每点处都可导，就称函数 $y = f(x)$ 在开区间内可导。

三、案例效果评析

本课首先通过观看视频，让学生了解中国高铁所取得的巨大成就，引出了关于导数概念的两个案例，进而提出问题、分析问题、解决问题，促进学生树立正确的科学思维观。同时帮助学生意识到数学不是一味抽象和乏味的，中国经济取得的巨大成就，背后都离不开相关的数学知识，中国高铁是"引进、消化、吸收、再创新"的典范，知识学习也可以遵循"模仿、消化、吸收、创新"的过程。

课程教学在教授学生理论知识的同时，一方面使学生增加了民族自豪感和自信心，感受到作为中华民族伟大复兴事业的见证者和参与者是无比荣光

的；另一方面也让学生知道了成就取得背后的艰辛与汗水，真正有竞争力的手段就是多掌握科学文化知识。

四、案例反思

以"中国数字"构建"高等数学"概念教学新体系，为高等数学教学改革和思政融入课堂提供了一条新路径，但在教学实践过程中也发现了一些问题和不足，主要有下几点：

1. 案例总结难。中国经济腾飞产生了多种多样的"中国数字"，但是要从中寻找合适的数字案例以配合数学概念的教学，存在较大难度。一方面，多数的"中国数字"产生的数学方法比较简单，更加适合初等数学教学；另一方面，国内数据文化尚处于发展阶段，导致权威数字来源较为单一，多元性欠缺。因此，要从现有的数字信息中挖掘适合每个教学知识点的案例存在困难。

2. 融入"过渡"难。观看学习视频、图片、表格等案例内容，相当于高等数学概念的学习较为容易。如何从具体生动的现实数据，合理过渡到抽象、复杂的数学定义，对案例设计的要求提出了很大的挑战。

3. 拓展延伸难。"高等数学"课堂教学融入课程思政内容，本身就存在较大困难，仅凭"数字教学案例"只能实现在小范围内对学生的教育功能。如何在更多时间点、更多功能点上起到知识教育之外的教育效果，仍有待继续思考与探索。

数学作为科学研究的基础工具，一方面肩负着提高民众科学素养的任务，另一方面也是中国特色社会主义新时代经济繁荣的重要推动力。高等数学课程在课程思政方面的工作重点将主要集中在以下两点：1. 帮助学生形成科学的思维观，将马克思列宁主义哲学与微积分思想相融合；2. 通过数据和案例，了解改革开放以来，特别是十八大以来，所取得的巨大成就。

"高等数学"一直被大多数人视作和思政工作毫无联系的纯理论课程。未来，数学老师们也将在"课程思政"的推动下，不再置身事外，挖掘出更多的精神养料。这样的全员、全课程育人，不仅为莘莘学子打好思想根基，也可以激发教师的责任感与使命感。

（毛海舟）

案例8　高等数学·无穷小与无穷大

一、案例背景

"无穷小与无穷大"是《高等数学》微分部分必学知识点。我校近年采用金桂堂主编教材《高等数学》(工科专业),第二章第二节内容就是该知识点。通过概念教学,学生明白无穷大与无穷小是特殊的函数,且是用极限来描述其特殊性的;它们是极限知识的一个应用;无穷小与无穷大可以互相转化。为了树立新观点,教学难点是要打破学生原有的观点:无穷小是一个很小很小的数,无穷大是一个很大很大的数。为了纠正这一固有观点,可以用举例法,这就为课程思政切入提供了契机。

二、案例立意

把"大国工匠"与"天眼"融入"无穷小与无穷大"课堂教学,教师在说明现实生活中应用最小最精确数字时,可以列举中央电视台播放的《大国工匠》节目,其中一集讲钳工顾秋亮"顾两丝"的故事:丝是长度,2 丝等于 $20\mu m$,等于 0.00002m,说明在生活中这已经是非常小的一个数,一个十分难得的精度,由此赞美工匠精神(爱岗敬业、脚踏实地、勤勤恳恳、兢兢业业、尽职尽责、精益求精);讲解无穷大时,用射电望远镜"天眼"引出天文数字光年:"天眼"已捕捉到 1300 光年远处星球发出的脉冲信号,是世界最大的"天眼",并且增加学生的自豪感和爱国热情。还可举出古代中国所认识到的最小数与最大数,介绍中国文化,增加学生文化自信和自豪感。

三、案例实施设计

1. 提问:何为无穷小? 何为无穷大? 我们已有的观点是怎样的?

2. 你认识的最小长度单位是什么? 最大长度单位是什么?

3. 介绍大国工匠顾秋亮的绝技:深海载人潜水器有十几万个零部件,组装起来最大的难度就是密封性、精密度要求达到"丝"级。而在中国载人潜水器的组装中,能实现这个精密度的只有钳工顾秋亮,也因为有着这样的绝活儿,顾秋亮被人称为"顾两丝"[1]。如图 1-1 所示。

图 1-1　"顾两丝"视频

板书:1 <u>丝</u>＝10μm＝0.00001m

2 <u>丝</u>＝20μm＝0.00002m

说明:手工制作精度能达到丝级,全中国只有顾秋亮一人。相当难得,是为国宝。

4. 发问:在微观世界里,1 丝算小吗? 还有哪些更小的长度单位? 对学生进行科普通识教育。

板书:1nm＝0.000000001m

1am＝0.000000000000000001m

提问:1am,也就是 0.000000000000000001m 算无穷小吗? 希望回答:不算小。引出课题——无穷小。

5. 无穷小概念教学设计:用形如宝塔诗呈现无穷小概念,递进式加以理解。

无穷小

无穷小是一个函数

无穷小是一个特殊的函数

无穷小是一个以 0 为极限的特殊函数

无穷小是一个在一定条件下以 0 为极限的特殊函数

6. 概念:若 $\lim\limits_{x\to 0}f(x)=0$,则称函数 $f(x)$ 为条件 $x\to 0$ 下的无穷小。

7. 举正例:

$x\to 0$ 时,$\sin x$,$\ln(1+x)$,$\sqrt[3]{x^2}$ 等都是无穷小;

$x\to 2$ 时,$\sin(x^2-4)$,$\ln(x-1)$,$(x-2)^3$ 等都是无穷小。

举反例:

$y=10^{-10}$(1 埃)不是无穷小。

"函数 $y=\sin x$ 是无穷小"是错误命题。原因:缺少条件。好比:"皮之不存,毛将附焉?"

举特例:

0 是无穷小。因为 $\lim\limits_{x\to 0}0=0$,符合定义。

8. 小结:破旧观点——无穷小是一个很小很小的数;

立新观点——无穷小是一个极限为 0 的函数。

9. 讲解无穷小的性质(设计略)。

10. 对比无穷小教学方法传授无穷大。

介绍"天眼"[2]。如图 1-2 所示。

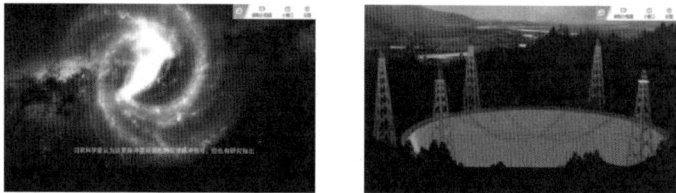

图 1-2　天眼视频

科普:1 光年$=365\times24\times3600\times10^8(m)=9.46\times10^{15}$(m);

"天眼"捕捉星球的距离:1300 光年$=2.29810^{19}$m。

引发问题:$2.2981 0^{19}$是无穷大吗?

再科普:认识最大数,与无穷大进行对比。

中文"大千世界,芸芸众生",1 大千世界$=$? 个小世界。

在计算机科学里,规定 1DB$=1024$ NB$=2^{110}$B(字节)。

在古中国,"无量"代表 10^{68},"大数"代表 10^{72}。($2^{110}<10^{72}$)

提问:这里提到的大数字 10^9,2.298×10^{19},2^{110},2^{72}是无穷大吗? 答案:不是。

11. 机械类比下定义:"无穷大是一个以∞为极限的函数。"

说明此定义的不规范之处,在于犯了逻辑上的"循环论"的错误。类似于"无穷大是无穷大"。

正确定义:在 $x\to *$ 下,无限增大的函数叫无穷大。

正例:$x\to 0^+$时,$\dfrac{1}{x}\to+\infty$;

$x \to 2^-$ 时，$\ln(2-x) \to -\infty$

反例：$x \to +\infty$ 时，$y = x \cdot \sin x$ 不是无穷大。

12. 利用无穷小下定义：

在 $x \to 0$ 条件下，若函数 $\dfrac{1}{f(x)}$ 是一个无穷小，即满足 $\lim\limits_{x \to 0} \dfrac{1}{f(x)} = 0$，则称函数 $f(x)$ 是条件 $x \to 0$ 的无穷大。

这种定义，属于间接定义法，类似于历史故事中的"马的旁边是骡子，骡子的旁边是马"一样；优点是容易发现规律：无穷大与无穷小的倒数关系。

板书：在同一过程中，无穷大的倒数是无穷小，恒不为零的无穷小的倒数是无穷大。

13. 例题。

(1) $\lim\limits_{x \to 2} \dfrac{3}{x-2} =$

(2) $\lim\limits_{x \to \infty} \dfrac{3}{x-2} =$

14. 其他教学设计（略）

四、案例实施效果

1. 从学生对无穷小的错误认识入手，在"破与立"教学过程中，让学生接受新知识、新观点的期望如愿以偿。

2. 引入成语"皮之不存，毛将附焉？"，说明条件的重要性，希望引起学生重视，效果明显。学生很快明白了"没有条件，谈无穷小（大）无意义"的道理。

3. 用典故"马的旁边是骡子，骡子的旁边是马"做比较，学生很快记住了定理"在同一过程中，无穷大的倒数是无穷小，恒不为零的无穷小的倒数是无穷大"。如此趣味化地理解、记忆定义效果很好。

五、案例效果评析

用"大国工匠顾两丝"故事作为教学引子，目的是让学生学习工匠精神，精益求精，砥砺奋进。作为引导，从长度单位"丝"说起，自然、贴切，稍加拓展，从"丝"说到"纳米"和最小单位"阿米"，还起到了科普（数学通识）作用。学生对工匠、劳模顾秋亮肃然起敬，上课纪律特好。

用"天眼"捕捉远距离星球的新闻报道,进行相关科普通识教育,进而引发学生对无穷大的思考与理解,在传授知识的同时,激发学生的爱国情怀,增加学生的自豪感。整个设计自然流畅,一气呵成,浸润思想教育于新知识传授中,不做作,不强硬,起到润物细无声的效果。

用生活俗语"大千世界"介入课堂,说明数学不是枯燥的,增加学生的获得感和亲近感。当学生学了30多分钟后,渐感疲劳,用生活语言讲数学,别开生面,吸引学生注意,激起他们另一波学习高潮,疲劳顿消。把古数学文化"无量、大数"与现代计算机信息文化"DB"进行古今对比,促进学生对无穷大的理解,有利于消除代表性误会,从而建立新的无穷大的观点。

另,把无穷小概念教学,写成宝塔诗,把数学当作诗歌来学,新颖、别致、朗朗上口,便于快速记忆,增加音乐感,让学生欣赏到了数学之美!

■■■ 参考文献

[1] 张雪梅.大国工匠:"两丝"钳工顾秋亮[EB/OL]. (2015-05-01)[2018-04-02]. http://m. news. cntv. cn/2015/05/01/ARTI1430434504696494. shtml.

[2] 刁云娇.探访"中国天眼"——世界上口径最大的单天线射电望远镜[EB/OL]. (2017-09-10)[2019-05-03]. http://news. 163. com/17/0920/12/CUPBJTF100018AOQ. html/2017-09-20.

（郭培俊）

案例 9　国学经典
—— 智慧与修养的结晶

一、案例简介

国学,顾名思义,中国之学,中华之学。具体说,是指以儒学为主干的中华传统文化和学术文化。它是中华民族文化的载体,是代表着国家和民族精神风貌的时代文化。[1]中华民族是勤劳、勇敢、智慧的民族,有着悠久的历史和灿烂文化,国学经典就是这灿烂文化的结晶。国学具有鲜明的民族性和时代性,国学反映了中华民族的政治形态、经济形态、社会形态、文化思想形态,也反映了中华民族的天人合一、重民思想、和合中庸、经世致用等基本精神特征。对国学经典的教学一定要了解国学的内涵,掌握它的民族性和时代性特征,更好地把历史和现实结合起来,赋予它更具体、更现实、更丰富的内涵。

二、案例背景

国学经典是中华传统文化的精髓,是中华传统文化的基干,是以儒道学说为基础的经典文献。儒、道学说影响了中国两千多年,特别是儒学作为主体哲学已成为中国人遵守的道德规范,成为人们修身、齐家、治国、平天下的准则,它在潜移默化中影响着人们的工作和生活。

国学经典所蕴含的教育功能在于它能够培养出具有完善人格的社会人,实现人性和社会理性的有机融合。《论语》曰:"志于道、据于德、依于仁、游于艺。"国学经典大学课堂,由于具有审美性、教育性、激励性、凝聚性、思想性等功能,在授课中不能只在意国学经典知识的传播,看重它的工具性,而应该通过课堂思政,提高大学生的人文素养和伦理道德修养。如果认识不到国学经典具有的思想性、激励性和教育性,就是人为地损害了它的社会功能。"盛年不再来,一日难再晨。"大学课堂是开展国学经典教育的最佳地点,"千教万教,教人求真,千学万学,学做真人"。这是大学国学经典教学的根本所在。

三、案例立意

国学经典课程,不只是单一的知识传播,还应是在传播中渗透着思想政治的灌输,更是一种育人形式的践行。具体而言,国学教育让大学生在潜移默化中提高自己的人文素养,培养道德品行,发挥自我调控能力,促进自我与社会实际之间的积极融合,形成健全独立的人格特征。国学经典课程应该关注大学生的学习趋向和人生观的形成,关注重点是人,就是古代所说的"君子之道",黄克俭说:"教育需承诺知识的传授和智慧的开启,教育需承诺身心训育和人生境界的润泽与点拨。"国学经典课堂,既不是德育课堂,也不是美育课堂,而是在传播知识的同时,潜移默化地引导大学生感悟人生,在于对社会的责任,在于人格的完善。《大学》曰:"大学之道,在明明德,在亲民,在止于至善。"国学经典课程教学目的在于提升大学生的人文素养,净化他们的心灵,把所学的知识内化到自身的情感中去,提升他们的精神境界,激发热情,达到知识和精神的统一。这一过程的实现,在于我们的教者和学者达成的默契,在于我们的教者在默契中的主动实施,润物细无声,此时无声胜有声。

四、案例实施设计

学习国学经典篇章的目的是让大学生了解中华文化,熟悉中华文化,通过学习中华文化,加强自身修养,启迪自身智慧。

第一,人文精神教育。《中庸》曰:"博学之、审问之、慎思之、明辨之、笃行之。"国学经典课堂教学要从大学生人格的完善入手,这是大学生的再生产过程,但这不是简单的再生产,要生产出完整的人、创新的人,这就要靠我们课堂潜移默化的影响,在授课过程中实施课程思政。如《诗经·豳风·七月》这是一首农事诗,诗中全面真实地反映了三千多年前周民族以农桑为主的生活风貌,同时也反映了那个时代的生产关系和阶级状况,诗中夏历和周历混用,记录节令变化,作物生长,打猎、祭祖等活动,是一部宝贵的历史资料,为后人研究周代历史提供了宝贵的历史资料。在讲授这首诗歌时,一定要说明这首诗歌的历史文化价值,乃至于对我们今天的生产和生活的影响。它的历史文化价值在于对西周时代农业生产活动记录,人们按照自然季节的变化春播、夏耘、秋收、冬藏的规律生活,那时人们已经做到了,说明我们祖先对自然的认识是非常智慧的,而对于一切不适应自然规律的活动都是要付出代价的,人们在适应自然规律的基础上去支配自然,改造自然,这才是历史的担当。可以列举破坏自然的代价,如京津冀的雾霾。这首诗歌对于我们今天生活的影响也是告诉我们要按照自然规律去生活。"三之日于耜,四之日举趾""七月食瓜,八月断壶,九月叔苴""穹窒熏鼠,塞向墐户。嗟我妇子,曰为改岁,入此室处"等等自然生活状态的描写反映了农家辛勤劳作一年,有喜也有忧,有乐也有怒,真切地表现了当时人们的真实的生活态度。

第二,伦理道德教育。《论语》三章,子曰:"人而无信,不知其可。大车无輗,小车无軏,其何以行之哉!"在讲授此课时一定要介绍"信"是伦理道德的重要内容,是"仁义礼智信"五项内容之一,信是做人的根本,讲诚信的得道多助,失道寡助。举例红军长征,困难时期向老百姓打借条,守信,说话算数,得到人民拥护。今天我们革命的胜利,就是百姓的支持,诚信的力量。

第三,人生观教育。子曰:"富与贵,认知所欲也,不以其道得之不处也。贫与贱,认知所恶也,不以其道得之,不去也。君子成仁,恶乎成名,君子不以终食之间违仁,造次必于是,颠沛必于是。"在讲述中要求学生树立正确的人生观,通过正确的方式获得劳动报酬和劳动成果,举例中纪委的百名红色通缉令,其中温州的杨秀珠最后投案自首,判处有期徒刑 8 年,70 多岁的人,流亡 13 年,吃尽了苦,贪污受贿的钱上交。教育大学生要做一个有道德、有觉悟、有理想的人。

第四,文明修身教育。子曰:"非礼勿视,非礼勿听,非礼勿言,非礼勿动。"讲授此课时一定要说清"仁"和"礼"的关系,仁是道德的总纲,仁是目的,礼是手段,仁是内容,礼是形式。两者相辅相成,要成为遵守道德的人,做一个正能量的人,例如扎根山村的教师。

五、案例实施效果

通过国学经典课堂教学,大学生在潜移默化中提升了自己的道德修养,提升了人文素质,有利于形成正确的人生观,激发和强化大学生的自我创造能力和自我完善意识,激发正能量,凝聚正确思想,达到净化心灵的效果。引导大学生自觉地纠正自身的不良行为,逐步完善自己的人格,"为天地立心,为生民立命,为往圣继绝学,为万世开太平"。

六、案例效果评析

课程思政在授课时是潜移默化的,在知识传授的同时,形成对大学生的培养和熏陶,借助课堂教学培养理想的人才,这是师生之间的一种认知,要双方在有意的知识传播中,无意地得到教育。

参考文献

[1] 刘毓庆.国学概论[M].北京:北京师范大学出版社,2009:1.

(张宝林)

案例 10　大学生就业技巧

——诚信求职，成就人生

一、案例背景

在目前中国的就业形势下，求职者面对的竞争越来越大，企业对求职者的要求也越来越高。求职择业也成为大学生在人生道路上面临的一次重要抉择。找到一份自己心仪的工作，是所有盼望早日就业的大学生的共同心愿。然而，成功就业是诸多主、客观因素共同作用的结果。就主观方面来说，能否成功就业，不仅取决于大学生自身的综合素质，而且与大学生在求职择业中能否采用成功的就业方法与适宜的求职技巧有着密切的关系。

作为求职者综合素质的一个方面，求职技巧实质上体现了求职者的多种能力和素养，可以让求职者展示自我风采，获取沟通机会；完成自我推荐，赢得对方认同；实现自我价值，达到人职匹配。但在现实求职中，为得到某一职位，出现了伪造工作经历、夸大工作能力、伪造学历、面试爽约、未如约入职等各种求职者不诚信的现象。因此，在就业技巧中要强调诚信的重要性。

二、案例立意

诚信即诚实守信，是人类社会千百年传承下来的道德传统，是我们中华民族的传统美德，自古以来就是中国人安身立命之本。诚信也是社会主义道德建设的重点内容，它强调诚实劳动、信守承诺、诚恳待人。

在大学生就业过程中，"诚信"是一个绕不开的话题。然而近年来，随着我国高校毕业生的就业形势日益严峻，部分高校、毕业生和用人单位出现了种种不诚信行为。这种失信现象的产生，不仅损害了毕业生和用人单位的合法权益，干扰了正常的就业秩序，也制约了高校毕业生的充分就业。

大学毕业生在求职的过程中，诚实守信的观念在某些大学生的思想中并没有良好地形成，以至于在就业时形成了一个特殊的群体，总是想通过耍小聪明、投机取巧的方式去找到自己满意的工作，使得不诚信的现象时有发生。因此，在针对大学毕业生进行就业技巧的培养中应以诚信为基石。

三、案例实施设计

(一)课程导入

视频:"朴实男"孙于飞求职 JAVA 工程师成为香饽饽。(源自:职来职往)

面试案例解析:孙于飞毕业于北大青鸟,但面试过程中受到多家用人单位的青睐,甚至发生企业"抢人"的现象,他在面试过程中所表现的哪些特点值得我们学习?

小组讨论:各小组进行 5 分钟的讨论总结,进行分享。

教师小结:从闪光点(诚信)、着装、能力三核(知识技能、可迁移技能和自我管理能力)、人职匹配等角度进行分析。

在求职过程中,很多求职者都要求企业能够做到"诚聘",但是自己在求职过程中却总是没有做到诚实。对企业坦诚是求职者应该必备的一项能力。诚实是相互的,企业做到信守承诺,员工才会死心塌地地为你办事。员工做到诚实守信,企业才会优待你,提携你。

不管你是否能够得到工作,最基本的前提就是做人诚实,这是在生活和工作中都必须坚持的。主要体现在以下几个方面:成绩要诚实,证书要真实,过去要坦诚,实践经历要真实。

(二)行为面试法

行为面试法关注的是应聘者过去的行为,而不是他们知道什么,或者他们将会做什么。行为性面试的一个基本假设是:应聘者过去怎么考虑一个问题,怎么去做一件事情,那么以后遇到类似的情境,他还会那么去考虑和行动。应聘者所讲述的事例应该是完整的行为性事件,即包括以下四个要素(STAR)。

情境(Situation):关于人物、问题背景的具体描述。

目标(Target):应聘者在特定情境中所要达到的目标、所需完成的任务。

行动(Action):应聘者针对上述情境所采取的行动或未采取的行动。

结果(Result):已采取的或未采取的行动的结果。

在行为性面试中,面试人员主要通过追问来澄清上述四个要素,得到完整的行为事件,从而可以据此对应聘者的人际交往能力、组织协调能力、解决实际问题的能力等进行判断。

案例分析:针对学生举的例子,进行针对性指导,让学生掌握采用 STAR 法则进行行为事件描述,并在行为事项选择上要做到真实可靠。

(三)模拟面试活动组织

1.每个小组推选 1 名选手抽签决定是面试官还是面试者。

2.对学生面试官进行指导,让其在常见面试时的问题基础上,灵活提问,挖掘出面试者适应该岗位的能力。

3.一般 3 位面试者,从每位面试者推门进入面试场所开始计时,面试时间 5 分钟。

4.在面试环节,为增加未参与同学的积极性,增加面试者现场求助环节,如在某个问题难以回答时,可以邀请其他同学代为回答。

5.面试结束,面试者进行自我评价,评委进行点评,教师总结三步走。

四、案例效果评析

面试是求职必经之路,通过学习,学生了解了面试的基础知识,并且明确了诚信在求职中和职业发展中的重要作用。课中对常见面试问题进行分析讲解并试炼的过程,让学生有效掌握面试技巧;在课上开展模拟面试,采取每组 1 个代表,小组成员随时可能被替换,以保证全员参与;面试礼仪采用现场模拟、环境演练和队员现场展示的方式,让学生有效掌握面试技巧。在模拟面试活动中要认真设计、布局,做好导演的角色,考虑到每种突发情况,做好预设,并要引导学生进入角色,在实地情景中凸显诚信求职的重要性。

■■■ 参考文献

[1] 高富春,尹清杰.大学生就业指导实务[M].上海:上海交通大学出版社,2017.

[2] 苏鸿志.读三国 学管人[M].北京:北京工业大学出版社,2005.

[3] 陆雄文.管理学大辞典[M].上海:上海辞书出版社,2013.

(高富春)

案例 11　大学生职场适应与发展

一、案例简介

耶鲁大学毕业生秦玥飞放弃国外优厚的待遇，只身回国，扎根贫苦乡村，成为中国最美大学生村官，也同时成为"2016 感动中国十大人物大学生村官"。下面的颁奖词是他六载艰苦奋斗生涯的真实写照："在殿堂和田垄之间，你选择后者。脚踏泥泞，俯首躬行，在荆棘和贫穷中拓荒，洒下的汗水是青春，埋下的种子叫理想。守在悉心耕耘的大地，静待收获的时节。"

究竟是什么原因让他果断放弃了国外的美好前程，毅然决定扎根农村，他的回答非常简单而淳朴："田野里的中国才是真正的中国，我希望我能够更了解我的祖国，并和她一起成长。"

二、案例背景

本案例通过秦玥飞的感人事迹，再结合当下十九大报告，从报告的内容出发引出在新时代，习近平总书记对人才工作提出了哪些新要求这样的问题，从而激发学生对将来就业成才的思考和讨论。接下来分别围绕就业指导课的教学内容，从宏观、中观、微观三个角度分析大学生成才就业的基本背景和实践方案，支持和鼓励大学生"努力形成人人渴望成才、人人努力成才、人人皆可成才、人人尽展其才的良好局面"，从而达到寓"课程思政"于"思政课程"的教学效果。

三、案例立意（择业观、成才观教育）

高职毕业生群体在大学短短 3 年的学习生涯中，他们的价值观、人生观会受到各种社会思潮的影响，而在毕业就业这一人生重大选择过程中思想更加复杂，一些潜在的、隐形的思想问题特别容易凸显和集中性地爆发。因此，必须深入有效地了解和认识高职大学生就业过程中的思想政治教育问题，不断提高大学生思想政治教育工作的针对性、时效性，有效解决大学生在就业过程中最关心、最急迫、最突出的思想问题。就业指导课程不是仅仅局限在课堂内,而是将就业教育贯穿整个大学学习生涯,从入学教育开始抓起,进行到毕业,甚至延长到择业稳定,按照毕业生的求职规律把相关内容有步骤、有意识地渗透到课堂教学中去,渗透到大学生培养的全过程中去,同时,还要重视社会体验的实践效果,尽可能多地给学生创造参观实习机会,增强学生对就业的直观感受,从而减轻毕业带来的恐慌。

择业观和成才观是学生的人生观、价值观在就业择业时的具体体现。随着经济全球化的迅猛发展和对外开放的社会大环境对毕业生就业市场的直接冲击,人才结构、供求关系与学生的就业观念互为关联,思想政治教育的出发点与社会发展要求及大学生的思想实际紧密联系,根据社会经济发展对大学生的要求,选取有针对性的内容,结合当下的现实处境,正确引导大学生熟悉社会就业大环境,理性判断就业形势,一切从实际出发,从国家需求大局出发,权衡各种利弊,分析总体就业环境,进而形成合理的就业择业观念,成为一名合格的人才。

四、案例实施设计

大学生就业指导教学中的思政工作就是通过课堂讲授、互动模拟、课后实践的环节,提高大学生的心理素质,增强高校大学生的就业能力,消除大学生在应聘过程中被用人单位拒录的现象,促进其今后职业适应与发展,纠正大学生在就业选择上存在的错误判断和误区,引导大学生明白"铁饭碗"并不是最佳的选择,只有真正适合自己的工作岗位才是"铁饭碗",才能实现自我价值。

大学生就业指导课程中的课程思政元素是以马克思列宁主义、毛泽东思想、邓小平理论、"三个代表"重要思想、科学发展观及习近平新时代中国特色社会主义思想为指导,按照就业指导课程目标模式努力培养出政治思想、文化素质过硬的毕业生,帮助学生根据自身求职的规划,提前谋划,积极关注就业形势,把握就业动态,最终选择确认就业方向。通过形式多样的思想教育模式,提高毕业生对就业环境的综合适应性,引导其认清专业知识优势,正视人际交往、语言组织能力和心理素质等方面的优劣,最终实现职业选择、职业适应和职业发展的良性循环。

教学基本思路过程:

1.秦玥飞事迹小视频切入主题;

2.提问关于人才的含义,深入题意;

3.请同学简述秦玥飞的事例;

4.请同学讲关于择业的对比分析,令其掌握择业的基本方法;

5.树立正确的择业观和成才观是高职学生走向职场适应与发展的必备条件。

具体安排如表 1-1 所示。

表 1-1　教学思路

教材体系	教学体系	项目体系	思政渗透
第七章 大学生职场适应与发展	培育敬业精神,提升职业能力	项目1:职业认知与选择训练 项目2:道德认知与传递正能量训练 项目3:职业能力提升训练	奉献价值观 择业观 成才观

通过项目化教学运作,在就业指导课中渗透课程思政元素,从而培养和提高大学生的思想政治素质,为大学生成长成才提供坚强的思想保证和强大的精神动力;此外,在项目任务的操作中完成思政理念的认同和践行的内在统一,即真正实现"知行合一",反过来又良性地促进大学生各项职业能力的全面提升。如图 1-1 所示。

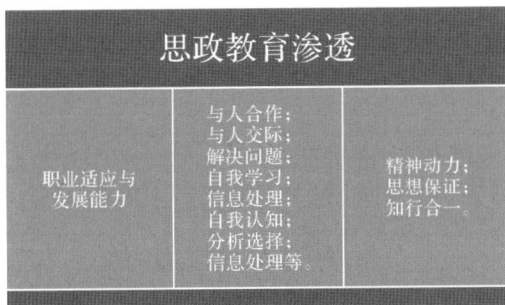

图 1-1　思政教育渗透

五、案例实施效果(达成共识)

在就业指导课程教学中引入思政教育,用先进模范人物及创业典型案例实现社会主义核心价值观的弘扬与引导,以思政为价值导向潜移默化地开展价值观教育,引导学生热爱工作,热爱生活,加强就业实践,自觉抵制拜金主义、享乐主义和极端个人主义。由于错综复杂的社会环境的影响,一些毕业生的就业原则往往是金钱至上,这样可能会使他们选择错误的职业,简单地用工资的多少一概而论,长此以往将会限制他们自身的职业发展。必须坚持正面引导,指导高职毕业生能够在理性分析就业问题的前提下合理地规划自己的职业之路,帮助他们树立正确的择业观,顺利实现人生价值。

六、案例效果评析

案例更加贴近学生、贴近实际、贴近生活,所选取的案例材料对学生有点陈旧,今后可以考虑从学生鲜活的实际生活中采集,以及往届已经就业的毕业生的工作和实际生活积累的真实的案例,从而增加可信度和说服力。

■■■ 参考文献

[1] 管小青,王小依.高职"思政课"培养大学生职业核心能力的路径探究[J].贵州师范学院学报,2016(7).

[2] 马盛楠.思想政治教育在就业指导教学中的应用探究[J].思想·政治,2014(3).

[3] 史晓溪,王淑萍.高职院校就业指导中思政教育内容研究[J].就业指导,2013(6).

（黄　汉）

案例 12　学、做、悟"三重奏":就业简历中的人生体悟与情感升华

一、案例背景

在 2016 年的政府工作报告中,李克强总理说:"要鼓励企业开展个性化定制、柔性化生产,培育精益求精的工匠精神。"近些年来充斥媒体的"中国智造""中国创造""中国精造""工匠精神",如今成为决策层共识,被写进政府工作报告,显得尤为难得和宝贵。而大学生的简历制作是进入企业的一张名片,却往往存在粗制滥造的现象,甚至出现抄袭。因此我们大学生应该像工

匠一样喜欢不断雕琢自己的"产品",不断改善自己的"工艺",享受着"产品"
在双手中升华的过程。

二、案例立意(工匠精神的内涵)

"工匠精神"是一种职业精神,它是职业道德、职业能力、职业品质的体
现,是从业者的一种职业价值取向和行为表现。"工匠精神"的基本内涵包括
敬业、精益、专注、创新等方面的内容:

1.敬业是从业者基于对职业的敬畏和热爱而产生的一种全身心投入的
认认真真、尽职尽责的职业精神状态;

2.精益就是精益求精,是从业者对每件产品、每道工序都凝神聚力、精益
求精、追求极致的职业品质;

3.专注就是内心笃定而着眼于细节的耐心、执着、坚持的精神,这是所有
"大国工匠"所必须具备的精神特质;

4.创新,"工匠精神"还包括追求突破、追求革新的创新内蕴。[1]

"工匠精神"就是追求卓越的创造精神和精益求精的品质精神,应该将其
灌输到大学生整个学习生涯过程中,而在他们即将迈出校园,步入职场时,制
作简历所承载的意义尤为重要。

三、案例实施设计(教学设计思路)

(一)总体设计

1.学:学生边看优秀简历,边听教师讲解。

2.做:学生课堂上做简历并汇报成果。

3.悟:学生领悟到简历中的"工匠精神"。

(二)具体实施

1.教师通过 PPT 展示学生优秀简历,并针对不同专业背景的同学选定优秀
简历;简历展示的同时,教师向同学们讲解简历的优点,体现出作者的"工匠精神"。

以理工科背景的学生为例:

如图 1-1 所示的简历整体简洁明了,重点突出。形式上,该简历采用模块
式,分区域展示自己,让读者在最短时间内捕捉到想要的信息。作者以三原

色之一蓝色为色调，它具有理智、准确的意象，让读者联想到海洋、天空、水和宇宙。这样的设计体现出作者对简历制作的热爱，全身心的投入。

内容上，该简历凸显教育背景和学习实践，符合用人单位对理科学生的动手能力和实践经历要求。作者取得高级工证书就是对劳动技能最有力的证明，与此同时，作者结合在校期间在社团、院系等学生组织中担任的角色，组织并策划多次学生活动，体现其对自我的严格要求，不断提升自我，做到精益求精。

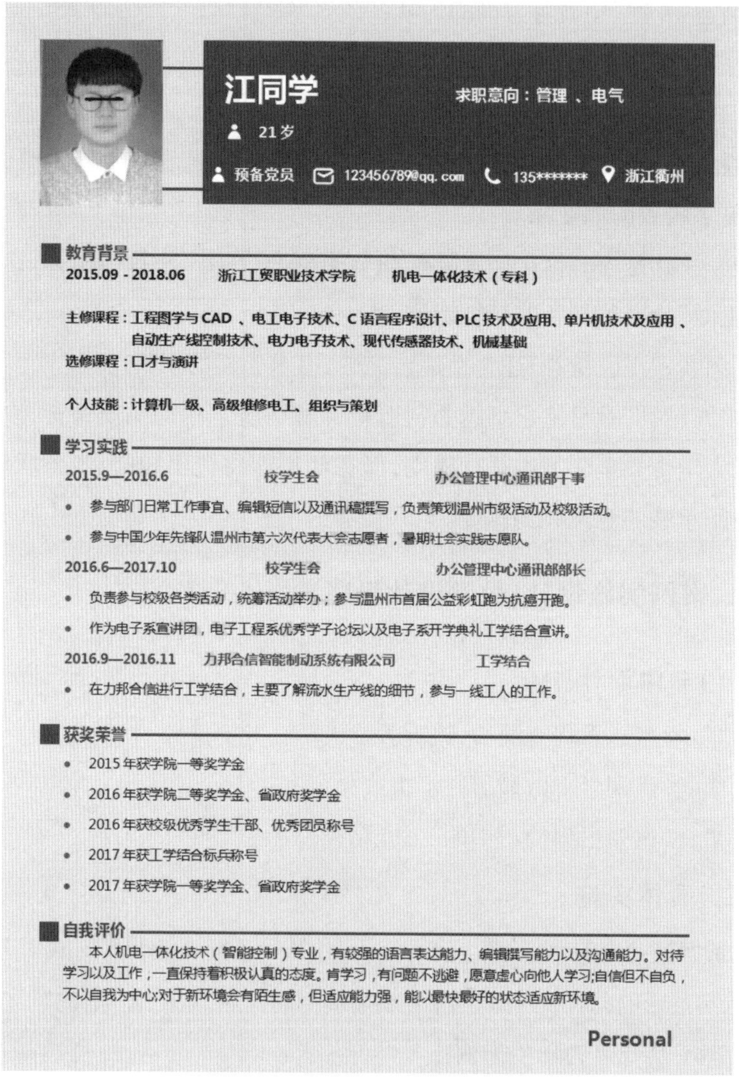

江同学　求职意向：管理 、电气

21岁

预备党员　123456789@qq.com　135*******　浙江衢州

教育背景

2015.09 - 2018.06　浙江工贸职业技术学院　机电一体化技术（专科）

主修课程：工程图学与 CAD 、电工电子技术、C 语言程序设计、PLC 技术及应用、单片机技术及应用 、自动生产线控制技术、电力电子技术、现代传感器技术、机械基础

选修课程：口才与演讲

个人技能：计算机一级、高级维修电工、组织与策划

学习实践

2015.9—2016.6　校学生会　办公管理中心通讯部干事

- 参与部门日常工作事宜、编辑短信以及通讯稿撰写，负责策划温州市级活动及校级活动。
- 参与中国少年先锋队温州市第六次代表大会志愿者，暑期社会实践志愿队。

2016.6—2017.10　校学生会　办公管理中心通讯部部长

- 负责参与校级各类活动，统筹活动举办；参与温州市首届公益彩虹跑为抗癌开跑。
- 作为电子系宣讲团，电子工程系优秀学子论坛以及电子系开学典礼工学结合宣讲。

2016.9—2016.11　力邦合信智能制动系统有限公司　工学结合

- 在力邦合信进行工学结合，主要了解流水生产线的细节，参与一线工人的工作。

获奖荣誉

- 2015 年获学院一等奖学金
- 2016 年获学院二等奖学金、省政府奖学金
- 2016 年获校级优秀学生干部、优秀团员称号
- 2017 年获工学结合标兵称号
- 2017 年获学院一等奖学金、省政府奖学金

自我评价

本人机电一体化技术（智能控制）专业，有较强的语言表达能力、编辑撰写能力以及沟通能力。对待学习以及工作，一直保持着积极认真的态度。肯学习，有问题不逃避，愿意虚心向他人学习;自信但不自负，不以自我为中心;对于新环境会有陌生感，但适应能力强，能以最快最好的状态适应新环境。

Personal

图 1-1　理工科学生简历示范

以文科背景学生为例:

如图 1-2 所示的简历构思巧妙,形式上采用当下流行的新媒体"微信"聊天的形式,让阅读者眼前一亮,使用人单位在轻松愉快的情境中了解求职者,不失为一个佳作。其中蕴含了作者追求突破、追求革新的创新精神。

内容上以问题为导向,一以贯之,水到渠成,化被动为主动,体现出作者着眼于细节的耐心、执着、坚持的专注精神。

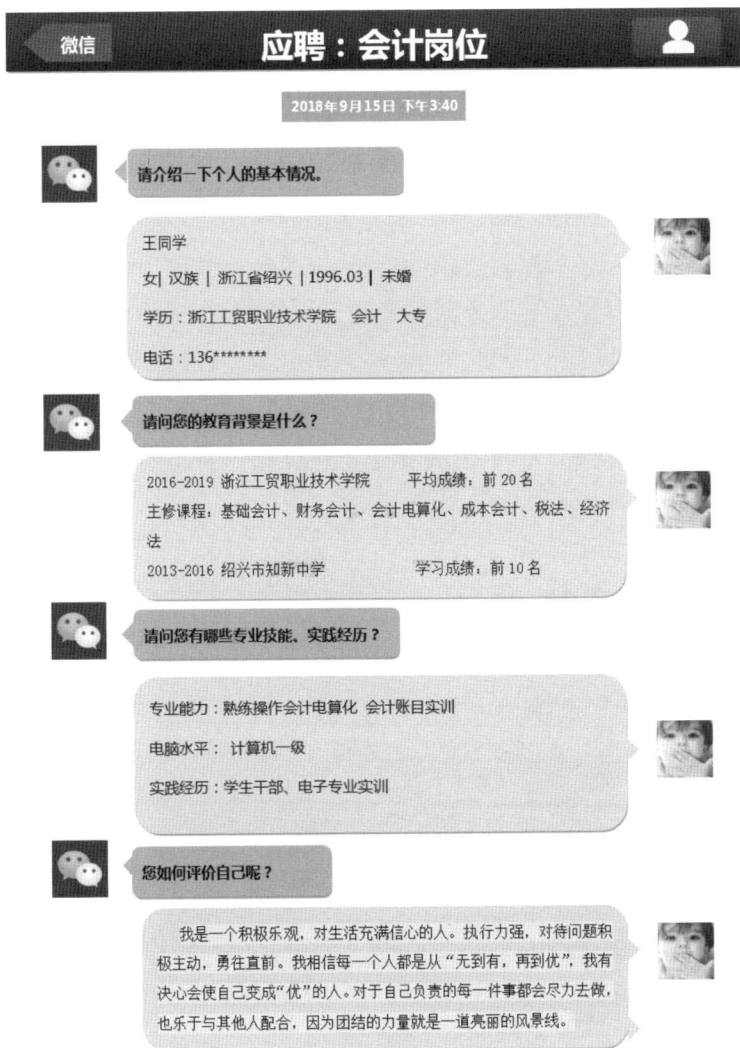

图 1-2　文科学生简历示范

2.分小组制作简历,以某个同学为原型,制作 1 份简历。同小组学生之间可以相互交流思想,取长补短,规定时间 20 分钟。学生上台汇报成果,每组不超过 5 分钟。告知学生,最后评选出"最佳敬业""最佳精益""最佳专注""最佳创新"等 4 份简历,并给予组内所有同学一定的奖励。

3.教师对以上同学们的分享进行讲解,让学生领悟到简历中工匠精神的内涵:敬业,精益,专注,创新。只有具备了工匠精神,像匠人对待产品一样对待自己的简历,才会有好的作品。

四、案例效果评析(培育大学生"中国匠心精神")

正如老子所说,"天下大事,必作于细"。在大学生即将步入职场时,通过制作简历的严格要求,以点带面启发学生对工匠精神的深刻认识,培育大学生"中国匠心精神"。

制作简历是每位大学生必须学会的一项技能,在实际教学过程中,许多同学将其当成一件可有可无的事情,缺乏积极主动性,呈现出的简历作品千篇一律,缺乏新意,甚至有些出现错别字、语句表达不规范等错误。本次教学通过同学们"看、听、做、说"的方式让学生在课堂上直接参与简历制作,让学生领悟到工匠精神的内涵。

■■■ 参考文献

[1] 徐耀强.论"工匠精神"[J].红旗文稿,2017(10):25.

(姜集苗)

第六章　经管类专业课中的课程思政

案例1　"国际金融"课程思政的探索与实践

一、课程分析

"国际金融"在金融专业课程中具有基础、核心课程地位,其特点是"难、杂、远、热"。"难"——学生没有建立金融学科的知识框架;"杂"——课程涉及内容包罗万象;"远"——课程大量内容都属于宏观现象,距离实际生活较远,缺乏感性认识;"热"——课程知识点汇率、金融危机等内容都是经济热点。

基于以上特点,在教学过程中要想将课程思政融入专业知识教学,就需要挖掘专业知识思政元素,以多元化的教学手段协同课程思政在课堂教学中推进,并做到遵守思想政治工作规律,让思想政治观点在合适的时间、恰当的知识点自然而然地流露;遵守教书育人规律,做好传达知识这第一步,坚持知与行的统一。

二、课程思政实践路径

该课程的内容主要是国际金融现象及外汇业务知识与操作,在课程授课过程中如何将专业知识和思政育人结合起来,主要从以下几个方面着手:

(一)课堂形式的两段化

原来课堂上是灌输式的讲课模式,现在课堂分为两个阶段:学生讲堂和教师讲堂。学生讲堂主要是由学生发言,设立金融讲堂,由学生课前准备,任选金融相关主题内容发言,意旨培养学生的表达能力,增强学生的自信心;教师课堂体现在知识的传输与灌溉,通过"学习、对话、实践与反思"模式,教师将育人要求和价值观教育内容融入专业教育,成为学生专业学习和价值观形成的引领者。

(二)教学方法的多样化

由于教学内容存在一定的难度和复杂性,因此借助多元化的教学方法辅助教学内容的开展,根据实际融入思政元素,注重课堂形式的多样性和加强话语传播的有效性,引发学生的知识共鸣、情感共鸣、价值共鸣,从而强化学生对金融知识的吸收,提升学生职业素质能力,有助于德育情操的培养。如表 1-1 所示部分教学方法与教学内容及相应的德育素质。

表 1-1　教学方法、教学内容及相应的德育素质

教学方法	教学内容	德育素质
视频观看法	国际货币演进	世界价值观
"以赛促学"教学法	外汇换算	职业拼搏、进取精神
角色扮演实训法	外汇业务操作	认真、严谨、敬业的治学精神
案例引导分析法	外汇风险管理	职业道德和法律责任

(三)教学内容专业情怀化

随着国际金融市场的变化,金融知识日益更新,因此教学内容也是错综复杂,为了更好地让学生接受知识,贴近知识,在教学内容处理上,有必要将部分知识点融入人文、政治、历史等知识,了解不同国家的金融市场和金融规则,加强学生的专业知识学习。如讲到"国际货币体系"章节,让学生掌握国际货币体系演变之外,同时融入第一、第二次世界大战历史背景、世界经济格局的历史演变,辅助学生更深入、通俗地学习金融知识。

三、实践案例:课程思政元素设计

以"传统外汇交易"即外汇交易章节为例,设计课程思政的教学环节:

(一)情感教学目标——职业道德修养

外汇交易是一种高风险高收益的金融工具交易模式。高收益必然带来人的贪婪性,本节课的职业道德教学目标就是,告诉学生,未来作为一名金融工作者,必须要有职业道德操守,抵住金钱的诱惑,忠于职守、廉洁奉公、脚踏实地学习和实践。

在课程授课中,以新闻案例"＊＊地区一银行外汇交易员违规操作被罚"为导入,开门见山地引导学生如何做一名合法的交易业务员,以及一名合格的金融工作者应该具备哪些道德素质。

(二)知识教学目标——职业素养

知识目标的学习,主要介绍交易的程序及交易的规则。

交易模拟环节之后,将学生引入交易的艺术与科学论。交易的艺术成分远远超过科学。当交易员拟定一项决策,他绝对不可能完全了解该项决策背后的每项立论根据。交易程序中有询价、报价和成交,每一个做出的决策,都是深思熟虑的结果,但是要是提出"你为什么买进这个而卖出那个?"的问题,给出的理由总是不尽如人意。

因为在交易中很多因素存在于潜意识的层面,不确定哪项因素促使你扣动扳机。从这个角度来说,交易的艺术成分超过科学,因为你没有办法充分说明行为的动机。[①] 选择权交易同时涉及许多科学成分,因此需要具备科学的训练与艺术的修养。这也是一名优秀的衍生性产品交易员所具备的职业素养。

四、课程思政教学反思

(一)教学理论上,转变观念

转变观念,不仅仅是在课堂上进行思想教育,更重要的是如何在专业中利用"课程思政"理念挖掘出更多的精神养料。我们所谓"课程思政",就是在专业课程中纳入那些能够引导学生树立正确价值观和世界观的内容,由此推动教学改革,推进人才培养。

(二)教学内容上,剖析专业课程,找准核心价值落脚点

专业要有情怀,就需要挖掘情怀点,找准专业课程的核心价值观,把脉学生需求,找准学术突破口,创新教学载体,对接知识点,设计教学环节,在方法

---

① 摘自《操盘建设—全球顶尖交易员的成功实践和心路历程》www. 360doc. com/content/14/0401/17/9686976_365501020. shtml。

上注重创新,运用多种教学方式,寓社会主义核心价值观的精髓要义于多元化课堂教学之中,由此达到教育目标。

(三)教学手段上,构建"一课多法""一课多元"

教学手段是课程思政实施的工具,有了思路,依托手段,得以实现。因此在教学手段上,就要做到"一课多法""一课多元"。"一课多法"是指一个课程采用多种教学方法,根据教学目标,灵活运用;"一课多元"是指将课程多元化,涉入人文、政治、历史等多种元素,打通专业教育与通识教育的路径。

■■■ 参考文献

[1] 习近平.在全国高校思想政治工作会议上强调:把思想政治工作贯彻教育教学全过程,
　　开创我国高等教育事业发展新局面[N].人民日报,2016-12-09(1).

[2] 高燕.课程思政建设的关键问题与解决路径[J].中国高等教育,2017(15/16).

[3] 王石,田洪芳.高职"课程思政"建设探索与实践[J].中国职业技术教育,2018(14).

（郑　秀）

案例2　源于生活而又高于生活:"财务管理"课程的筹资与诚信

全国高校思想政治工作会议强调,要用好课堂教学这个主渠道,各类课程都要与思想政治理论课同向同行,形成协同效应。作为高校的教师,我时刻在思考如何把专业课上出"思政味",实现从"思政课程"向"课程思政"转化,在教授专业技能的同时如何进行立德树人,将社会主义核心价值观融入学科中,使思想政治教育能够贯穿专业教育教学的全过程,发挥课程育人功能,落实教师育人职能。通过努力,结合我所教授的"财务管理"课程,以"筹资"章节为例,提出几点课程思政构想与大家互相学习。下面我将从课程分析、学情分析、案例简介、实施过程及评价与反思五个方面进行探讨:

一、课程分析

"财务管理"课程是高职高专会计及金融专业学生的核心专业课程,该课程系统地阐述了财务管理的理论和方法,集中讲授企业在市场经济环境中面临的主要财务管理问题,包括资金的筹集、投资决策、营运资金管理、利润分配的管理、财务分析及业绩考核等方面的内容。

二、学情分析

本课程的学习,要求学生掌握企业财务管理过程中的筹资管理、资金营运管理、资金分配管理等职能,因而我们在进行课程教学设计的时候以某创业企业为例构建了 6 种财务管理学习情境,在筹资章节中,本人以就"大众创业 万众创新"时代背景下为契机,针对大学生创业不断高涨,但常常遭遇资金短缺的尴尬,提出了通过学习各种新型筹资方式及决策,结合诚信的作用如何解决大学生创业过程中的筹资难问题。本节重点介绍情境二中新型筹资方式及决策。课程主要授课对象是大二学生,这一部分学生已经掌握基本的经济理论知识,具有一定的创业意愿,竞争意识较强,对市场筹资环境也有一定认识,但由于没有社会工作经历,无创业经验,因而对筹资的定量分析过程理解较困难,综合研判能力也有待进一步加强。基于这些情况,我们创设学习情境,分组协作完成任务,应用多媒体信息化资源和运用仿真软件,达到教学目标。本堂课的知识目标是掌握 P2P 网贷等 3 种新型筹资方式,而更重要的是素养目标,要培养风险控制的审慎精神,树立良好的诚信意识。

三、案例简介

分为课前准备、课上实施、课后巩固 3 部分。首先课前准备阶段,教师会通过"雨课堂"这个信息化教学平台给学生推送任务单(包括个人身份证、职称证书、银行流水、学历证书、资产证明、商业策划书),并登录网络教学平台观看相关微课资料,全班 6 组中 2 组负责研讨小微银行借款,2 组负责 P2P 网贷,2 组负责股权众筹。接下来进入课上实施环节,通过一个网游项目需要筹资 80 万元的案例,探讨分析是否应该选择传统型筹资模式,进而引出新课内容——新型筹资方式。先让学生进行分组讨论,并选出代表进行汇报,教师进行现场点评;再由学生投票选出优秀小组,这样就可以比较好地调动学生学习的积极性;最后由教师补充零碎的新型筹资方式的知识,如小微银行这种筹资渠道主要以腾讯阿里银行为代表,而 P2P 筹资通常是针对贷款额度较大,需抵押物,利率较高的情况等,教师可以通过连连看、贴图游戏相关方式让学生更直观地了解新型筹资知识。科普完理论内容之后,学生就可以进入仿真平台进行实训,首先是填写借款额度及期限,上传个人相关资料,平台会根据个人技能认证、财务信用认证及提交的商业策划书自动给出相应信用评级,接下来学生就可以填写借款申请,等待审核。每组学生都用自己的方式筹集到 80 万元资金,但是同样的筹资金额给企业带来的负担却不同,也就是资金成本的不同。此时教师可以用思维导图的形式让学生讨论哪些因素影响了资金成本。各组经过分析比较后,发现每组学生由于个人信用等级、项目方案优劣、资本结构、筹资规模不同,使得综合资金成本是不同的。最后就是课后让学生通过讨论了解各筹资方式的风险,培养审慎精神,以及了解应如何提升自身的信用等级,达到降低筹资成本的目的,也使学生能够时刻谨记诚信对创业的重要性。

四、实施过程

教学有一个过程,刚开始更多关注的是专业知识的传授,逐渐实现使学生"听得懂"到"听得爽"教学目标的转变。随着教师个人人生阅历的增长、教学次数的增加及和学生的交流的增多,对学生的人生观、价值观的有意识的引导会潜移默化地融合在教学中,这时教师就可以考虑在专业课程教学中进行思政教学。而在专业课程的思政教学中,理论教学必须与实践相结合,教学过程的案例必须来源于学生能够有感性认识的素材,源于生活却又高于生活,属于各类典型案例的汇总编排。把教学内容与学生正确认识,自己和认识世界的能力培养相结合,才能真正发挥教书育人的作用。比如上述筹资篇章,教师就考虑到"创业"既是时下热点,"大众创业,万众创新"又是学生感兴趣的话题之一——将来就业渠道,作为素材进行展开讨论。类似于这样既涉及社会热点又源于学生身边的话题,自然能引起学生的重视,而在教学过程中提及筹资成本取决个人信用评级,这样将现实社会的游戏规则融入课程并进行思政教学:只有不断地提升个人的信用评级才能降低资金成本。

五、评价与反思

这样的方式不仅提高了学生的学习兴趣,并且让学生在轻松愉悦的环境中学到知识及做人的基本道理。其实不管是什么课程,每节课都是德育教育的载体,教师不仅仅要教授专业知识,更要懂得教书育人。

高校教育不仅是专业教育,技能培养,更要从"育人"本质要求出发,从国家意识形态战略高度出发,充分发挥课堂教学在育人中的主渠道作用,着力将思想政治教育贯穿教育教学的全过程。作为一名专业课教师,在授课过程中,将"立德树人"作为教育的根本任务,通过课程发挥育人功能,是我们义不容辞的职责和任务。

(王淑铃)

案例 3 "诚""信""勤""慎":会计专业的品质叙述

一、课程分析

高校思政课改革教学方法是涉及课堂、教材、教师、学生等多维要素的系统工程,读懂学生,是实现对象特点和教学起点的统一。那么对学生成长规律的了解是深化高校思政课教学方法改革的总前提。会计专业的新生大部分在入学前都具有比较明确的目标,相当一部分学生对自己今后的职业规划的发展方向也是比较明确的。另外,会计专业的学生往往功利意识明显,他们对那些与自身利益密切相关的事物往往比较关注,而对那些虚幻的理想信念则是兴趣缺失。所以在会计专业思政课教学课堂上就会产生大多数学生只关注老师讲授的那些与自身紧密联系的事物的现象,如大学生的择业、就业问题等等。而会计专业本身是一门实际应用性较强的应用型的学科,要求学生具有较为突出的社会实践意识和动手能力。那么在我们日常的实践教学中,在"原始凭证的取得与填制""记账凭证的编制""账本登记""财务报告的编制"这几个章节的内容里我们都是可以结合思政教育开展以"诚""信""勤""慎"为主题的教育活动。

二、以"原始凭证的取得与填制"实训课案例叙述

原始凭证是具有法律效力的证明文件,是记账的原始依据。原始凭证的

取得与填制是记账的起点,是会计核算工作的起点,也是会计核算方法教学的起始章节。一般来说原始凭证上的经济内容和金额必须真实可靠,符合有关经济业务的实际情况,不允许歪曲或弄虚作假,也不能乱估计数字。

【环节一】

由投影仪投放一般财务报销的程序:经手人签字——分管部门工作的领导签字——单位领导签字——财会人员处报销。

【环节二】

给学生发放在实际工作中,购买物资、办公用品或外出活动,所取得的原始发票若干张(模拟发票)。

在实际工作中,购买物资、办公用品或外出活动,所取得的原始发票(准钞票)到财会人员处报销。这种情况下财会人员要做到:

1. 审核原始凭证的合法性:经济业务是否符合国家有关政策、法规、制度的规定,是否有违法乱纪等行为。

2. 审核原始凭证的合理性:原始凭证所记录经济业务是否符合企业生产经营活动的需要,是否符合有关的计划和预算等。

3. 审核原始凭证的真实性:包括日期是否真实,业务内容是否真实,数据是否真实等。

4. 审核原始凭证的完整性:原始凭证的内容是否齐全,包括:有无漏记项目,日期是否完整,有关签章是否齐全等。

5. 审核原始凭证的正确性:包括数字是否清晰,文字是否工整,书写是否规范,凭证联次是否正确,有无刮擦、涂改和挖补等。

请同学们看一下手头的发票进行分析判断:

1. 一张购买办公用品(实为购买个人消费品)的发票,发票栏中只注明"办公用品"这样一个笼统的代表词,而没有注明到底购买了什么办公用品,其规格、型号、品种、数量如何。金额栏里也只有一个总数,而没有分项目的明细,经不起推敲。如果财务人员把关不严或把握不准可能会产生什么后果?引导学生们归纳:可能会报销虚假的办公用品蒙混过关来套取现金中饱私囊,有仓库账的话,库存的进出也会是一笔糊涂账,直接损害了集体利益。教师引入"慎"的思政主题:财务人员要有坚实的理论功底,具备了孙悟空般的"火眼金睛",有"慎"的履行职务的原则与责任心,才能认真履行会计法赋予的会计职责。

2.假如经办人的签字不规范:有名无姓或有姓无名,原始凭证上没有填制单位的公章或只有填制人的姓名。财务人员把关不准给予报销的话可能产生什么后果?引导学生们归纳:无法知道原始凭证取得的来源,如果发票后期发现有纠纷的话,经济责任就无法明确。教师引入"诚""信"的思政主题:财务人员是原始凭证规范管理的主体,财务人员没有很好的专业素养,绝对难以做到规范的要求,所以,规范原始凭证管理必须提高财务人员的综合素质:查验业务发生的额度与业务发生的真实程度,从细微入手,严格各项细节,防微杜渐,体现会计人员"诚""信""客观""真实"的敬业精神与职业面貌。

3.单位自制的原始凭证如工资花名册、各种奖金、补贴费的发放、各种财产物资的验收单、领料单等,有领导的签字却没有经办人的签字,金额、填制内容等过于简单,甚至在应取尚未能取得的发票时以自制原始凭证代替,会导致怎样的后果?引导学生们归纳:容易以领导审批代替审核,只要是领导批了的,什么发票都可以报销。反映了单位财务工作随意度大缺乏严肃性,会计基础工作差,财务人员业务不精,法律意识不强。教师引入"勤""慎"的思政主题:会计人员要勤奋钻研会计各项专业技术水平防止业务水平的贫乏与老化,才能时时开展新工作;学习各项会计细则,学法懂法心中有数就不容易做出违法乱纪的行为,发挥会计的监督作用,为单位资产财物的安全保驾护航。

【环节三】

教师总结。通过以上环节任务的分析训练,学生明确了原始凭证的内容必须要逐项填写齐全,不得遗漏,必须符合手续完备的要求,经办业务的有关部门和人员要认真审查,并签名盖章。内容不齐备的不能作为经济业务的合法证明,也不能作为有效的会计凭证。会计人员只有拥有"诚""信"的责任心,以及严谨细致的"勤""慎"的工作态度,才能把好审核关,才能把违规违法的原始凭证拒之门外,只有把好了这个财务工作的第一关口,违规违法的原始凭证也就没有了用武之地,可谓"一夫当关,万夫莫开"。

三、小结

会计工作反映的是一个单位的经济现象,其实也能侧面反映一个单位的政治作风如何,因为出现经济问题往往隐藏着腐败之风。因此利用会计专业日常教学实训中真实情景的教学环境和实践场所,将其作为思政理论课实践教学的平台,有效整合专业实践教学资源的多样化,不失为培养会计学生职业素质的一条较好的途径。

参考文献

[1] 郭熙.造假账手法大曝光[M].北京:企业管理出版社,2010.

[2] 王立新,王英兰.基础会计[M].上海:立信会计出版社,2014.

[3] 李连玉.会计真账—实操教程[M].广州:广东经济出版社,2010.

(夏　滨)

案例4　学习贯彻党的十九大报告精神,创新"基础会计"课程思政

一、课程分析

"基础会计"是会计学专业的专业基础课,是学习"中级财务会计""会计电算化""成本会计"等专业课基础,为学生考取"助理会计师"证书打好基础,在整个会计课程教学体系中处于入门地位。"基础会计"课程具有理论性、实践性和技术性的特点。

二、学情分析

"基础会计"这门课程从会计专业成立开始,每年都有开设这门课,已经有将近20年的时间。本课程的教学要求学生掌握会计学的基本理论、基本方法和基本技能,让学生掌握完整的会计循环体系,从取得或填制和审核原始凭证、编制和审核记账凭证、登记账簿到编制财务会计报告,熟练掌握和运用各种会计核算方法,包括设置会计科目与账户、复式记账、填制与审核会计凭证、登记会计账簿、财产清查和编制财务会计报表。另外"基础会计"这门课

还是我校人力资源专业、酒店管理专业、金融专业、市场营销专业、电子商务等专业的专业选修课,这些专业的学生通过学习该课程,可以了解会计的基本理论和基本方法,有助于完善学生的专业知识结构,扩大学生的知识面。

三、基本理念

有学者指出"课程思政"其实质不是增开一门课,也不是增设一项活动,而是将高校思想政治教育融入课程教学和改革的各环节、各方面,实现立德树人润物无声。因此,教学中,我们坚持把十九大精神融入课堂教学,实现知识教育与核心价值观教育结合,让学生学有所思,学有所获,坚定树立正确的世界观、人生观、价值观,让学生成为德才兼备、全面发展的人才。

四、实施方案

(一)挖掘思政元素,有针对性地设计教学内容

根据课程思政的要求,设置不同的教学模块,深入挖掘思政元素,有针对性地设计教学内容。如在会计发展史教学时,引入孔子的"会计当而已矣"案例,突出讲解孔子对会计工作认真负责的态度,加深同学们对会计职业道德的认识。如在会计信息质量要求教学时,引入会计诚信教育思想。我国杰出的会计学家、教育家潘序伦认为:"唯有优越之会计人才,庶政府与企业之会计能日臻于完善,间接足以促进国家社会之进步,收效迅速而宏大。"这告诉同学们必须娴熟技能和高尚品德兼备,诚信执业、诚信治学。如在会计准则教学时,突出我们会计的趋同性,与时俱进,要求我们会计人员具有创新精神,不断学习。如在会计职能教学时,引入财务共享概念。财务职能由交易处理向决策支持转变、由财务管控向创造价值转变已成为"互联网＋"和大数据时代财务工作发展的大趋势。财务共享服务有效支持了财务职能转变,同时促进了财务人员的角色转换为"军师参谋""主动参与者"和"价值创造者"。在财务职能加速转变、财务共享服务逐渐普及的新形势下,财务人员必须重新树立职业目标与标准,培养全新的理念、素质与能力,这些都能对同学们对自己的职业规划和职业定位有一定的引导作用。

(二)开展多种形式解读和宣讲党的十九大精神

在课堂上我们通过党的十九大精神微视频分享、党的十九大精神与专业

知识融合进行在线讨论等途径,教师主导、学生参与、频繁互动,将党的十九大精神融入专业教学,不但提高了课程的时政性,而且让学生们找到了专业发展和国家发展同脉络的使命感。如分享党的十九大报告中的"工匠精神"。党的十九大报告中提出建设知识型、技能型、创新型劳动者大军,弘扬"劳模精神"和"工匠精神",营造劳动光荣的社会风尚和精益求精的敬业风气。报告中的"工匠精神",它是一种职业精神,同时又是职业道德、职业能力、职业品质的体现,是从业者的一种职业价值取向和行为表现。在课堂教学中广泛渗透"工匠精神",提升学生专业技能方面能力的培养和对精湛技艺追求精神的培养。如分享党的十九大报告中的创新精神。习近平同志指出:"哲学社会科学创新可大可小,揭示一条规律是创新,提出一种学说是创新,阐明一个道理是创新,创造一种解决问题的办法也是创新。"会计法规的发展,会计准则的不断修订与完善,管理会计的发展与应用,都要求会计人员面对新情况、新问题,要勇于实践,不断进取和开拓,以创新精神来应对新时代的会计工作。如分享党的十九大报告的青春梦想。党的十九大报告指出:青年兴则国家兴,青年强则国家强。青年一代有理想,有本领,有担当,国家就有前途,民族就有希望。

(三)利用信息化教学手段,结合"翻转课堂"传播正能量

"传统课堂"教学模式下,教师主导课堂教学,学生被动成为课堂上的"听众",学生课堂参与度低,这种模式扼杀了学生对知识主动探究的好奇心,也难以解决学生差异化、个性化问题。

从 2014 年开始,"基础会计"课程采用"翻转课堂"教学模式。借助的信息化教学平台有浙江省高等学校在线精品课程平台、蓝墨云班课平台、超星学习通、微信、QQ 群等。教师可以通过事先录制好的微视频,放在网络平台供学生提前学习。在这种模式下,课堂教学活动分为"课堂下"和"课堂上"。

"课堂下"教学活动先由教师提前发布视频资料及其他学习资料,学生在网络学习平台上观看或下载教学视频及其他学习资料自主学习知识要点。然后学生在视频学习的基础上,完成教师提前布置的每一知识点的针对性练习和思考题。最后,学生根据教师提供的学习视频资料及其他辅助教学资料,填写个人"学习反馈记录单",并在学习过程中记录自己遇到的重点、难点及疑点。"课堂上"教学活动以学生为主体,教师作为引导者,教师与学生、学

生与学生之间互动完成。在每个教学知识点讲授中教师积极向学生传递思政思想,传播正能量,强化育人导向,将传授专业知识与思想价值引领有机结合起来,使学生主动融入课程,帮助学生系统掌握马克思列宁主义理论,坚定理想信念,使大学生树立正确的世界观、人生观、价值观。

(四)评价与反思

结合"基础会计"课程的特色,积极开展课程思政,将党的十九大精神融入课堂教学内容、碎片化教学资源,合理设计每一个教学知识点,利用"翻转课堂"上的教学互动,充分调动学生的学习积极性。布置相应的思考题和习题,促使学生在课下和课上都能很好地学习每一个知识点,充分提高学生学习能力。当然,在开展课程思政中还有很多不足之处,在后续的课程思政开展中,将不断积累经验,吸取他人长处,真正做好专业教育与课程思政相结合,关注学生的德能、智能与潜能的培养与激发,一方面着力培养学生适应会计职业岗位、具有"工匠精神"特色的硬技能,另一方面培养学生可持续发展、具有"双创"素养的软技能会计人才。

参考文献

[1] 高德毅,宗爱东.从思政课程到课程思政:从战略高度构建高校思想政治教育课程体系[J].中国高等教育,2017(1):43-46.

[2] 刘桂荣,刘卓然.财务共享、财务职能转型与财务人员角色转变[J].会计之友,2017(10).

[3] 万建华."翻转课堂"教学模式下"基础会计"课堂教学活动设计与实施[J].浙江工贸职业技术学院学报,2017(09).

(万建华)

案例5   将敬业精神融入会计电算化实训课程

作为高职院校的教师,我们不但肩负着课程的教学任务,而且更为艰巨的是承担对学生的育人工作。本课将以"会计电算化实训"课程为例,分享课程思政是如何与教学融为一体的。

"会计电算化实训"课程侧重学生对电算化软件的应用,以学生操作为主,教师的主要任务是引导学生,帮助学生解决操作中出现的疑难问题。实训课上,学生每节课操作的内容,就是学生今后在实际会计岗位上所接触的实务工作,因此课堂教学与实际工作结合非常紧密。但毕竟是实训课程,每堂课都是操作,每次操作面对的都是数字和文字,难免让学生觉得枯燥而放松学习要求。这个时候,最需要老师结合学生当前的操作内容、课堂状况,分析操作失误对实际工作的不良影响来积极地引导学生。

一次实训课,学生操作的内容是薪资核算。教学中采用结合实训细节与实际情况穿插课程思政的内容的方法。

设置工资项目时,其中一项是缺勤扣款,当时提醒学生注意将缺勤扣款设置为负数,意味着缺勤就要从工资中扣除一笔钱。并解释道,在企业里有严格的考勤制度,职工每次上下班都要打卡考勤,工作期间不上班是要扣钱的,而且还会影响年终个人考核。另一方面也体现了一个人的个人修养。并要求同学们在校期间就应该养成良好的个人纪律意识,将受益终生。

在录入工资数据时,同学们有些还交头接耳。见此情景,及时提醒同学们,录入数据一定要认真,一个数字输错了,可能连带很多工资项目的数据错误,查找起来非常麻烦。工作中,我们录进去的每个数字都直接关系着每位企业职工的切身利益,那可是钱,不能出任何差错的。

数据录完之后,很多同学忙着开始制单。首先问同学们,你们录入的数据都检查过吗,如果这是最终数据,那将填入凭证并登记到账上,成为企业的财务数据。企业将利用这些数据进行财务指标的分析,发现存在的问题,为后续发展做进一步决策。所以我们提供的数据必须准确无误。作为企业的财务人员,我们要对企业的财务数据负责。

快到下课时间,再次提醒同学们要抓紧时间,提高工作效率。工资一般都是每个月的固定时间发放的,到时间了,出纳就该催要数据,所以工资核算人员要及时有效地拿出数据。同学们可不要影响发工资了。

上述案例,一节课的时间里 4 次将学习和工作有效结合起来。第一次,结合学习内容缺勤扣款,告诉同学缺勤既有经济损失又影响个人形象,因而要养成良好的纪律意识。第二次,从录入数据的准确性对个人利益的影响,给学生传递了工作要认真仔细,要有敬业精神的积极信号。第三次,针对学习任务完成的及时性提出了工作任务及时完成的必要性。第四次,将个人工作与企业的长远发展结合起来,有利于树立学生的主人翁意识和责任意识。

课程思政的内容应该与教学内容有机结合,针对学生关心的或对学生切身利益有影响的某个点展开,讲究自然,顺理成章。如果刻意插入一段与课堂教学无关的内容,必定让学生认为老师总讲大道理或上课跑题,内容与自己不相关或离自己太遥远,导致学生上课走神,自然没有效果。教学中渗透课程思政,应该点到为止,切中要害,不要拖泥带水,讲究润物细无声的效果。课程思政的主要目的是更好地促进教学,因此方式方法讲究自然有技巧,同时又让学生感觉非常真实,就像一股无形的力量在指引着学生。观察学生的课堂表现,学生对操作的内容明显认真负责,遇到不会的、不懂的问题会更积极主动地寻求帮助,学生之间的交流更加频繁,体现了良好的团队合作精神。

课程思政应该在有题的情况下发挥,不需借题发挥。除了结合教学内容,还可抓住课堂上发生的某件事、某个言论、某个行为或某个结果进行必要的思政教育,促进学生对某个知识的理解,树立正确的工作态度,提高个人的责任意识等。在"会计电算化实训"课程中融入课程思政的内容,最关键的就是将学与用紧密联系。当然,课程思政对专业课教学及学生的影响不是立竿见影的,但一定是潜移默化的。将课程思政融入课堂教学非常必要,应该常抓不懈。

（欧阳琴）

案例6 人力资源管理教学中如何渗透正能量

人力资源管理案例课程是人力资源管理专业的专业课程,本课程主要是通过对人力资源管理经典案例的分析,在掌握现代人力资源管理的技能及方法的基础上,分析、解决组织在人力资源管理中面临的实际问题。人力资源管理案例是在企业管理实践过程中发生的真实事实材料,这些事实材料由环境、人员、条件、数据、时间等要素所构成,把这些事实材料加工成供课堂教学和学生分析讨论所用的书面文字材料,就成为管理案例。人力资源管理案例教学既是对人力资源管理问题进行研究的一种手段,也可以是课程思政教育的一种方法。

在这门课程中,主要是根据教学目标与学生的实际状态,自觉或不自觉地把思政的内容也融于教学之中,让人力资源管理充满正能量。

一、通过教学话语权,培养学生的职业道德

职业道德的培养是一个很重要的思政教学目标,也是作为专业教育的首要目标,所以,我认为,专业知识与技能是良好职业道德形成的前提和基础,具备深厚的专业知识和精湛的职业技能可以为职业道德行为的发挥提供一个更好的舞台。另外,职业道德的培养也不能完全脱离专业知识而只是进行空洞的说教,我们的专业教学内容都是我们进行职业道德教育的好素材,更具体、更实用。比如,在学习"女工离职手续难办"案例时,使学生进一步理解人力资源管理者一定要站在企业与员工两方面考虑问题,明确流程,不能故意为难普通员工,要学会合法、守法;使学生更深刻地理解职业道德的深刻内涵。因此,每个教学案例中都会设计相应的职业道德教育内容,通过对案例的学习,学生职业道德水平都有所提高。

二、通过案例内容选择,让学生树立社会主义价值观

价值观教学本质上属于教学目标的一部分,所以,在分析案例的选择中,都会选择符合社会主义价值观的案例内容,这些案例首先要符合教学目标的一般特征,要照顾到不同的学生,同时,还要考虑到价值观教学目标设计的因

素,考虑价值观本身的特征,因此,案例一定要能与价值观教学目标设计有相符性,也对案例的选择提出了一些个性化的要求。

比如在"技术能力差不多的项目经理,我们如何选择""校园招聘,学生违约怎么办"等这类个性化较强的小案例的分析中,就会不同程度地让我们的学生树立以德为先,遵守社会主义法治的正确的价值观。

三、设计学生小案例分享环节,培养学生正确的人生观、价值观

在课堂设计中,每次课都会有 2—3 名同学做一个小案例的分享,这个案例最好是来自生活实践的,或是从父母、同学、朋友那里得来的,或是通过实践调研得来的。在案例的分析过程中,除了专业的技能与知识外,必然会涉及职业道德、工作方式、价值观等方面的迷惑与不解,此时,在进行知识技能的指导的同时,也对他们这些方面的问题进行解答和引导,从而培养学生正确的人生观、价值观。

四、课程思政开发的反思

"课程思政"作为一个新生事物,需要专门的课程规划与设计,同时,还要加强挖掘与指导,在教学实践的第一线,有意或无意地关注这方面的工作,并将这种无意的、潜意识的工作化为有意识的、自觉的行为,并加以提炼总结,形成模式、规律、技能与方法。从教师教学角度看,"课程思政"的开发应该做好以下几个方面的工作:

第一,"课程思政"的开发,要不断地进行专业课程的设计创新。要将专业课程作为"课程思政"的重要组成部分,立足于学科的特殊的视野、理论和方法,创新专业课程话语体系,实现专业授课中知识的传授与价值观引导的有机统一,达到"以文化人、以文育人"的隐形"课程思政"目的。

第二,"课程思政"的开发,需要提升教师的德育意识和价值观教育能力。教师是引导学生树立正确的价值观取向的关键。教师只有对核心价值有深刻的理解,才能在教学过程中高效地将社会主义核心价值观传递给学生。

第三,"课程思政"的开发,要不断地进行教学方法的创新。在课程设计方面还要注重提升课堂话语传播的有效性,在讨论式教学、链式教学方式、情景翻转课堂、模拟与角色体验等教学方法的探索中,促进大学生通过参与和

思考,实现认知、情感、理性和行为的高度认同,以有效的"课程思政"教育方式,在潜移默化中培育大学生的社会主义核心价值观。

■■■ 参考文献

[1] 宇文利.高校哲学社会科学工作应坚持育人为本[N].中国教育报,2017-05-17(1).

[2] 高德毅等.从思政课程到课程思政:从战略高度构建高校思想政治教育课程体系[J].中国高等教育,2017(1).

（杨军明）

案例 7　思政教育融入培训与开发课堂教学的尝试与探讨
——基于"知、情、意、行"四要素

积极探索思政教育融入专业教学的实现路径和有效方法对更好地实现全过程育人、全方位育人的目标有着重要意义。作为人力资源管理专业教师,不能单一地只对学生知识技能方面进行培养,还要对学生的素质、道德、人格甚至价值观进行培育。而在培育的过程中,知、情、意、行构成了四个基本要素。

一、知:从课程教学目标着手,融入学生自我发展理念

知,即认识,对课程目标的正确理解有助于学生全面素质的养成。譬如,培训与开发课程是人力资源管理专业核心模块课程,通过一开始对企业中工作任务的分解,学生很清晰地知道自己必须掌握培训需求分析、进行培训规划和计划、进行课程设计和单元设计、组织实施培训和进行培训效果评估等,最终达到具备培训师的岗位技能的目标。而培训师这一角色又可以细分为培训政策的制定者、培训需求的分析者、培训课程的设计者等 15 个角色。启发学生对培训师角色的多重思考也有助于学生全局观的形成。结合"四有老师"指导思想:争做有理想信念、有道德情操、有扎实学识、有仁爱之心的党和人民满意的好老师;同时结合思政教育内容,提出学生应努力培养成"四有学

生"。四有是指:一有事干,干实事,干有意义的事,干值得纪念的事;二有学习,学知识,学技能,学做人;三有担当,挑别人挑不了的担,当别人当不了的人;四有人"玩",与真人"玩",与高人"玩",与有德的人"玩"。

二、情:从课程组织管理着手,激发学生务实求真精神

情,即情感,是学生的情绪态度和内心体验。在培训与开发的课堂中,引入了 UMU 教学互动平台。这个平台的优点是可以用来签到、互动提问、案例分析、知识检测、课堂反馈、点赞分享等,能够关注到每一位学生的真实回答,而且能记录学生的学习轨迹、情绪态度。不足是必须由教师提前创设问题,准备的工作量有点大,严重依赖网络,每进行一个环节就必须扫一次二维码,扫多了学生也会觉得麻烦。曾经在 UMU 平台上让同学 15 分钟分析西门子公司的培训体系案例,有些同学做得又快又好,能够对案例素材进行针对性解读,而且能形成自己的观点,有些同学系统性思维和分析能力偏弱,缺乏见解。平台有自动统计和排序功能,让学生必须脚踏实地去完成操作,对于参与度高、获得同伴点赞多、上课认真的同学在平时成绩上会有加分。这在一定程度上规避了搭便车现象和懒学生现象,激发了求真务实精神。

三、意:从教学内容设计着手,培养学生勤劳创新品质

意,即意志,是指为实现目标所做的自觉努力。不同的教学内容设计会取得不同的教学效果,要创设让学生自觉参与学习的课堂。人力资源管理专业的学生要成为一名合格的培训讲师,必须能熟练组织培训并掌握多种教学方法。本学期选择了培训市场上最热门的十大课程,譬如高效培训、项目管理、时间管理、客户服务等课程,让每位学生抽取不同主题,准备 PPT上台陈述,时间控制在 10 分钟以内。教师在课程中需要点评并帮助学生总结不同的教学方法的操作要点。学生可以充分使用讨论法、游戏法、案例分析法、头脑风暴法、无领导小组讨论法、拓展训练法、情景模拟等教学方法,促进自己素质和能力的提高。同时,每位同学需要提前集体备课,制作思维导图和PPT,教师也会提前阅览给出修改意见。在教学中,这样的一种培训师角色会带给学生不一样的课程体验,帮助学生进一步培养勤劳创新的品质。

四、行：从课程的反馈着手，树立学生感恩分享思想

行，即行为，培养正确的行为习惯。教学中注重提倡自我体验和学习型团队建设相结合。学习型团队的建设要在学生自愿的基础上组建，学习型团队的建设让学生明确团队和团队活动的重要性，增强团队荣誉感，特别是在成果展示环节要突出成果是团队共同取得的，是每个团体成员共同努力的结果。切记不要将团队任务变成个人任务，不要将团队建设变成孤军奋战。培训课的学习型团队一般是在同一个培训授课主题的基础上建立的，团队民主选举产生团队领袖。在进行学习型团队建设时应注重引导鼓励学生思考我为团队做了什么？我能为团队做什么？我在团队中分享了什么？我在团队中获得了哪些进步？我要感谢谁？鼓励学生将自己的疑问与他人探讨，将自己的感受与他人分享，从团队氛围中吸取更多的正能量。同时，教师结合培训实际案例对重点问题进行解答，对学习型团队的表现给予充分肯定，并引导学生进行进一步的思考。

学中做，做中学，知识教育能否与道德教育有机融合，做到知、情、意、行的和谐发展，还需要付出很多的努力才能做到。培训与开发课程所做的尝试还处于初级探索阶段。但我们明确的是，我们要的绝对不仅仅是技术精良的专家，还须是具备良好人品和素养的职业人。向着这一目标，思政教育融入课堂教学的改革将继续前进。

（金晓燕）

案例 8 薪酬管理课程与学生思政工作

任何专业教学都离不开做人做事的教育，人力资源管理专业更是从学生做人做事的角度对学生进行全面的素质教育。薪酬管理，作为人力资源管理专业的核心课程之一，更是处处体现人文精神，因此教师在授课过程中能够很好地将这种人文思想融入课堂教学。

一、从薪酬管理概念出发，树立学生感恩思想

薪酬的概念，本身就蕴含了感恩、感谢的意思，是企业感恩人们付出辛勤劳动，通过物质和非物质手段进行的酬劳和酬谢。企业的这种感恩情怀，可以激励员工不断努力，创造优秀的业绩回报企业。在实际教学中，我会把这种企业感恩员工、员工感恩企业的思想精髓和学生进行分享，避免学生形成"我给你劳动，你就应该给我回报"的单一思想。

从企业付薪的角度进行分析，付薪的依据更容易激发员工的敢于担当、用于担责、吃苦耐劳、积极上进和勇于拼搏的精神和意志品质。如设计薪酬时需要进行岗位价值评估，岗位价值评估的要素主要包括：工作责任、劳动技能、劳动条件、身心素质等。工作责任越大，薪点值就越高，在教学过程中，可以从工作责任大小与薪酬多少的关系，引导学生学会责任意识、担当意识。劳动技能，体现了劳动者在工作过程中的动手能力和劳动技巧。从通常角度讲，技能水平越高，薪酬越高，因此在教学过程中，可以从劳动技能提升的角度引导学生要不断学习、不断实践，增强劳动技能，激发学生的进取心和积极性。在岗位价值评估中，劳动条件和劳动环境越差，薪点值越高，因此可以引导学生要学会吃苦耐劳、学会艰苦奋斗，进而磨砺自己的意志品质。

二、从薪酬水平设计出发，树立学生公平思想

在薪酬管理中，薪酬水平设计是薪酬体系设计中的首要环节，薪酬水平的高低，体现了一个企业能否公平看待在经济社会发展现状下员工的劳动问题。薪酬公平体现在三个方面：对外公平、对内公平和对员工贡献度公平。对外公平，就是要做好薪酬的市场调查；对内公平，就是要做好岗位价值评估；对员工公平，就是要按照员工的贡献度不同支付不同的报酬。从课程内容出发，教育学生要树立公平思想和公平意识，鼓励学生只有为企业做出更多的贡献，才能获得高额的回报。

讲授薪酬公平，就会不可避免地要谈到亚当斯的公平理论，这更是树立学生公平思想的机会。亚当斯的公平理论指出：人的工作积极性一方面与个人实际报酬多少有关，另一方面与人们对报酬的分配是否感到公平有关。人

们总会自觉或不自觉地将自己付出的劳动代价及其所得到的报酬与他人进行比较,并对公平与否做出判断。公平感直接影响职工的工作动机和行为。因此,在教学过程中,一方面引导学生专注自身,自身越努力,贡献越大,回报就会越多,尽量不要过多地进行社会横向的比较。但同时,作为未来薪酬的设计者,为公平起见,在薪酬设计的过程中,要进行横向的和纵向的比较,要尽可能地让员工从我们的薪酬设计中体会到公平感。

三、从薪酬构成设计出发,成就学生正确价值观

薪酬构成,一般包括基本工资、岗位工资、技能工资、绩效工资、年功工资和福利。教学中,讲到岗位工资,鼓励学生要有强烈的成就需要,不断进取,能够晋升到更高岗位,就可以获得更高工资;讲到技能工资,要鼓励学生只有掌握更多、更高的技能,才能有丰厚的回报;讲到绩效工资,鼓励学生只有不断创造良好的业绩,才能获得企业的认可和赞赏;讲到年功工资,要鼓励学生忠诚于企业;等等。在教学中,不断地将人文思想贯穿到课堂中,能够让学生树立正确的人生观、世界观和价值观。

此外,也可以和学生探讨学习的价值,以学习是否有价值作为课堂讨论的一个内容。学生从讨论中,得出了很多关于学习价值的观点,其中一个观点是有的企业设计学历工资,就是对学习价值的肯定,学历高,工资就高;学历低,工资就低。但是不是绝对呢?教师可以进一步激发学生的讨论。学生通过进一步的讨论认为:学历不代表能力,学历只代表过去,能力代表现在,只有不断学习、不断提高才能赢得未来。

四、从股权期权利润分享出发,树立学生分享思想

许多学生有这样的认识,认为老板就是剥削人的。在薪酬设计中,现在很多企业的老板都愿意在企业发展的过程中拿出股份或者利润同员工分享,所以在讲授员工持股计划和利润分享计划时,会拿出我们在帮助企业做咨询的一些薪酬设计的案例,让学生充分认识到只有学会分享,企业才能够成长壮大;员工学会分享,才能够不断地成就他人,进而成就自己。

以某机械制造企业为例,在导入超额利润分享计划前,年产值一直徘徊在2800万元左右,在实施超额利润分享计划后,即超出2800万元产值后所带

来的全部利润的 50％分配给员工,这一制度极大地激发了员工的工作热情,生产效率得到了极大提高,在销售、生产和各部门的通力配合下,年产值一下跃升到了 3700 万元,终于跨过了 3000 万元产值的门槛。这一举措,不仅让企业获得了超额利润,也让员工有了实实在在的获得感。

五、从薪酬制度设计出发,树立学生法律意识

薪酬的制度设计,不能和劳动法及劳动合同法背离,不能完全按照企业的要求,无视员工应该获得的法定权益。因此在教学中,应充分将劳动法和劳动合同法的要求在薪酬制度设计中体现出来。

比如试用期员工工资,不能低于转正后工资的 80％;加班工资计算基数不能低于最低工资标准等。

人力资源管理课程,与其说是教人做事,更毋宁说首先是教人做人,通过课程的学习,可以帮助学生树立正确的三观。

（孙仁峰）

案例 9　以课践行 以行思政
——"管理能力训练基础"课中"人"的书写

酒店管理专业组的"管理能力训练基础"是高职院校管理类专业的一门基础入门课,通过本课程的学习,使学生能定位于管理者角色,对管理活动有进一步的了解,熟练掌握管理的基本知识,锻炼学生的交际能力、控制能力、决策能力和沟通能力等,培养学生的自我管理能力和团队管理能力,以行为训练促进能力培养。本课程将日常的教学工作与行为思政融合,通过课程教学与训练,改善学生的行为,从而达到课程教学效果和思政教育效果。

传统模式下,能力类课程的教学工作主要集中在"教师讲、学生听"的第一课堂上,忽视了对学生能力训练的设计。能力类课程的教学重点是学生能力的培养,以学生在各种活动中能力行为的养成和固化为目的,进而提升学生能力。"管理能力训练基础"课程通过第一课堂和第二课堂的二元教学,引

导学生进行一系列个性化、专业化的训练,通过教学和训练引导学生往良好的行为方向发展,以行为训练促进能力培养,学生行为也在此过程中得到约束和完善,努力实现"以课践行"从而"以行思政"的教育功能。

"行为思政"在"管理能力训练基础"课程中的具体运用,主要体现在以下三个方面:

一、将"行为思政"的内容融入日常教学和训练内容中

结合"管理能力训练基础"课程的专业知识,设计"行为思政"内容,将教学内容和"行为思政"内容有机结合。"行为思政"内容与本课程教学内容的有机结合主要体现在以下两个部分:

1. 对学生的不良行为进行干预。学生在日常行为中,会有一些不良的行为习惯,例如迟到、早退、旷课、上课玩手机等不良的学习行为,例如赖床、拖延、沉迷游戏等不良的生活行为。这些不良行为对学生的学习和生活造成了一定的负面影响。"管理能力训练基础"课程中"自我管理"教学内容,在教学过程中明确把这些不良行为作为反面例子进行案例教学,让学生意识到不良行为的危害。同时结合"习惯管理"的内容,让学生根据改掉坏习惯的步骤,制定改掉坏习惯的计划并执行。学生的课后训练,会以文档图片的形式记录到课程 APP 中,便于教师对学生的监督和评价。

2. 良好行为的受教培育。"管理能力训练基础"课程的教学目的是传授学生管理知识,培养学生管理能力。在这个过程中,教师会提供多样化的训练内容,学生通过规范自己的行为,重复良好行为,培养自己的管理能力。学生的良好行为在这个能力培养的过程中得到了不断强化。例如在"时间管理"的知识中,为了培养学生时间管理的能力,传授同学们利用时间四象限的方法做好时间管理,课后要求同学们利用时间四象限的方法对自己的时间利用进行分析。同学们通过记录自己一天所做过的事情,分析事情的轻重缓急,判断自己的时间利用是否合理,下一步如何更有效地利用时间。经过长时间的训练,学生们学会了如何合理利用时间的方法,可以将自己的学习时间和活动时间进行合理的分配利用。有效地利用时间,对学生在生活上、学习上、职业生涯规划上有很大的帮助。

二、完善课程考核方案，增加"行为思政"考核内容

"管理能力训练基础"课程的考核方式是过程性评价(50%)和终结性评价(50%)相结合，构建多维度考核评价体系。为了让学生重视教学过程中"行为思政"的内容和训练，将"行为思政"内容的考核纳入"管理能力训练基础"考核方案，"行为思政"考核内容的比例在过程性评价和终结性评价中各占 20%左右。在过程性评价过程中，主要将"行为思政"考核内容融入第二课堂训练的成果中，例如为了训练学生合理利用时间，要求学生在课后进行"时间日记"记录和分析，这些记录分析内容以第二课堂训练成果的形式记录在课程 APP 上，教师对此进行评价并记录在过程性评价的分数中。在终结性评价过程中，"行为思政"考核内容主要以考题的形式出现在笔试或者面试中。过去的考题设计，主要集中在对"管理能力训练基础"课程专业知识和技能的考核上，现在的考题设计，会融入对道德观、行为观、价值观、职业观等方面的考核。通过融入"行为思政"内容的考核，本课程引起学生的重视，提高其学习主动性，提升"行为思政"的效果。

三、依托专业平台"拟景组织"开展"第二课堂"训练，提升能力和综合素质

"管理能力训练基础"课程是希望学生们通过学习和日常训练，强化管理意识，培养管理能力，提升综合素质和创新能力，这与"行为思政"的教学目标是一致的。为了提高教学效果的有效性，除了课堂授课，本课程依托专业平台"拟景组织"开展"第二课堂"训练，结合课程内容和"行为思政"内容强化训练。拟景酒店是酒店管理专业组拟仿效温州维多利亚大酒店的规模、制度和机构进行组建的，依托于校内的专家楼，形成酒店管理专业学生的实训基地。本着培养职业素养和提升职业技能两大目标进行实践，同时也是"管理能力训练基础"课程的第二课堂的重要内容。在专业组织中，大一的新生扮演着基层工作者的角色，经过为期一年学习的大二学生担任拟景酒店的管理层，进行拟景酒店日常的经营与维护。拟景酒店的学生通过"师徒培训"的形式，让大二的"师傅"监督、管理和传授技能给大一的"徒弟"。在这个过程中，师傅会更加以身作则，徒弟通过师傅的管理不断改善自己的行为和技能，专业

技能和管理能力都得到提升,达到课程教学效果和思政教育效果。

为了把"行为思政"内容融入"管理能力训练基础"课程,提升学生人文素养,实现"以课践行"从而"以行思政"的教育功能,教师通过教学设计将"行为思政"内容融入日常教学,以训练作业的形式引导学生参与第二课堂活动,同时引入信息化手段提升教学效率,教师通过信息化手段进行线上指导和管理,学生利用多媒体手段进行学习成果记录和展示。教师通过对教学过程和教学成果的评价,进行教学反思,不断优化课程的教学设计和实践。

基于学生自身存在接受教育的心理基础,学生在受教后通过各种作业和训练,行为会有调整改善。因此学校可以借用各个课程的教育作用,让思政教育无形地渗透到各个课程的教学内容中。"管理能力训练基础"课程在行为思政方面进行了创新尝试,结合课程内容进行学生行为引导,让学生学会自我管理和自我约束。

(李　芳)

案例10　课程思政视野下的"综合英语"课程再思考

为进一步落实和推进思想政治教育,扩大辐射范围,需要秉持"全面思政教育、立体思政教育、创新思政教育"理念,主动转变思路,开启"课程思政"建设,促进各类课程与思政教育有机融合,挖掘和充实各类课程的思政教育资源。[1]

"综合英语"是一门基础性的专业语言课程。在专业性语言教学中如何渗透思政教育,是一个全新的课题。

一、学校要加强顶层设计,建设课程思政育人长效机制

形成大学生的文化自觉和自信,将社会主义核心价值观内化于心,外化于行,是架构"课程思政"体系的终极目标。学校要对"课程思政"进行总体部署,加强顶层设计,对"课程思政"加强领导和指导,坚持立德树人,明确教学目标,在专业课程中将社会主义核心价值观和中华优秀传统文化教育内容融

入教学全过程。加强思政课程建设,为"课程思政"提供深厚的学术支撑;强化全员育人的机制建设,为教师参与教书育人全过程创造条件、提供支持;建立运行良好的教学质量保障机制,强化课堂教学质量评估。

二、教师要教书育人,提升德育意识和价值教育能力

教师是引导学生树立正确价值观取向的关键。教师只有对核心价值有深刻的理解,明确课堂教育中的德育责任,才能在教学过程中自然而高效地将社会主义核心价值观传递给学生。高校教师要加强职业规划,强化教书育人的使命感和责任感,注重自身德育意识的培养。提升自身价值教育能力的同时,教师还要加强人格影响力,当好学生健康成长的指导者和引路人,促使学生能够真正"亲其师,信其言",实现教育与教学的有机统一。

三、课程设计要巧妙精心,切实遵循教书育人规律

实现"课程思政"目标的基本路径在于课程设计。要让课堂成为思想政治教育的有效载体,课程的开发设计就要从大学生求知需求出发,遵循学生成长规律,立足人才培养目标和学科优势,进行系统设计。在教学目标的制定过程中注重"术道结合",深度拓展教学内容。在课程设计时还要注重提升课堂话语传播的有效性,在讨论式教学、项目式教学、情景模拟与角色体验、翻转课堂等探索中,促进大学生通过参与和思考,实现认知、情感、理性和行为认同,以行之有效的"课程思政"教育方式,在潜移默化中培育社会主义核心价值观。[2]

"课程思政"体系的整体架构,离不开专业课程的设计创新。完善课程思政体系,要将专业课程作为"课程思政"的重要组成部分,立足学科的特殊视野、理论和方法,创新专业课程话语体系,实现专业授课中知识的传授与价值引导的有机统一,达到"以文化人、以文育人"的隐形"课程思政"目的,扭转目前专业课程教学中重知识传授轻德行培育的状况,深度发挥课堂主渠道功能,打破原先思政教育和专业教育"两张皮"的困境,真正做到思政与专业的有机融合,深度结合。[3]

四、"综合英语"要立足学科优势,挖掘课程思政资源

"综合英语"课程注重全面培养学生的英语应用能力,在内容设计上,每

单元围绕一个反映当代生活实际的主题展开,同时兼顾语言知识、应用技能、学习策略和跨文化交际等方面内容的有机融合。授课教师指导学生全面深入地获取并掌握与各主题有关的语言文化知识及丰富的语料,并针对该主题充分进行语言综合应用能力,特别是听说能力的培养和训练。从思想政治工作规律、教书育人规律和学生成长规律来看,"综合英语"课程同样可以发挥"以文化人、以文育人"的思想政治教育功能。

"综合英语"课程要充分挖掘自身特色和优势,提炼课程中蕴含的文化基因和价值范式,将其转化为社会主义核心价值观具体化、生动化的有效教学载体,在"润物细无声"的知识学习中融入理想信念层面的精神指引。

■■■ 参考文献

[1] 高德毅,宗爱乐.课程思政:有效发挥课堂育人主渠道作用的必然选择.思想理论教育导刊[J].2017(1):31-34.

[2] 邓晖,颜维琦.从"思政课程"到"课程思政".光明日报[N].2016-12-12(8).

[3] 董少校.从"思政课程"到"课程思政".中国教育报[N].2016-12-12(1).

（金秀金）

案例11　目标融入　隐性育人
——物流管理专业"采购管理"课程思政教学设计与实施

大学思政课建设,关乎大学生的个体品格建设,也关乎社会品格、民族品格、国家品格的建设。围绕立德树人这一根本任务,实现从"思政课程"到"课程思政"的转变。"课程思政"建设的基础在于"课程建设"。在专业课程的建设中,培养大学生专业技术技能的同时,培养他们的职业道德也是任重道远。全员育人"大思政"格局的观点早已提出,作为专业教师,在专业课程中如何融入思政教学内容,是突破"思政课程""点""线"瓶颈的有效途径。

一、"采购管理"课程分析

(一)课程定位

"采购管理"是物流管理专业的一门专业核心课程,同时也是理论性与实践性均较强的一门综合性课程。它以"物流基础"为基础,也为后续课程如"供应链管理""仓储与配送管理"等课程的学习做好铺垫,在整个课程体系中起到承上启下的作用。

通过本门课程的教学,学生掌握一般的采购业务操作流程、采购计划和预算编制、采购谈判与合同订立等方面的知识,重点培养学生采购业务操作能力、实施招标采购与采购谈判的能力、对供应商选择与评价的能力等,为学生将来走上社会从事采购管理工作,打下坚实的基础。

(二)课程学习目标

本课程的培养目标是培养采购管理人员,主要培养就业岗位为采购员,其核心能力为各种采购方式的应用能力、采购谈判能力、供应商的选择与评价能力。课程具体学习目标如表1-1所示。

表 1-1　"采购管理"课程学习目标

知识目标	能力目标	素质目标
掌握采购组织设计的相关知识; 掌握采购计划和预算编制的相关知识; 掌握供应商管理的基本知识和方法; 掌握采购业务操作的相关知识和方法; 熟悉采购谈判的内容和技巧等知识; 掌握招投标采购的相关知识; 掌握采购绩效评估的相关知识	能够采购业务、设置采购部门、配置人员和明确采购岗位工作职责; 具有分析市场行情的能力; 具有较强的谈判能力; 能实施招投标; 能通过一定的方式选择和评估供应商; 能进行采购谈判; 能编制采购计划和预算; 能编制采购合同文件并实施相关必要的管理	培养良好的思想品德、心理素质; 培养良好的职业道德,包括爱岗敬业、诚实守信、遵守相关的法律法规等; 培养良好的团队协作、协调人际关系的能力; 培养对新知识、新技能的学习能力与创新能力

二、"采购管理"课程思政教学的实施

(一)从课程学习目标的角度融入课程思政教学

"采购管理"课程培育学生的不仅是采购的技能,更是阳光采购的价值观。在"采购管理"课程的素质目标中,培养学生良好的思想品德、心理素质;培养学生良好的职业道德,包括爱岗敬业、诚实守信、遵守相关的法律法规等,这些既是课程培养的目标,也是专业课程思政教学的切入点。为实现课程的素质目标,针对每个课程学习单元或项目,剖析其对应的素质目标,然后挖掘课程思政元素,融入课程教学或课程实训。

比如,在供应商评价、选择及客户关系管理的教学过程中,设计一些企业案例,揭示违反"公平公正"的采购行为,对企业的破坏性,对自己职业成长的破坏性,教育学生在采购管理岗位上坚持"公平公正"的重要性;在招标采购的教学过程中,设计招标采购相关的法律知识与违法违规采购的案例,揭示违法采购的行为,培养学生阳光采购的价值观。

(二)"采购管理"课程的课程思政教学设计思路

"采购管理"虽然在课程标准的制定中,设置了素质目标,体现了培养学生职业道德的育人追求,但还不完善,离所谓"课程思政"教学还有一段距离。将专业课程的显性育人与其蕴含思政的隐性育人做到有机融合、协同共进,是设计并实施"课程思政"的核心原则。

第一,充分发掘"采购管理"课程中蕴含的思想政治教育资源,完善课程的思想政治教育的内容建设。"课程思政"资源开发必须以马克思列宁主义理论为指导,收集整理选取与专业课程相关并且可以培养大学生理想信念、价值取向、政治信仰、社会责任的题材,比如收集关于企业"阳光采购"的案例,融入"采购管理"课程的教学,进一步融入社会主义核心价值观,提高物流管理专业学生的职业道德,让学生在从事采购工作中能够缘事析理、明辨是非、遵纪守法。

第二,在"采购管理"课程中融入思想政治教育的教学方案,在教学过程中设计具有思政内容的教学环节。可以吸收"思政课"的经验,同时坚持"课程思政"的差异性和独特性,围绕课程素质目标,建立"采购管理"课程思政的

整体性和系统性。

第三,建立专业技能与职业道德并进的课程考核体系。课程思政教学的推广,不能仅是教学方案的设计,还需要考核方式的改进,才能够真正落地,而不流于形式。"采购管理"课程将从专业知识、思想品德、价值观等多角度建立考核体系。

(三)以项目"采购组织设计"为例,分析课程思政的教学实施

1.课程学习目标分析

依据"采购管理"课程标准,项目"采购组织设计"中任务二"采购岗位职责"的主要学习知识目标是掌握采购组织设计的基本知识,包括分权式的采购组织、集权式的采购组织、采购组织在企业中的隶属关系,以及采购部门的设置;能力目标是能够采购业务、设置采购部门、配置人员和明确采购岗位工作职责;该任务的素质目标包括心理素质、团队精神、良好的职业道德等。

2.课程思政教学设计与实施

从该任务对应的素质目标要求出发,设计了2个课程思政环节。

(1)采购职业发展能力讨论:以企业招聘的采购岗位的职责要求为开头,讨论在职场上应该具备的职业道德与职业能力,分析工匠精神的意义。

(2)课程实训:以如何做一个合格的采购员为主题,开展课程内实训。①实训目的:通过实训,学生明确采购人员的基本职责;能站在企业的立场上分析和解决采购中遇到的问题;审视自己与一个合格采购人员的差距,明确努力方向;②实训内容:实训案例"张三的困惑""该向哪家供应商采购";③实训步骤:第一,复习采购部门职责和采购人员职责的有关内容;第二,课堂讨论,积极发言;第三,实训指导老师对课堂讨论做总结;第四,就本次实训的过程做个人总结,分析差距,明确努力方向。

(四)课程考核与评价

考试课程总评成绩(100%)=平时成绩(30%)+期末考试(50%)+思想政治考核(20%),其中:

平时成绩(30%):出勤率、课堂表现、作业、学生纪律,以及上课积极参与活动情况;

期末考试(50%):理论知识笔试或者独立操作能力测试或者设计报告

之类；

思想政治考核(20％)：在学习中所反映的求学态度、职业志向、人生观等。

三、评价与反思

课程思政教学的设计与实施，有助于学生树立正确的职业发展观，激发学生的学习积极性。"采购管理"课程思政教学的实施，让学生不但明白了一个优秀的采购员应该具备哪些素质，而且明白了如何学，如何做，如何练才能让自己具备这些素质。但是"采购管理"课程思政教学还缺完整的体系，课程思政元素比较零散，思想政治考核还不够具体。后期还须进一步开发课程思政元素，沿着课程学习的素质目标串联起来，与课程教学内容有效融合，实现"采购管理"课程显性育人与隐性育人的有机融合、协同共进。

参考文献

[1] 魏哲哲. 大学思政课程：培植青年向上向善的人生根基[EB/OL]. (2015-1-25)[2019-7-6]. http://www.cssn.cn/gx/gxjxky/201501/t20150122_1487921_1.shtml.

[2] 宁喜斌,晨凡. 高校《食品安全学》课程思政教育的设计与实践[J]. 安徽农学通报, 2017,23(17):153-154.

[3] 赵庆寺. 以"课程思政"为抓手构建大思政格局[EB/OL]. (2017-6-18)[2019-7-6]. http://news.univs.cn/xytt/2017/0618/1162107.shtml.

[4] 顾晓英. 创新思政课程,培育合格人才[J]. 思想政治工作研究,2017(1):23-24.

[5] 李国娟. 课程思政建设必须牢牢把握五个关键环节[J]. 中国高等教育,2017(8): 28-29.

[6] 徐强. 关于采购管理实务课程"教学做"一体化的思考[J]. 河南机电高等专科学校学报,2017(2).

（何　丹）

案例 12　融情于景、巧设案例,点燃课程思政热情
——以物流专业为例

一、物流专业课程分析

物流专业的课程有"国际物流""仓储管理实务""国际货代实务""集装箱运输实务""供应链管理"等。由于下文列举的是"供应链管理"的案例,故先行介绍一下该课程的特点。

"供应链管理"课程是物流管理专业选修的一门专业方向课。本课程的先导课程为"现代物流管理基础""仓储管理实务""经济学基础",后续课程为"电子商务物流""配送与运输管理实务""国际货代实务""库存管理和控制""物流规划设计"等课程。本课程采用项目教学法进行供应链管理原理和方法、供应链设计及优化、供应链环境下的需求预测、采购管理、生产控制、物流管理及供应链绩效评价等单元的学习,培养学生从全局出发发现问题、分析问题、解决问题的能力;培养学生树立双赢和团队合作意识,形成严密科学的思维方法,系统地分析与优化供应链的能力。

二、学情分析

学生在进行"供应链管理"课程的学习时,已经学习了若干先导课程,对于物流概念、理念与运作已经有了比较基础的掌握。但普遍存在的问题是学习积极性不高,课程投入度不足,上课热情度不够,感觉课本知识流于表面,好像跟日常生活联系不紧密,实用性不强。

另外,从课程属性上看,该课程属于偏理论方向,概念、流程、方法偏抽象,课程学习难度会稍大于班级的平均学习能力。

三、案例实施

为了解决上述教学中的难点、痛点,个人感觉"融情于景"的课程思政教学法,不失为一个有效的解决方法。"融情于景",不是简简单单地摆事实、讲道理,而是在"景"言"情",在"事"说"理"。即教师在讲解到专业课程的某个

知识点、技能点时,紧抓当时的"场景""事情",由此及彼,春风化雨般讲讲该事件背后的"情怀"与道理。从而增强课程趣味,理论联系实际,提高学生参与度,激发学习意愿。否则为了讲道理而讲道理,牵强附会,只能让学生云里雾里,甚至会抵触反感。这里以"供应链管理"举例加以说明。

例如,当讲解到"供应链"知识点时,可先给出该定义:供应链是围绕核心企业,从配套零件开始到制成中间产品及最终产品,最后由销售网络把产品送到消费者手中的一个由供应商、制造商、分销商直到最终用户所连成的整体功能网链结构。

学生一般遇到这个概念,都会发蒙:太抽象、"不好玩"(学生语)。这时,我会拿小米手机的"饥饿营销"案例来问学生:"小米的手机一直在玩饥饿营销,你如何看待? 是否认同?"学生对于该问题,一般非常感兴趣。点赞、鄙视、吐槽的,在课程上讨论声此起彼伏。接着问:"它为什么搞饥饿营销呢?"学生傻眼……

然后,教师可以点出与供应链概念相联系的实务知识:小米的饥饿营销其实是在面对巨大市场需求而自身的产能有限的基础上,不得已而为之的应对方法。其上游有不同国家的零部件制造商、成件制造商、整机组装商,下游有广大但不知需求量为多少的粉丝(消费者)。从这条链子来看,核心企业(小米)由于无法准确预估需求量,故而无法确定生产足够多的成品来满足消费者,饥饿营销其实不失为一种稳妥的、减少企业经营风险的运营方式(如果盲目生产,有可能会导致大批的前置沉没成本,带来极大的企业风险)。讲完该知识点,讲师可再次推进,落实"课程思政"。进而问:"那同学们思考一下,为什么现在的国产手机会那么火爆? 为什么以前的老百姓,有钱就买外资品牌的手机? 国产手机为何能崛起?"从而带出要讲的观点:随着中国现代化经济建设的大发展,我们目前的手机企业早已不是"吴下阿蒙",全球五大手机商中,中国企业占据 3 席,分别名列第 2、4、5 名。今日的"MADE IN CHINA",已经是品质、可靠、性价比卓越的手机品牌代名词。我们应当为我们的中国品牌喝彩、骄傲!

从该案例中,可以看出"融情于景"的魅力:学生不仅学习到了物流知识,解决了实务中的小米手机购买困惑,有了继续学习的动力与热情,而且更重要的是,有了一种浓浓的"以国为傲"的爱国情怀。

四、课程思考

从学生层面来看,在课间交流时,学生对于这样的教学方式与方法较为认可。例如,还有课后过来找老师深入讨论小米饥饿营销的,甚至讨论到了如何提高供应链管理的效率与效果等。

从教师层面来看,为了更有利于课堂上能够实现课程思政,教师还应当考虑利用新媒体渠道,丰富课堂资料,吸引学生眼球。重点打磨课件内容,注重发挥互联网优势,不断打造适应学生特点、契合时代特征的课程思政内容:视频内容要吻合教学要点,符合教学目标;形式要活泼,充分调节课堂节奏;限制思政时长,重点围绕"有内容、有反思、有趣味"三有原则,有效把握课堂教学与课程思政的比例。

（王震宁）

案例 13　以美育人:"Photoshop 图像处理" 课程带给学生美的享受

一、课程背景

专业课的授课教师如何创新性地将思政教学融入专业教学,借助课堂教学去传播正能量,是课程思政研究的一个基本问题。

Photoshop 图像处理在各行各业有着广泛的应用,"Photoshop 图像处理"是电子商务、广告设计、动漫设计、数字图文信息技术等专业的基础课程之一,课程以满足高职院校相关专业学生、社会学习者和行业企业职工等人员的专业需求为宗旨,结合了相关专业的需求特点,讲述了图像处理软件 Photoshop 的基本操作和应用。本课程的学习使学生了解数字图像处理的基本知识和基本方法,培养学生图像处理的技巧和创意思维理念,使学生具备能够利用 Photoshop 软件进行网店美化、广告设计、动画绘制、包装效果设计、图像修复等相关设计的基本应用能力,解决实际工作的相关问题,掌握现代社会职业所需的图像处理知识和技能。如何将思政教育融入"Photoshop 图像处理"课程教学过程具有非常重要的意义。

二、课程实施

课程授课的对象为高职电子商务专业大二的学生,学生学习带有强烈的目的性,注意力比较分散,无法对系统教学留有深刻印象,喜欢片段式的知识点等特点。因此通过从教学内容、教学方法、考核评价等方面将思政教育融入。

(一)明确目标,内容育人

"Photoshop 图像处理"是一门实践性和操作性很强的课程,非常注重细节内容,学生在实践时会出现操作不下去的情况,有时还会出现花了很多工夫效果却不理想的情况。从培养耐挫折能力角度引导学生,需要调动学生的积极性,从实际、具体、零散的实例中,归纳总结出理论,上升到系统知识,让学生们通过上机操作,手、眼、脑、心并用,激发他们的好奇心和求知欲望。并且能更深刻地钻研知识、理解知识、运用知识,进而发现问题、解决问题,培养他们的创新能力和耐挫折能力。

当今,婚纱摄影、艺术摄影越来越受人们的青睐;宣传海报、产品广告等也越来越精美,这都与 Photoshop 的强大功能是分不开的。为此,在 Photoshop 教学中,可以巧妙地把学生引入电脑艺术摄影的殿堂,让学生亲自感受、探寻其中的奥妙,激发他们的求知欲。同时,可以向他们展示一些具有震撼效果的作品和以往学生的优秀成果,或者现场以学生为模特完成一幅艺术摄影作品,再进行修饰处理,充分激发学生的学习兴趣,启发学生的学习自信心,以及提高学生的审美能力。并且,多从图片的整体构思、创意、色彩、整体效果等审美角度给学生进行讲解,进一步提升学生的审美能力。

(二)创新方法,过程育人

思政融入课程要注重方式方法和技巧,在"Photoshop 图像处理"课程教学中将采用任务驱动教学法、分组讨论法、现场教学法、案例教学法、头脑风暴法等教学方法,潜移默化地将思政内容融入,达到春风化雨的效果。具体如下:

1.任务驱动教学法

学生参与真实任务的设计,学习从任务分析、设计到最终实现过程中所需要的各种知识和技能,以及综合分析与项目实施能力等,如表 1-1 所示。这样极大地促进了学生设计水平的提高,也培养了学生的团队协作意识,使学生注重设计质量,讲求工作效率,为适应就业后的实际工作打下坚实的基础。

表 1-1　任务教学设计表

任　务	淘宝店铺的 logo 设计与制作
知识目标	①掌握利用路径的创建与编辑绘制图形 ②掌握利用路径与选区的相互转换选取复杂边缘的图像、填充与描边编辑图像 ③掌握 logo 设计与制作的基本流程
感情目标	①培养勤奋学习的态度,严谨求实、创新的工作作风 ②具有良好的心理素质和职业道德素质 ③具有高度责任心和良好的团队合作精神 ④培养创新思维能力,具有健康的审美意识
教学内容	掌握利用路径的创建与编辑绘制图形
场地设施要求	1.理实一体化专业实训室 2.多媒体课件、视频录像 3.学习网站:站酷网、PS 联盟、PS 学习网、中国 Photoshop 资源网
教学方法	任务驱动教学法、分组讨论法、现场教学法、案例教学法、头脑风暴法
评价方式	以过程考核为主,综合考核为辅

2.分组讨论法

分组讨论法是根据学生的心理特征而实施的一种教学方法,这种方法是任务驱动教学法的补充。例如,表 1-1 任务教学中把 3 位同学分为一组,分小组讨论项目所涉及的技术点、创作的亮点及难点,围绕每个技术点、创作的亮点及难点,循序渐进地引导学生使用相关工具及命令解决相应问题。学生在小组中彼此分享个人的意见和独到的见解,共同研讨、解决问题,加强了团队协作意识和交流沟通能力。

3.头脑风暴法

在课堂中,为了激发学生的学习热情和创造性,非常适合采用头脑风暴法进行课堂教学,教师鼓励学生自由畅想,调动全体学生畅所欲言,在别人思想的启发下不断完善自己的思想。例如,在表 1-1 任务的创作过程中运用头脑风暴法充分刺激学生的视觉,展示作品完成效果,让学生找出作品创作的亮点,找出最具视觉冲击力的部分,引导学生从多个角度来完成相关部分的创作,激发学生的创作热情,提高创作兴趣。

(三)制定基于过程的综合考评体系

制定全程化、多元化的考核标准,将思政内容纳入考核指标。针对课程极强的动手能力及实操性,分为阶段性考核和综合性考核 2 个阶段。

1.阶段性考核主要由知识方面、技能方面、态度方面及工作成果方面组成,如表 1-2 所示。

表 1-2　阶段性考核评价表

考核项目	考核内容及要求分值	分值	得分
知识方面	本任务所涉及知识及相关	30	
技能方面	独立完成工作任务	10	
态度方面	出勤情况	10	
	敬业精神	10	
	组织协调能力	10	
	工作态度	10	
工作成果方面	创造性思维能力	10	
	强烈的视觉冲击力	10	
总分		100	

2.综合性考核由阶段性考核得分和综合性作品组成,如表 1-3 所示。

表 1-3　综合性考核评价表

考核项目	考核内容及要求分值	分值	得分
阶段性考核得分	知识方面、技能方面、态度方面、工作成果方面	60	
综合性作品	能独立完成具有创意的作品创作	40	
总分		100	

三、总结

在"Photoshop 图像处理"课程教学过程中引入审美情趣,从课程目标、教学内容、教学方法、教学评价等角度融入思政内容。此外,教师个人也要提升德育意识和价值教育能力,教师是引导学生树立正确价值观取向的关键。教师只有对核心价值有深刻的理解,明确课堂中的德育责任,才能在教学过程中自然而高效地将社会主义核心价值观传递给学生。

参考文献

[1] 杨宇红.任务驱动教学方法在高职计算机专业 Photoshop 课程中的应用[J].科技创新导报,2013(13):184.

[2] 韩立.以行业需求为依据、就业为导向,培养可持续发展高职人才——静态图形图像处理 Photoshop 教学改革[J].计算机教育,2010(7):121-123.

[3] 赵庆寺."互联网＋"时代高校思想政治理论课的优化路径[J].思想理论教育,2017(4).

[4] 沈壮海,史君.推动思想政治教育与信息技术的高度融合[J].国家教育行政学院学报,2017(1).

（潘芒芒）

案例 14　迎接新时代,续写新篇章
——健康中国与豆奶销售战略

一、案例背景

高校学生思想政治工作的目标,是提高思想水平、政治觉悟、道德品质和文化素养。推进课堂思想政治的整体协同改革创新,是落实全国高校思想政治工作会议精神的重要举措。学习与贯彻习近平总书记的讲话与党的十九大报告精神,不能仅仅体现在形式与口头上,更要落实到工作实际。作为教师,我们更要结合教学实际,不仅自己学,更要带领学生学;不仅以会议与文本形式学,更要融入课堂教学学;不仅要在理论上学,更要融入实践教学。

二、案例分析

(一)案例一：案例生活化,课堂思政自然化

1.案例选用

在"市场营销理论与实务"课程第五章 STP 战略之市场定位教学中,有许多经典案例可用,但却单单插入了如图 1-1 所示的"从豆浆到维他奶"这个国人都比较熟悉的产品华丽转身的教学案例,来引导学生理解市场定位。案例的选用遵循案例本土化的原则,选用学生身边案例,使教学内容生活化、教学案例体验化,使学生在经历生活与体验生活过程中深入理解教学内容,实现杜威先生所说的"教育即生活"的理念。同时,该案例更适合于党的十九大精神融入开展思政教育,这也是案例选取的原则之一。

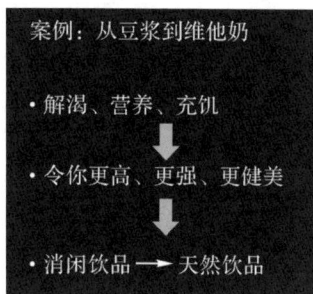

图 1-1 从豆浆到维他奶

2.党的十九大精神融入

案例引入的目的除了让学生理解市场定位的原理,在案例分析从"豆浆"早餐定位转化成"豆奶"健康、休闲饮品的定位过程中,还要引入党的十九大精神:第一,不忘初心,方得始终。中国共产党人的初心和使命,就是为中国人民谋幸福,为中华民族谋复兴;中国特色社会主义进入新时代,我国社会主要矛盾已经转化为人民日益增长的美好生活需要和不平衡不充分的发展之间的矛盾。第二,我国稳定解决了十几亿人的温饱问题,总体上实现小康,不久将全面建成小康社会,人民美好生活需要日益广泛,不仅对物质文化生活提出了更高要求,而且在民主、法治、公平、正义、安全、环境等方面的要求日益增长。第三,坚持文化自信。在案例分析中,定位转化后,要把

中国文化、中国文明附着于中国产品走向世界,既要做中国文化的创造者,又要做中国文化的传播者。

(二)案例二:课堂思政课外延伸

1. 课堂思政课外延伸

课堂思政课外延伸,就是坚持在课前与课后实施思政教育的学习与消化。让学生利用课外时间在课前预习、课后复习、实践指导及完成作业等各环节的过程中深入学习、领会相关思想、文件精神等,指导学生的言行实践,提升大学生思想与人文修养。

2. 课堂思政教学课外延伸案例

在"互联网营销策划实务"的背景与环境分析之宏观环境分析教学设计中,提前将党的十九大报告原文、解读材料等 word 文档发布给学生(通过微信群、蓝墨云班课、精品在线开放课程等平台),提出预习要求:学习党的十九大报告,找出大学生创业或就业的环境机会,并加以说明。通过预习任务的形式,督促学生学习领会报告精神。课上,以党的十九大报告内容为例,分析项目的宏观环境中的政治环境、文化环境、自然环境,自然融入思政教育。第一,社会主义核心价值观和中华优秀传统文化广泛弘扬,群众性精神文明创建活动开展精神融入。公共文化服务水平不断提高,文艺创作持续繁荣,文化事业和文化产业蓬勃发展,互联网建设管理运用不断完善,全民健身和竞技体育全面发展。主旋律更加响亮,正能量更加强劲,文化自信得到彰显,国家文化软实力和中华文化影响力大幅提升,全党全社会思想上的团结统一更加巩固。引导学生从中找到互联网创业的机会。第二,坚持人与自然和谐共生的引入。主要引导学生项目建设注意人与自然的和谐、自然资源选用与环境保护等。第三,在人口环境分析中,主要分析了中国实施计划生育政策的调整,分析了我国人力资源的变化过程及趋势,人力资源成本的走势,在项目财务预算中,应该考虑人力资源成本的增长因素,自然得出我国实施二孩政策的必要性。课后,以团队项目为例,完成团队项目的宏观环境分析,并体现党的十九大精神给团队创业项目的机会分析。

三、党的十九大精神融入课堂实践效果调研与总结

学校教学督导夏侯富生先后跟踪了成荣芬老师本学期所兼任的几门课

程、随机听课与课后调研,根据学生的"你对课程中应用思政案例的满意度?"的调查,满意和非常满意达到 96.27%,只有 3.73% 的同学选择一般;在座谈中,对"成老师在课堂中讲思政案例多吗?",回答基本是:纯粹的思政案例不多,但差不多每节课都有涉及思想教育内容,有的时候是顺便带一两句,有时候是在教学案例分析的时候,站在某个角度分析,使我们深受启发与教育;对"你对课程中应用思政案例的看法",学生的回答多数是:很好哇,案例本身让我们理解了相关原理、又穿插思想教育,没有觉得是思政案例,还让我们知道了做人做事的道理,提高了思想意识、爱国热情……特别是和思政课有很大区别,让我们感觉到就是在讲教学案例,听起来也非常认真。

四、结论

教师是教学的设计者与实施者,教师的政治思想水准、政治敏锐性与自觉性至关重要。教师在教学过程中,直接强化问题导向,弘扬创新精神,不断加强深入课堂思政的教学改革。一是教师首先要深入领会方能融会贯通、灵活应用。二是教师熟悉教学内容方能切合实际、选准切入点。三是教学方式要多样化,可以采用将思政教育内容与教学引导、实践操作、项目指导、案例教学等相结合的方式,更要充分利用"互联网+环境"实施线上线下相结合的教育方式。四是教师自我提升方能正确引导、影响学生,提高学生思想水平、政治觉悟、道德品质和文化素养。课堂思政与思政教学相结合,是未来思想政治教育的必然趋势。

参考文献

[1] 赵启迪.高校思想政治教育存在的问题及对策[J].思想舆情,2016(21):56.

[2] 钟文苑,卢文忠.高校思想政治理论课教学实效性研究——基于思想政治教育空间论的视角[J].高教学刊,2016 (1).

[3] 孔庚.普通高校思政教育理念下的高职思政教育改革[J].教育与职业,2013(11):32.

(成荣芬)

案例 15　科学自信与技术自信:电子商务增速中国梦

一、课程分析

"电子商务概论"课程是高职学院电子商务专业开设的一门专业基础课,一般在第一学期讲授,因此该课程具有普遍开设、内容基础、具有职业引导作用的特征。该课程又属于互联网类课程,属于当前经济热门领域,课程内容丰富,切近生活的案例很多,比如淘宝、京东、滴滴打车、美团外卖等。

课程面对的教学对象,都为"95 后",他们年轻,上网频繁,对课程很感兴趣,且大部分学生已有网络购物和手机支付的经验,对电子商务应用的体会较深,对互联网有一定的了解。

因此,我在此门课程教学中,都注意思政案例融入与思政教育渗透,比如在课程教学中我先后融入了"阿里巴巴的崛起——创造全球新商业文明""中国新四大发明与中国梦""小红包大道理——中国传统文化的网络创新"等内容,将课程教学内容与思政内容进行有机融合。

二、教学背景

(一)中国电子商务发展迅速

中国电子商务经过 20 多年发展,市场不断优化,涌现出很多创新的电子商务模式和一大批优秀企业。2016 年中国电子商务市场交易额达 22.97 万亿元,同比增长 25.5%,规模位列全球第一,其中,B2B 市场交易规模 16.7 万亿元,网络零售市场交易规模 5.3 万亿元;2017 全年中国本地生活服务 O2O整体市场规模达 9992 亿元,其中到店 O2O 市场规模 7611.9 亿元,O2O 到家服务市场规模也继续增长,餐饮外卖市场规模为 2078 亿元;2017 年中国移动支付交易规模近 150 万亿元,居全球首位。

(二)中国科技不断创新

过去若干年,中国政府鼓励科技创新的政策层出不穷,中国在多个科技领域创新不断,并在逐渐接近甚至赶超世界发达国家,尤其在电子商务、金融科技、共享经济、人工智能、虚拟现实等领域开始引领发展。网络圈子里开始流传中国新四大发明的话题,即高铁、网购、移动支付和共享单车,这新四大发明据说是在华工作和生活的外国人总结出来的,以体现中国生活的便捷性、出行的舒适性和消费的科技性。

(三)课程思政教育深受重视

实现中华民族伟大复兴,教育的地位和作用不可忽视。高校教育以立德树人为中心培养高技能人才,思想政治工作非常重要。高校教师要用好课堂教学这个主渠道,提升思想政治教育亲和力和针对性,满足学生成长发展需求和期待。为此,任课教师要主动创造机会,要将思政教育主题创新性地融合到课程学习中,要借助课堂教学积极传播正能量。

三、案例立意

本课程第三章主要内容是电子商务新模式,讲授的主题是O2O电子商务模式(线上营销、线上购买带动线下经营和线下消费),这是很多用户都使用过的电商交易模式,也是一种新兴的网络服务模式。O2O电子商务模式涉及的范围比较广,比如生活消费领域的外卖、订餐、团购;旅游电子商务领域的订票、订酒店;超市卖场、休闲场所的网络消费、预订;交通出行领域的网络约车、共享单车等。而完成O2O消费又往往通过移动支付(手机付款)的方式。

由此可见,"中国新四大发明"的元素已基本涵盖在O2O电子商务模式中了。所以在教学设计时,就决定在这单元教学中渗透思政教育内容,主题是"中国新四大发明与中国梦";大部分中国人都知道中国古代的四大发明,那个时代是中华文明领先世界之时,而四大发明也是中国对世界文明的巨大贡献。

在当前我国经济腾飞、科技进步、国家实力不断增强,中国互联网经济领先发展的情况下,介绍"中国新四大发明"能够引导青年学生关注中国科技的持续进步,激发青年学生们的民族自豪感、爱国之情,强化道路自信、理论自信、制度自信、文化自信,有助于引导学生们投身网络创业创新,立志于建设中国特色社会主义事业,追求民族复兴、实现中国梦。

四、实施过程

(一)内容选择

O2O 电子商务是"电子商务概论"课程中非常重要的教学单元,本单元教学内容主要包括:O2O 电商模式概念与特点、O2O 电商模式模型、典型 O2O 网站介绍、O2O 电商主要应用领域等,内容较多。

为了便于实现思政教育内容的渗透,如表 1-1 所示,在教学设计时,对单元内容进行了梳理和筛选,删繁就简、突出重点、强调实用、重在熏陶,最后主要保留了 O2O 电商模式介绍、O2O 电商模式模型、O2O 主要应用领域、国内外 O2O 电商发展情况、典型 O2O 案例分析等,并增加相应的思政教育内容。

表 1-1　教学内容选择

原始教学内容	内容筛选	思政教育要点
O2O 电商模式概念与特点	保留	O2O 市场数据对比
O2O 电商模式模型	保留	到家与到店模式与案例
典型 O2O 网站介绍	删减	
O2O 电子商务的主要应用领域	保留	共享单车、高铁购票、移动支付等领域的领先
O2O 市场分析	删减	
O2O 网站提供的服务	删减	
国内外 O2O 电商发展情况	保留	中国新四大发明(重点)
典型 O2O 案例分析	保留	滴滴与美团
O2O 模式中的技术运用	保留	视频案例-阿里巴巴在 O2O 领域的技术创新
O2O 电商运作对策	保留	学习滴滴与美团的网络服务能力

(二)案例植入

课程思政教育,要讲究策略和方式方法,尽量做到潜移默化、春风化雨;思政案例选取要恰当,适当切入热点话题,引起学生兴趣,激发其讨论与思考;还要革新教学方法,多采取案例教学、对比分析、启发式教学,做到以理服人、水到渠成。

为了较好地完成"中国新四大发明与中国梦"主题,精心选取了多个教学案例,并且做了预先铺垫:比如讲到 O2O 的主要应用领域时,通过师生互动,让学生了解高铁网络购票是典型的 O2O 业务;网络约车、共享单车是很便捷的 O2O 业务;而我国的移动支付可以解决几乎所有 O2O 业务的网络预付与现场支付。

再比如,在做 O2O 案例分析时,选用了视频案例,展示了国内电子商务公司在 O2O 体验购物方面的进展,并通过师生互动,让学生自己找出视频中采用的新技术,加深了学生对我国信息技术进步的直观体会。

(三)主题渗透

课程思政教育最忌"内容不相关""生搬硬套""教师讲不透""学生听不懂";为避免以上情况,实现"中国新四大发明与中国梦"主题的渗透,精选的案例都与 O2O 电商内容相关,比如共享单车打入日本、澳大利亚、美国市场,支付宝接入德国机场,支付宝抢滩日本支付市场;在华外国人称赞中国高铁的舒适与高效,中国手机支付的广泛使用;在讲到"国内 O2O 市场"时,因势利导,展示中外 O2O 电商交易数据,并做对比分析,我国的网购总额、快递件数、O2O 市场规模都处于全球领先地位,这样很有说服力。

(四)教学评价

本单元的教学评价主要采取了课堂互动问答、小测验与课后座谈的方式。

在课堂互动问答中教师随机抽取 6 名学生回答有关于各个 O2O 电子商务企业属于到家或到店模式的问题,这些学生都回答得很正确;小测验是通过班级微信群的链接,让学生做一个网络小测试,包括多道专业试题和思政试题,全班同学都做了答题,且正确率很高。课后教师还留下几名同学,进一步交流本节课所学内容及个人对 O2O 电子商务模式的认识和体会,顺便了解学生学习情况和课程思政教育实施情况。

五、评价与反思

根据教学测验及课后座谈,发现各主要教学目标均已达到:第一,学生较好地掌握了 O2O 电子商务模式,以及其在生活中的应用,它的业务模型和典型案例;第二,通过师生互动,学生分析和掌握了 O2O 模式运作方式及技术运用;第三,较好地实现了思政教育主题的渗透,学生们对中国O2O电商领域中服务、技术、文明的创新印象深刻,认识到新四大发明是在新时代中国特色社会主义阶段,赶超世界发达国家的典型例子;这充分证明我国在互联网经济和信息技术领域已取得长足进步,我们正走在民族复兴、实现中国梦的正确道路上。

当然此次课程教学中也发现了一些问题,比如班级一小部分同学还不了解新四大发明,对此类不太关心互联网发展的学生,教师今后要加以引导,督促其多渠道阅读学习;还有些同学对O2O典型案例和O2O技术了解不多,今后需要加强学习,拓展知识面和运营技能。

■■■参考文献

[1] 2016年度中国电子商务市场数据监测报告[EB/OL]. (2017-6-5)[2019-7-6]. http://b2b. toocle. com/detail——6398366. html.

[2] 习近平. 在全国高校思想政治工作会议上强调把思想政治工作贯穿教育教学全过程,开创我国高等教育事业发展新局面[EB/OL]. (2016-12-8)[2019-7-6]. http://www.moe. edu. cn/jyb_xwfb/s6052/moe_838/201612/t20161208_291306. html.

(魏振锋)

案例16　英语新闻在"英语听力"教学中的隐性思政教育实践

立德树人是高校工作的中心环节,思想政治工作需贯穿整个教育教学过程,实现全程育人、全方位育人,着力培养信念坚定、勇于担当、德才兼备的优秀人才。教师要将立德放在人才培养的首位,教育引导大学生树立远大理想,树立正确的世界观、人生观、价值观,把理想信念建立在对科学理论的理性认同上。传统高校的思想政治教育主要依靠两门"思政"课程(显性课程),而专业课程的教学内容和专业领域息息相关,主要围绕专业知识和技能培养展开,轻思政培养。专业课程的授课时长远远超过"两课"课程,因此,在专业课程中融入思政教育势必达到事半功倍的效果。专业课程的思政元素如何挖掘,这些隐性思想政治教育资源可以隐藏于专业课程学习的各个阶段和细节中,在整个教学过程中影响大学生的情感、意志及价值观念。

一、"英语听力"课程分析

"英语听力"是我校商务英语专业的一门核心课程,旨在帮助学生掌握日常交际及职场中的英语听说技能,并掌握一定的职场及文化素养。高职人才培养目标规定要打造全面发展、适应社会需求、高素质的技术技能型人才。然而,在现实教学中,我们发现高职学生普遍存在自学能力弱、学习动力不足、功利性强等特点。那么在课堂中如何以听力素材为载体,在有效提高课程技能培养目标的同时,又提高学生的人文素养?如何在教学任务中实现潜移默化的思政教育功能是该课程需要探讨的一个问题。

众所周知,大学英语四六级听力测试中新增了英语新闻的听力,注重考查学生的基本语言能力,要求学生在英语学习过程中更加强调听说能力,以及信息获取和交流互动的能力。由此可见,在课堂中引入新闻也是提高学生对大学英语四六级听力考试中新闻敏感度的一个途径。

如何实现课程教学目标所规定的听说技能与人文素养并重?我们尝试在英语听力教学中合理引入时事英语新闻,即提高学生学习英语的兴趣,扩大学生视野,同时,借助时事新闻话题对学生进行与教学目标相匹配的正确的人生观、社会主义核心价值观等方面的德育教育。

二、英语新闻的隐性思政教育功能

隐性教育是美国教育学家和社会学家杰克逊(P. Jackson)在其著作《课堂中的生活》中正式提出的。"隐性课程"中的课程并不是实际存在的,是指在实际课堂中那些能反映社会教育内容的,能够潜移默化地对学生施加思想政治和文化影响的教育因素。

英语新闻是一个很好的可利用的隐性思想政治教育资源。我们可以在常规教学的同时及时提醒学生思考新闻中一个问题,充分激发学生的课堂参与度,在宽松、自由的氛围中逐步提高听说技能及良好的思想品质。英语新闻的内容无所不包,从各国政府活动、民间趣事、专业领域事件到各国风土人情,具有很强的时效性和现实性。教师在课堂上引导学生收听英语新闻,能够帮助学生及时了解当下政治、经济、文化等方面的情况,在真实的情景下进行听、说语言技能训练,提高英语综合应用能力,进而通过更多地了解"家事、国事、天下事",使学生逐步具备国际化视野及批判性思维能力,构建复合式知识结构和形成良好地看待问题的心态。

三、利用英语新闻进行思政教育的途径

在英语听力课堂上围绕国内国际重大新闻事件和社会关注的热点开展语言学习活动,将英语语言学习与思政教育相结合是可行的。

(一)英语新闻教学中渗透社会主义核心价值观

社会主义核心价值观包括国家层面、社会层面和个人层面,在教学中教师筛选与专业课程主题相关的英语新闻,以社会热点和学生兴趣为出发点,如与学生学习、生活、就业、创业息息相关的主题,力图在学习中引发学生共勉,进行深入的探讨与反思。

例如,在本学期的教学单元中有关讨论 Traffic 这一主题,教师选取了央视英文频道的英语新闻"World's longest aerial bicycle lane opens in Xiamen (世界上最长的空中自行车道亮相厦门)",在边听新闻边归纳语言学习任务的同时,学生也能了解到我国政府在治理空气环境的决心,中国日益强大的经济实力,以及老百姓的生活在改革带来的红利下无形地发生着变化。例如,在讲到 Banking Service 这一主题的时候,教师引用央视英文频道的英语新闻"Telecom scams(电信诈骗)",在该新闻中学生了解了目前国际上电信诈骗的严重性,以及每年的损失程度(10.7 billion yuan),嫌疑人(suspect)是如何行骗的,他们惯用的伎俩是什么,以及受害者(victim)该如何防范。电信诈骗这一主题学生肯定不陌生,并且在学生身边就有发生这样的悲剧,因此这节课无疑也是一堂生动的防止电信诈骗的主题班会课。在主题讨论的时候,教师无形中将"爱国、诚信"等社会主义核心价值观渗透到教学中,帮助学生形成正确的人生观和价值观。

(二)英语新闻中挖掘"中国元素"

社会主义核心价值观具有中国特色,教师在挖掘英语新闻的时候要多关注中国事件,增强学生的价值自信和文化自信。例如,教师利用时事热点向

同学介绍"一带一路"(the Belt and Road)，从 1978 年党的十一届三中全会开始拉开中国改革开放的大幕，经过 30 年的经济转型(economic transformation)，中国如何深化改革等措施，讲到了"一带一路"倡议，即"丝绸之路经济带"和"21 世纪海上丝绸之路"(the Silk Road Economic Belt and the 21st Century Maritime Silk Road)，中国在世界经济发展上所起到的重大作用。国内的英语新闻报道作为沟通中西方价值的桥梁，在抵御西方不良价值观和强势文化的冲击，传播中华民族特色等方面发挥重要的作用。教师利用主题研讨、问题导入、英语辩论等形式展开对相关主题的学习。借助英语新闻主题，展开学习，整个学习过程就是一个自我反思、品德养成、互相学习的过程，也是将社会主义核心价值观铭记于心的一个过程。良好的品德在润物细无声中悄然形成。

四、评价与反思

在专业课堂中融入思政教育并非生搬硬套，一定要把思政内容自然恰当地渗透到英语教学中。每个教师在提高学生思想政治素质方面是责无旁贷的，其作用也是不容忽视的。

(一)加强专业教师的思政素养

利用英语新闻对学生进行隐性思政教育，教师首先必须要对社会主义核心价值观有明确的认识与理解。英语新闻可以选自中央电视台英语频道新闻、BBC、VOA 等不同媒体。国外媒体的英语新闻虽然语言地道，但是其背后隐藏的立场、价值观却未必有利于学生价值观的教育，因此，专业教师应主动提高对英语新闻报道的选择和判断的能力，树立坚定的社会主义理想信念。

(二)提高学生自主学习素养

课堂外的异步空间学习是课堂教学有力的延伸，教师要充分引导学生进行自主学习，发挥他们的学习能动性，引导他们去主动思考、参与互动，实现英语新闻在课外学习中的价值观自我教育功能。

（朱杨琼）

第七章　理工类专业课中的课程思政

案例1　以案说法,提升知识产权意识和自信心

一、课程分析

适用课程"专利信息分析实训"。

本课程是知识产权管理专业的专业方向课,在对专利制度有所了解的基础上对专利信息进行进一步挖掘和分析的实务类课程。专利信息资源是专利制度的产物,它蕴含着丰富的技术、法律、商业信息,已成为与生产资料、资本资源、人力资源并列的独特的资源,是一个巨大的信息资源宝库。将专利信息资源中所传达的信息变为推动经济、科技发展的动力,成为专利信息传播与利用的根本目的,为促进专利信息的有效利用,关键在于专利信息利用人才的培养和使用,是知识产权从业人员必须掌握的基本技能之一。

二、学情分析

高职层次的知识产权管理专业的学生基本以文科生为主,理科生比例不高,男女生比例1∶2,课堂纪律普遍很好,但学习缺乏主动性和发散性,这要求任课老师一方面在教学方法上应以案例法和任务驱动法为主,另一方面授课内容不能只考虑选取的案例要与专业密切相关,同时还要体现国家层面的知识产权战略。

三、案例简介

20世纪末,美国高通开始瞄准中国无线技术市场,致力于向中国的运营

商、制造商和开发商提供专利技术支持,通过出售专利技术和基带芯片等,经过十几年的经营,在中国无线通信市场取得了近乎垄断的霸主地位。

2013 年 11 月,中国发改委对美国高通公司进行立案调查。经过 2 年的取证,查明:

美国高通公司在中国无线标准必要专利许可市场具有市场垄断地位。特别是在无线通信技术标准 CDMA、WCDMA 和 LTE 中,美国高通均拥有大量的无线标准必要专利。美国高通持有的每一项无线标准必要专利许可独立构成的相关产品市场,它均占有 100% 市场份额。由于美国高通将自己持有的无线标准必要专利进行专利组合许可,相关无线标准必要专利相互叠加,构成了覆盖特定无线通信技术标准的无线标准必要专利组合,美国高通公司在其无线标准必要专利组合许可市场占有 100% 的市场份额。与此同时,美国高通公司通过收取不公平的高价专利许可费,强制搭售非无线通信标准必要专利许可,并在基带芯片销售合同中附加不合理条件等滥用其市场支配地位的行为,在事实上构成市场垄断。

根据《中华人民共和国反垄断法》第十九条第一款第一项的规定:"一个经营者在相关市场的市场份额达到二分之一的",可认定其在无线标准必要专利许可市场具有市场支配地位。同时,无线通信终端制造商对美国高通的无线标准必要专利组合许可的高度依赖证明了美国高通公司具有控制无线标准必要专利许可市场的能力。

综上,根据《中华人民共和国反垄断法》第十八条的规定,美国高通公司在中国的无线标准必要专利许可市场具有市场支配地位,构成垄断。

2015 年中国发改委对美国高通发出行政处罚决定书,决定对美国高通公司处以 60.88 亿人民币行政罚款,同时还做出如下整改要求:

1. 对在我国境内销售的手机,由整机售价收取专利费改成收取整机售价 65% 的专利许可费;

2. 将向购买高通专利产品的中国企业提供专利清单,不再对过期专利收取许可费;

3. 不再要求我国手机生产企业将专利进行免费反向许可;

4. 在专利许可时,不再搭售非无线通信标准必要专利;

5. 销售基带芯片时不再要求签订一切不合理的协议。

四、实施过程

(一)本次教学案例主题

1.专利战略实现经济转型,进而实现中华民族的伟大复兴。

2.对我国发改委对美国高通提出反垄断调查的时机进行分析。

3.确认专利信息中的经济价值,进而确定专利对经济和科技的推动作用。

(二)引导提问

1.美国高通究竟凭借什么实现在我国无线通信市场的垄断地位?

2.我国现阶段的国民经济转型同温州地区经济转型的相似性?

3.温州经济的持续发展的节点在于何处?

(三)思考切入点

联系 2017 年 10 月 18 日召开的党的第十九次全国代表大会中关于我国经济发展的规划,"两个一百年"的衔接,社会主要矛盾的改变等。

(四)继续发问

请同学深入思考,专利中所包含的巨大科技、经济价值,从而以专利为代表的知识产权对于我国经济发展的重要性。

总结此次国家发改委对美国高通发垄断罚单对民族产业发展(通信领域)专利解绑的重要性,并指出在整个过程中知识产权工作者发挥的重要作用,让学生建立职业认同感和职业自信。

五、评价与反思

(一)评价

中国发改委对美国高通的反垄断案,对中国相关产业的市场有 3 点积极作用:

1.保护其他通讯领域从业者的专利价值。

第三条"反向授权"条款的取消,使得我国的通信领域厂商拥有对自主专利进行维权的可能性,进而激励企业进行自主研发和专利创新,随之建立健全专利运营管理制度,使之常态化。

2.保障了我国手机运营商在专利交易市场上的自主选择权,打破了美国高通在无线通信市场的垄断地位。

3.禁止搭售非无线通信标准必要专利的举措,极大地减轻了我国手机运营商的交易成本,维护了非无线通信标准市场的正当与公平竞争,很大程度上保护了技术创新者的利益。

(二)思考

1.学生认识到专利等知识产权对于经济发展和企业竞争力的决定性作用。

2.学生认识到温州经济转型与国家经济转型是同步的,具有高度一致性。

3.学生深刻认识到党的十九大报告中提出的"新时代"的内涵中,知识产权是重要组成部分,也是实现人民美好生活需要基石所在,使得学生的职业使命感和自豪感油然而生,从而建立自己对职业未来前景的自信。

4.授课教师在讲授过程中能更好地将自己专业同国家发展和国家命运紧密结合在一起,对自己的专业有进一步深刻认识,同时因为准备案例的需要去查大量背景资料,思考课程与专业、职业精神、社会发展等方面的联系,在教育学生的同时,对于教师本人也是一个学习提升的过程。

5.国情、专业认同感和案例法、任务驱动教学法在授课中如何紧密结合,教师需要不断去摸索和实践,打破专业教师教学思路仅限于专业范畴的局面,将教书育人贯穿整教学活动始终。

参考文献

[1] 张斯.芯片领域专利纷争,高通反垄断案始末[EB/OL]. (2014-02-19)[2019-04-01]. http://www.ofweek.com/topic/2014/Qualcomm/.

[2] 中华人民共和国反垄断法[EB/OL]. (2007-08-30)[2019-04-01]. http://www.gov.cn/flfg/2007-08/30/content_732591.htm.

[3] 赵超.发改委对高通公司垄断行为责令整改并罚款60亿多元[EB/OL]. (2015-02-10)[2019-04-01]. http://www.xinhuanet.com/2015-02/10/c_1114319709.htm.

(王秋红)

案例 2　在鞋类美术设计实践中引导学生学会学习

一、课程分析

"鞋类美术基础"课程在鞋类设计与制作专业人才培养目标中起着重要的作用。它是鞋类设计与制作专业人才培养方案中的必修课程。鉴于消费市场、企业对设计人才设计水平的要求不断提高,合格的鞋类设计师不仅要做到准确地造型,还要具备一定程度的创新意识。因此要求学生掌握基本素描和色彩的基础知识并用于鞋类设计上,对后续专业课程的学习至关重要。按照"以能力为本位,以职业实践为主线,以项目课程为主体的模块化专业课程体系"的总体设计要求,以培养学生的"学懂"和"会设计"为基本目标,紧紧围绕实际工作任务完成的需要来选择和组织课程内容,突出任务与知识的联系,让学生在职业设计实践活动的基础上掌握鞋类美术基础知识,增强课程内容与职业岗位能力要求的相关性,提高学生的独立思考和实践动手能力。

二、学情分析

鞋类设计专业大一的新生,由于高中时期美术课基本上是没有上过的,没有任何绘画的基础和功底,学生刚刚进鞋类专业学习不久,在学习美术专业技法上存在困难,一时也没有完全适应大学的美术课程学习。"鞋类美术基础"课程是鞋类设计专业的一门专业基础课,它重在造型表现能力和创意思维能力的基本训练方法上。鞋类美术基础是表达设计创意,收集设计素材,交流设计方案的手段和语言,是设计师必备的专业设计表现技能。由此可以看出,对学生进行美术基础能力的训练,对于鞋类设计专业的学习是十分重要的。因此,"鞋类美术基础"课程对于鞋类设计专业的学习至关重要。如何引导学生学会学习成为我们这门课程学习的关键所在。

三、案例简介

在美术基础课程的学习上,运用传统文化精髓引导学生学会学习。儒家思想是中国五千年来文化思想的核心与精髓。当今社会,中国传统文化教育一直备受大家关注。教育的根本就是要让受教育者知道做人的基本道理。在课程中,从开始运用传统文化来启发学生学会如何学习美术,再到引导学生学会做人,做好自己。

四、实施过程

首先在课程的学习中,教师引入这次同学参加"市长杯"鞋类设计大赛班级同学的设计作品分析,通过对学生作品的特点分析,让学生学会从别人那里学习优点为我所用,通过看别人的缺点来看自己是否有犯同样的错误,学会反思。引用论语里的一句话:见贤思齐焉,见不贤而内自省也。启发学生学会自我反省。再用李嘉诚如何教育子女的案例进行扩展延伸,提出我们不仅要从书本上学习,还要向我们身边的人学习,从别人的失败和成功的经验中,获取有益的东西。学会做好自己。

学生参加市长杯比赛总结:

1.同学进步大,但在造型上有些把握不准,比如鞋款的大小比例,鞋脸的长短比例等;

2.对于明暗交界线的过渡把握还不够自然流畅;

3.对细节的刻画还有待加强。

针对同学比赛出现的问题提出解决方法:

1.多用笔去检验大小比例,达到熟练掌握;

2.对明暗交界线加强理解和练习;

3.特别把不会画的细节单个拿出来练习。

这次的课程思政课程设计安排,以及教学内容的设计基本上是达到预期的效果,学生也从课程教学中学会去反思,从同学的参赛作品里看到自己的不足和差距,以及对接下来如何安排好自己的学习心中有了小方向和目标。

五、评价与反思

这次课程的教学内容是非常充实的,老师的课前准备也是下足了功夫。教学目标是明确的,教学思路也是清晰的。教者循循善诱,适时点拨,使学生思维清晰化,大有拨云见日,水到渠成之感。教学中,注重学生学习能力与设计表达能力的培养,但是预设和实践有时相疏。课程内容安排在细节上存在一些不足之处。多媒体课件讲到流行鞋款的时候鞋款图片有些多,容易使学生产生视觉疲劳。在今后的课程中要再三斟酌图片选取的数量,给学生带来最好的课程。

（彭艳艳）

案例3 "大道理"引导"小道理",产品设计的精髓
——文化创意

一、课程分析

工业设计专业大二上学期课程"产品形态设计"是针对工业设计专业学生而设置的专业必修课。通过产品形态设计课的学习,学生掌握产品形态的基本概念、产品形态设计的技术基础、产品形态的审美评价和产品形态的意义。从感性和理性两个方面培养学生对形态的想象能力、认知能力及创造能力。

二、学情分析

工业设计专业学生的特点大多可以用感性、随性、真性等几个方面来形容:他们情感丰富,思维活跃,富有创新精神,但缺乏深度,统筹思维、逻辑能力差,不太能顾及结果;他们纯真,率直,重情感,追求心里真实想法的表达与对待事物的平衡性;他们自我意识强烈,不愿受规章制度牵绊,缺乏纪律约束,自律能力相对较弱。学生课程前期学习的"工业设计概论""造型基础""设计速写"课程,已经对专业知识有了一定的了解和运用能力。学习本课能使学生更好地了解产品形态的表现形式和表现方法。

三、案例简介

课程题目:"文化与产品设计"。

课程教学主要内容,如图1-1所示。

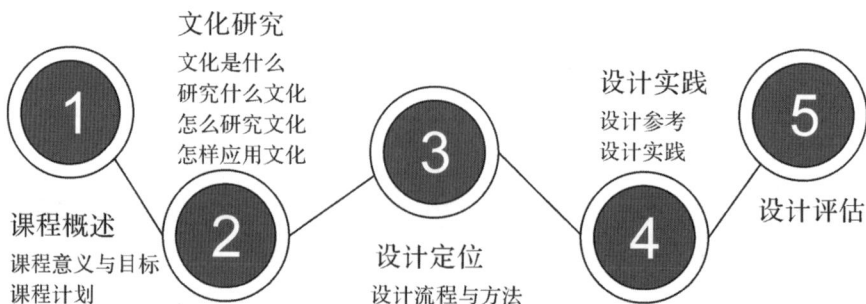

图 1-1　课程教学主要内容

四、实施过程

(一)课程概述

本课程以研究中国文化,以新的产品设计思路进行深入提炼,设计符合现代人的生活方式与审美需求的文化创意产品,为传承和发扬中华文化做出特有贡献。

(二)课程目标

1.研究中国文化与现代审美关系

2.器以载道的应用

中国传统器物形式一方面要具有美感,让人们感到一种审美愉悦,另一方面,作为功能的载体,要实现某种审美功能。这种要求反向而言即"道在器中",无论瓷器、玉器、红木家具等等,都以此为最高境界。

3.了解一带一路

"一带一路"是"丝绸之路经济带"和"21世纪海上丝绸之路"的简称。

(三)整体设计

1.专业讲授

通过教师专业的讲解,学生了解中国文化的历史、组成、行为、观念等元素。

2.借用载体实例讲解

结合思政课程元素,重新设计和组织教学内容和教学素材,有机引入中国传统文化、中华传统元素、社会主义核心价值观等具有中国特色的元素;中国文化、中国形象等文化元素,进一步强化了大学生对主流价值的感性认识,从而增强了大学生的文化自信。

3.学生为主点评结合

将中国传统文化图像与课程进行融合,去适应、引导学生价值观、文化观的正确确立,确立民族自豪感,也使之能够正确认识传统优秀的文化艺术;训练有序思维,养成预想和计划行为习惯,结合色彩情感等篇章进行艺术训练,促成学生对我国文化自信力的感知和认识。

(四)教学内容

如图 1-2 所示。

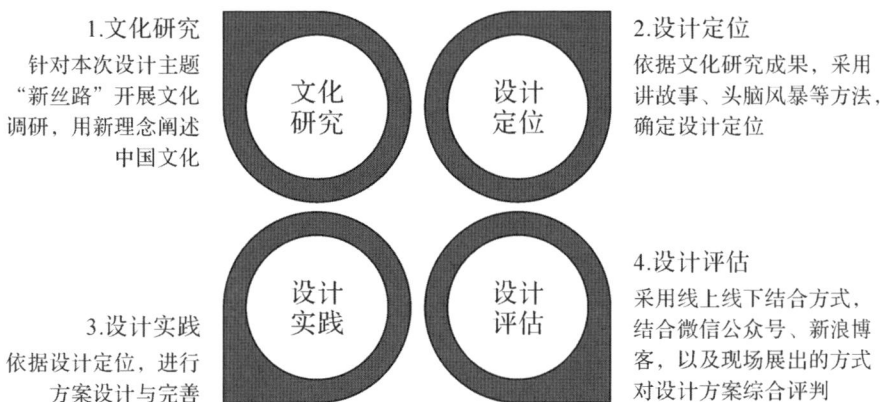

1.文化研究 针对本次设计主题"新丝路"开展文化调研,用新理念阐述中国文化

2.设计定位 依据文化研究成果,采用讲故事、头脑风暴等方法,确定设计定位

3.设计实践 依据设计定位,进行方案设计与完善

4.设计评估 采用线上线下结合方式,结合微信公众号、新浪博客,以及现场展出的方式对设计方案综合评判

图 1-2　课程教学内容

(五)教学过程

1.了解文化研究

课前几个问题,文化是什么? 研究什么文化? 怎么研究文化? 怎样应用文化?

(1)文化是什么?

使学生了解:关乎人文,以化成天下。

——《周易》

所谓文化,不过是一个民族生活的种种方面。可以总括为三个方面:精神生活方面,如宗教、哲学、艺术等;社会生活方面,如社会组织、伦理习惯、政治制度、经济关系等;物质生活方面,如饮食起居等。

——国学大师梁漱溟

文化由外显的和内隐的行为模式构成,这种行为模式通过象征符号而传递;文化代表了人类群体的显著成就,包括它们在人造器物中的体现;文化的核心部分是传统观念,尤其是它们所具有的价值;文化体系一方面可以看作是活动的产物,另一方面则是进一步活动的决定因素。

——美国文化人类学家克罗伯、克拉克

(2)使学生理解文化与产品的新方向。

"新时代、新使命、新征程"党的十九大报告明确指出,深化供给侧结构性改革,加快建设创新型国家。当今世界,中国正成为推动实现"新全球化"的先行者、实践者、引领者。中华民族的伟大复兴给中国品牌走向世界带来巨大的历史机遇。国内企业在走出去的过程中,应该以更大的文化自信,塑造品牌形象,让"中国智造"成为响当当的世界名片。党的十九大报告中指出,深入挖掘中华优秀传统文化蕴含的思想观念、人文精神、道德规范,结合时代要求继承创新,让中华文化展现出永久魅力和时代风采。文化由外显的和内隐的行为模式构成。

(3)提问:我们当代工业设计专业大学生应当如何去做呢?

世界是你们的,也是我们的,但归根结底是你们的。你们青年人朝气蓬勃,正在兴旺时期,好像早晨八九点钟的太阳。希望寄托在你们身上。

——毛泽东

2.现代中国文化的传播

利用孔子学院来阐述当代我国文化的传输途径。截至 2016 年 12 月 31 日,全球 140 个国家(地区)建立 512 所孔子学院和 1073 个孔子课堂。分别学习以下内容:(1)文化的精神内核;(2)文化的过程现象;(3)文化的外在形象。

3.失败与成功案例介绍

针对以下事例,学生分析文化和产品的结合成功与失败的原因。

(1)龙的传人音响——英国。

(2)惠普笔记本——美国。

五、课程思政结合细节分析

(一)产品形态设计课程思政融合切入点

体验需要环境,感受需要资源。通过对学校、家庭和社会教育环境和资源的发掘、选择和组织,建立起具有本校特色的思想政治课程体验式学习环境和网络资源平台。利用微博、QQ、网站、微信等与学生交流互动,拉近了师生距离,扩展了交流空间,实现对学生的即时沟通、引导。随着科学技术的迅猛发展,人类社会已步入知识经济时代,信息化社会对我们提出了更新更高的要求。

(二)弘扬民族文化为课程主旋律

以研究中国文化,以新的产品设计思路进行深入提炼,设计符合现代人的生活方式与审美需求的文化创意产品,为传承和发扬中华文化做出特有贡献。

(三)国家未来发展情系每位学生的未来

"一带一路"是"丝绸之路经济带"和"21世纪海上丝绸之路"的简称。通过对一带一路的介绍,学生了解国家战略,作为产品设计专业的学生未来学生在工作中的作品都将会随着"一带一路"传遍全球各地。那么如何能在设计的产品中体现中国的特色,使具有中国文化的产品深入全球,开启文化领导全球的新篇章,同时也对学生提出了新的要求。

六、反思

工业设计专业由于专业特殊性,其学生有思想活跃、追求个性、动手能力强等特点。专业课程的思想政治教育在培养学生的创造性思维和教学的针对性、实效性方面,依然存在着不少问题。课程思政对课堂提出了更高的要求,作为一种全新的教学理念,更加注重启发学生亲自去体验和感受,发挥学生的潜在能力,从而使他们将认知内化于心、外化于行,实现认知、情感和道德的和谐发展,提高综合素质和能力。因此工业设计专业基础核心课程"产品形态设计"的课程思政研究,将给工业设计专业课程思政教学带来新的启发。

（一）紧跟时代步伐，贯穿课程教学

时事政治应自始至终贯穿课程。身为新时代的大学生不仅要关心专业课，同时也要关心时事政治。"新时代、新使命、新征程"党的十九大报告明确指出的深化供给侧结构性改革，加快建设创新型国家，等等，都是我们在课堂上应开展思政教育的内容。

（二）坚定教师信念，提升自身业务水平

要有理想信念。理想信念是做好老师的精神支柱，是基石。做好老师，首先，要具有坚强的政治信念，忠诚于党和人民的教育事业，自觉把党的教育方针贯彻到教学管理工作全过程，严肃认真对待自己的职责，紧跟时代步伐，要加强学习，增强自信，积极引导学生热爱祖国、热爱人民、热爱中国共产党。其次，要有对学生健康成长和成才的教育信念，"没有教不好的学生"，努力将学生培养成为有益于社会发展的有用人才。

（三）教师转变教育教学观念的重要性和复杂性

思政教学模式的结构需要进一步进行科学的调整；学生课堂行为如何规范；教师在完成教学任务的同时，如何贯穿思政内容是一个复杂的系统，而且课程思政还需要占用教师大量课余时间和精力；等等，这些都是我们的课程思政课改需进一步研究的问题。

（吕长征）

案例4　基于互联网视域的"眼应用光学基础" 课程思政教育实践

高校是思政教育的重要根据地，也是秉承立德树人教育的基地。思政教育工作应该是贯穿整个高校教育环节，高校思政教育工作应该通过多角度、多方式实现全程育人、全方位育人，着力培养有理想、有道德、有文化、有纪律的"四有青年"。高校思政教育不仅仅依托原有的"两课"课程教育，还有赖于专业课程的教学过程和内容。原有的"两课"是高校思政教育的正规路线，专

业课程则通过选取专业领域的核心内容,通过潜移默化的方式,完善高校思政教育。通过"两课"和专业教学双管齐下的作用,高校思政教育贯穿大学生的整个学生生涯,对其树立正确世界观、人生观、价值观起到积极的引导作用。随着互联网技术的普及,传统高校思政教育的弊端和不足之处也更加凸显,传统思政教育面临不同程度的改革需求,力求与时俱进的同时,能继续满足培养合格社会主义接班人的要求。

一、互联网时代下高校思政教育面临的挑战

(一)思政教育方法面临的挑战

目前高校传统思政教育除了原有的"两课"课堂教育之外,专业教育多为选取相关的渠道案例和资源,通过专业教师的课堂指导、独立谈话、开展座谈会等方式展开。一般情况下,老师在特殊的范围内对大学生展开思想教育,遵循循循善诱的形式,一步步加以引导,使大学生的精神思想能沿着社会主义发展要求的方向前进。但是这样传统的思政教育方式在大学生思政教育中的应用效果不太明显,而且适合的范围也受到传统教育方式需要进行面对面展开的局限,从而使得受教育的大学生数量有限,范围有限,并且不能随时随地开展思政教育。

高校传统思政教育由于是面对面开展,需要具备良好的氛围、合适的时机、恰当的地点等,这些先决条件能很好地强化传统思政教育的教育效果。但是当这些先决条件缺失时,其教育效果就大打折扣了。一旦学生离开了现有的高校思政教育氛围,思政教育所巩固的阵地会产生缺失。显然,高校思政教育工作者必须不断地、反复地结合专业特色和相关案例开展思政教育工作,才能不断巩固思政教育效果,获得理想的教育成果。显然,传统思政教育在教育方法上存在一定的弊端。

与传统的教育方法相比较,大学生更容易接触到互联网信息,并且不受到时间、地点、环境的限制。大学生能利用互联网在短时间内快速获得大量的信息资源,包括思政教育资源和专业技能知识。同时,高校专业教师还能通过互联网平台,为大学生提供适合其身心发展的专业资源和职业道德理念,有利于大学生树立正确的人生哲学。比如,"眼应用光学基础"授课教师利用学习通、蓝墨云或者微信公众号等平台,将专业中的优秀学员、优秀企

业、专业资源及专业发展等内容传递给学生,不仅给学生带去大量正能量的信息,而且让学生对专业发展、从业岗位及从业道德等方面内容有更深入的了解。

(二)思政教育过程面临的挑战

在传统思政教育过程中,由于教育方式的局限性,其具体内容和引导方向具有很强的可控制性。通常,教师在进行相关的思政教育之前,会做好充分的准备,使学生能按部就班地接受老师所预定的教学目的。同时,大学生对自己的教师也是抱有一种敬仰和敬佩之心的。

随着互联网的高速发展,大学生能随时随地接受各种信息,信息面广泛,信息量大,有很多内容很可能跟教师所提供的信息相左。由于大学生阅历浅、人生经历少,对于很多事情的判断能力比较弱,当他们接受大量的与教师信息内容相左的信息时,会颠覆教师在其心目中的形象,甚至破坏教师原先所做的思政教育成果,甚至被这些不良信息所利用。

二、互联网背景下高校思政教育的创新途径

2013 年,习近平总书记在走访各大高校时提出新型思政教育观念,这是思政教育创新改革的先驱。在互联网快速发展的今天,改变思政教育的观念,重视信息资源的挖掘,利用互联网平台,才能使高校思政教育在互联网视域下蓬勃发展。

第一,平等化教育原则。在传统教育方式中,教师通常采取集中授课、座谈会、讲座等方式开展课堂思政教育。教师在这类教育活动中处于主导地位,属于较高位置,学生处于接受者的角色。所以应该利用互联网平台,适当调节自身的地位,树立平等化教育观念,使教师和学生处于平等地位。

比如"眼应用光学基础"授课教师,利用微信公众号,将很多社会资源和信息带给学生。同时将学生群体中比较常见或者今后工作中面临的职业道德方面案例等引入微信公众号。在引入这些资源的同时,也导入很多社会上的不同声音或者意见,针对这些意见和声音,展开专业的分析和讲解。这些案例涉及范围广,网络上的评论声往往也很多,这些不同的声音如果不加以分析和引导,很容易对学生造成认知上的误解,从而影响学生树立正确三观。

第二,提升互联网上信息的汲取能力。互联网上获取资源和信息的渠道

非常广泛,而且时效性很强。专业教师必须具备广泛涉猎这些信息的能力。教师通过互联网平台,能与时俱进了解专业最新发展,获取最新资讯,能在今后的课堂教学过程中,有效引导学生。比如"眼应用光学基础"授课教师利用微信公众平台,使学生在获取咨询的同时,还能和公众号管理者展开有效互动,在课前、课中、课后都能及时提出疑问,这些疑问的有效解决,很好地实现了高校思政教育的实时引导目的。

第三,充分利用掌上课堂的教育平台。随着互联网平台的不断深入,各类学习软件和平台也不断推出,我们的课堂教学也不再真正地局限于课堂的45分钟了,而是随着手机和网络的普及,深入学生的课余时间。比如"眼应用光学基础"授课教师使用的蓝墨云、学习通等软件,实现掌上课堂的教育平台。在运用这些互联网教育平台时,除了将课堂理论知识上传到软件之外,还将更多的专业实践活动、专业实操训练、校外实践、社区爱心活动等视频内容上传,通过这些实践内容,网上教育平台成为传统课堂教学的有效补充和合理巩固,能很好地强化思政教育效果。

三、小结

互联网普及程度在不断加深,速度也在不断加快。高校思政教育工作必须在新形势下进行有效改革,从而巩固高校思政教育阵地。高校思政教育工作者及专业教师应当时刻保持清醒头脑,与时俱进地用互联网来武装自己的思想和阵地,在学生中树立榜样,才能对高校学生进行有效的思想引导。同时,紧跟时代步伐,及时调整自身思想上的短板,引入互联网优势,并结合现阶段国家发展趋势,形成有特色的高校思政教育,促使思政教育走向信息化。

（陈　瑶）

案例5 "工程图学与CAD"课程思政教学探索与实践

一、课程分析

(一)课程分析

"工程图学与CAD"课程旨在培养学生读图、画图能力的同时,开发他们的思维能力,培养他们认真的学习态度,对学生后续课程的学习和将来的工作能力都会起到一定的影响作用。该课程是工程与产品信息的载体,是工程界表达、交流的语言。在机械领域称之为工程语言。在整个机电大类专业中,它是一门重要核心基础课,理论性和实践性都非常强。

(二)思政元素分析

党的十九大报告明确提出"落实立德树人根本任务"。具体为如何培养? 培养效果? 为谁培养? 这些是目前高等教育的根本问题。培养中,"立德"是任务,"树人"是要求。立德主要包括:爱国主义、理想、集体主义、劳动、人道主义、社会公德、自觉纪律、民主与法制观念、科学世界观和人生观、健康心理等方面的教育。

(三)课程内思政元素提炼

通过就业岗位调研分析,得出知识目标、能力目标和素质目标,具体如表1-1所示。企业反馈:知识可以学,能力可以培养,但学生素质不是搞个突击培训就能上来的,没有良好的素质,工作是做不好的。素质目标的培养就是课程思政的范畴,只有课程思政做到位了,学生态度端正了,知识目标和能力目标才容易达成。"工程图学与CAD"课程的思政目标就是培养学生严谨、细致的工程素养,精益求精的工匠精神,授课时可以穿插爱国主义、沟通能力、集体主义、国家标准、行业规范等思政内容。

表 1-1 就业岗位及能力分析

序号	项目类型名称	具体介绍
1	就业岗位	直接岗位:绘图员、CAD工程师 延伸岗位:机械设计师、技术员、质检员等

续表

序号	项目类型名称	具体介绍
2	知识目标	1. 制图国家标准 2. 各种投影法(主要是正投影法)的基本理论及其应用 3. 机械图识图方法 4. 机械图表达及绘制方法 5. 计算机绘图(AutoCAD)
3	能力目标	1. 空间想象能力和空间逻辑思维能力 2. 能看懂机械图纸 3. 能正确绘制机械图纸,工程表达能力
4	素质目标	严谨、细致的工程素养,精益求精的工匠之心

二、学情分析

该课程授课对象是高职机械类专业群大一新生,学生学习层次主要有普高、单考单招、3+2等。大一新生基本上是 2000 年左右出生,个性比较强,大部分是独生子女,普遍具有以下特点:(1)基础较差,对自己要求低;(2)缺乏良好的学习习惯,大部分学习态度不够端正;(3)爱玩手机,对专业课兴趣不高,惰性强;(4)不具备深度思考能力,耐心不足,缺乏工匠精神;(5)历史责任感较弱,不能正确区分网络上各种声音,社会主义核心价值观还未形成等。

要想学生能够耐下心来把"工程图学与 CAD"这门课程学好,首先必须端正学生的态度和思想,在教学过程中做好思政教育工作。

三、案例简介

以"零件图绘制"项目的课堂实际教学为例,来探讨专业课程思政的实践。通过仔细分析该堂课内容,将"零件图绘制"项目细分为三个子任务,第一个任务:认识零件及零件图,在这里通过汽车零件的认识,把学生带入汽车制造大国的世界里,培养学生朴素的爱国主义情操;或者通过认识航空零件,自然地联想到"神舟十一号"的发射,激发学生的民族自豪感,如果课堂时间允许,可以进一步过渡到大学生关注时事政治,还可以链接到学习强国等平台。

第二个任务是零件图的绘制步骤,重点内容是如何画图,但难点却是"如何把图画好、画规范",这里的思政元素主要是严谨、细致的工程素养,精益求精的工匠精神,正切合我们的素质目标。此处可以给学生看李峰、裴伟波等

"大国工匠"纪录片,引领他们初步树立起工匠精神的价值理念。

第三个任务就是零件图绘制实践,让学生在上个环节领悟到的工匠精神,通过绘图练习来塑造。对于有错误的地方,不能马虎,来来回回修改,不限次数,直到改好为止。这一次次修改的过程,就是不断铸造和壮大匠心的过程,同时也增强了学生的自信心。班上每个学生都反复经历了这个过程。如表1-2所示。

表 1-2　零件图课程思政实施方法

序号	课程内容	实施方法	思政内容
1	认识零件及零件图	以汽车、航空零件为例,带学生认识零件,之后认识零件图	从航空零件的认识中,聚焦到神舟十一号的发射,从而引导学生关注国家大事,比如近期时事政治大事,十九大的报告;或者从汽车零件的精密制造中感受我国制造大国的魅力,培养朴素的爱国主义情感
2	零件图的绘制步骤	通过项目教学法讲解零件图的绘制步骤,重点是绘图的规范性和精确性	通过学生的具体绘制案例,引入"不仅要画对,还要画好",介绍大国工匠李峰、裴永斌,强调工匠精神,培养工匠之心
3	学生绘图实践	布置任务,学生实际动手绘制"轴"零件图	从学生的实际行动中,真正把工匠之心培养起来

四、实施过程

本节授课内容是"零件图的绘制"。开始上课时,学生全体起立齐喊"老师好",进行行为思政。之后讲解任务1"认识零件图",从认识零件开始导入,引入"关注国家大事、爱国主义教育"等思政内容。当讲解任务2"零件图的绘制步骤"时,进行"工匠精神"思政教育。具体实施过程如下:

任务1　"认识零件图"思政教育实施过程:

师:在认识零件图之前,我们首先来认识下什么是零件?哪些地方需要用到零件?我们来看几张图片(此处选择神舟十一号发射图)。

这些图片大家应该很熟悉吧,是什么事件呢?

个别学生:神舟十一号。

师:很好,那神舟十一号是什么时候发射的呢?哪一年?

学生没一个人回答出来。

师:神舟十一号载人飞船是2016年10月17日7时30分发射成功的,距离 1999 年神舟一号的发射成功有 17 年了。神舟十一号已成为一个象征,表明咱中国经过几十年的发展,国力提升,在一度只有少数国家掌握的技术领域开始缩小与发达国家的差距。这是我们中国的成就和荣耀,我记得在神舟十一号发射成功的那一刻,内心无比激动,对祖国的热爱油然而生,我为自己是个中国人,而深深地骄傲和自豪!

这件大事是之前发生的,但是大家都回答不出来,说明大家平时对国家大事的关注度是不够的。要为社会做贡献,就要关心社会发展,关注国家大事。伟大领袖毛泽东同志一直教导中国人民,要关心国家大事,要把自己的命运与中华民族的命运联系在一起。毛主席为什么要求我们关心国家大事呢?一个国家,一个民族,都应该知道什么是政治,都要有政治家的长远眼光,才能自觉地把自己的命运与国家的命运、民族的命运、人民的命运联系在一起,先考虑大家、国家、整体利益,然后再顾及个人与小家庭利益。

当代大学生是中华民族未来发展的支柱,除了要具备过硬的专业知识,还要有"国家兴亡,匹夫有责""家事国事天下事,事事关心"的情怀,只有具备这些,才是合格的大学生! 那怎样才能做到真正关心国家大事呢? 答案很简单,从身边的小事做起。平时少玩游戏,把时间用在关注时事报道、积极参与相关论坛等方面,把国家的发展、民族的发展真真正正融入我们的日常生活,做一个有民族自信的大学生!

近期发生了哪些国家大事呢? 比如,2018 年 10 月 18 日,中国共产党第十九次全国代表大会在人民大会堂开幕。引导学生学习《决胜全面建成小康社会 夺取新时代中国特色社会主义伟大胜利》报告。

生:知道了,老师! 学生神情肃穆,若有所思。

师:接下来,我们来看下神舟十一号有哪些主要零件。(继续专业课教学)

任务 2 "零件图的绘制步骤"思政教育实施过程:

先讲解了零件图的一般绘制步骤,然后进行小结。

师:刚才我们总结了本次课的两个重点内容,那难点是什么呢? 难点在实践环节,即如何把零件图画好。注意,不仅是要画对,更重要的是要画好。画对,是指符合各种规范要求。那怎样才叫画好? 我们来看屏幕上这两幅图,左边这幅画得对不对?

生:对。

师:那好不好呢?

生:一般。不算好。

师:右边这幅呢?

生:好。老师,这个是打印的吧?

师:不是打印的,是你们上届的师兄手工画出来的。因为画得好,所以看起来像打印出来的一样。现在大家对"把图画好",有了直观的认识吧。

把图画好,就是一种追求极致的过程,实际上就是工匠精神。我们学习"工程图学与CAD"这门课程,不光要学习怎么画图、识图,更重要的是在学习和实践过程中,要把工匠精神培养起来。

五、评价与反思

(一)教学实施效果

从学生后面的实践情况来看,今天的思政教育取得了很好的效果。学生在画图过程中,比之前要认真,比较明显的是对自己的要求提高,更能沉下去,不再说"老师,差不多就行了""老师,太麻烦了,我不想画了"之类的话。到期中的时候,学生整体的素质有了质的飞跃,具体体现在:(1)学习态度变好,不再叫苦、叫累;(2)老师审图时,哪怕尺寸上有 1mm 的误差,让改图,学生也不再不耐烦;(3)有少数学生画得不好,主动要求返工;(4)学生更自信,对老师更尊重。思政教育的实施,从思想根源上改善了学生的学习态度和理念,对专业课起到了很好的促进作用,提高了课堂教学的有效性。教学效果可用一句话总结:课程思政真有用,学生越带越轻松。

(二)反思

课程思政是要从"树人"总目标入手,树人也就是人才培养,在整个培养过程中,以立德作为根本任务,将思政教育贯穿一切教学活动,只有从内心根源上真正认识到课程思政的重要性,才能做好课程思政。课程思政的关键是思政元素的挖掘;在实施时要注意方式,过渡自然,润物细无声;平时要注意身教重于言传,课上、课下教师自身的思政行为规范要做好。

(秦　佳)

案例 6　"中国制造 2025"赋予"现代传感技术"课程的使命

"中国制造 2025",是中国政府实施制造强国战略第一个十年的行动纲领。"中国制造 2025"提出,坚持"创新驱动、质量为先、绿色发展、结构优化、人才为本"的基本方针,力争到 2025 年由"制造业大国"成长为"制造业强国"。传感技术作为信息技术的三大支柱之一,对制造业的智能化、信息化发展起到推动和保障作用。

一、课程分析

"现代传感技术"是电子信息工程技术、机电一体化等专业的一门专业必修课。传感器能够感知外界信息,并将采集的信息进行处理。本课程学习,要求学生能够理解传感器基本原理,能够根据具体使用要求,合理地应用传感器。本课程的目标为培养学生传感器选择能力、检测电路设计能力、传感器的应用能力,同时还要求养成良好的团结协作精神,具有严谨专研的工作习惯、一丝不苟的职业道德、勇于开拓的创新精神。

二、学情分析

本课程的授课对象为高职大二学生。当代大学生生活在国家高速发展的时代,他们思维灵活,对新事物接受能力强。信息化时代让学生能够开阔视野,丰富认知,但与此同时各种社会思潮也对学生产生了冲击。作为专业教师,将社会主义核心价值观教育,理想信念教育融入专业课教学是帮助和引导学生树立正确人生观、价值观,培养学生思想文化素质的重要途径。让学生明白生长在祖国高速发展的时代,作为当代大学生定要自强不息,走好新时代的"长征路"。

三、教与育的融合

1.认识传感技术

传感器是数据采集的重要工具,是新技术革命和信息社会的重要技术基础,广泛应用于航天、航空、国防、科技和工农业生产等各个领域。如中国的骄傲"复兴号",是由中国铁路总公司牵头组织研制,具有完全自主知识产权,达到世界先进水平的动车组列车。"复兴号"列车建立了大量的传感系统,整车检测点达 2500 多个,这些大大小小的传感器不断检测着列车的温度、速度、振动等信号,并迅速将采集到的数据进行反馈。传感器准确的测量数据是列车安全运行的重要保障。

为了让学生能够更好地认识传感器,提高学生学习积极性和主动性,将学生进行分组,以小组为单位完成"中国制造—复兴号"主题中传感器的资料收集作业。要求学生将收集到的传感器按照作用进行分类,并以小组报告的形式上交。

在查找的过程中,让学生了解中国制造取得的进步,能有效增强学生的"道路自信、理论自信、制度自信、文化自信"。同时,培养了学生自主学习的能力和共同探讨、分工协作的团队合作能力。每个小组上交的报告务必要求有理有据、整齐有序,以养成学生一丝不苟的学习习惯。

老师对各个小组的任务完成情况进行评比和点评。在如此庞大的工程中,传感器可谓随处可见。有负责测量温度的温度传感器、负责测量距离的测距传感器、负责测量速度的测速传感器等等。传感器虽为一个个小小的器件,但是仍在这么大的工程中分工合作,发挥自己的作用,成为无法被取代的一部分。而每一个人也是一样,在党的领导下各尽其职,我们的生活才能稳定和谐,在幸福美好的轨道上持续前进。

在学生掌握了传感器的作用和分类方法之后,教师对传感器的发展趋势进行介绍。目前我国传感器技术日新月异,在检测的对象、精度和可靠性等方面不断提升。但我国的传感器技术与世界水平相比仍存在很大差距。目前全球传感器市场主要由美国、日本、德国的几家龙头公司主导。这对当代大学生而言是机遇更是挑战,他们更应奋发图强,为实现"中国制造 2025"而努力。

2. 重视职业素养的培养

在"现代传感技术"课程的教学过程中,学生需要学习各种类型的传感器,并学会应用。以"中国制造 2025"为目标,教师不仅要求学生掌握传感器的应用,更需要学生在学习的过程中培养严谨认真、精益求精的职业素养。一个小小的传感器模块,若使用不当,则有可能引发严重的事故。

2008 年 2 月 23 日,美国历史上最昂贵的一架战机刚刚起飞就坠毁了。经过调查,飞机坠毁的原因就出在小小的速度传感器上。由于当时飞机所处环境非常潮湿,导致速度传感器受潮因而测量的结果出现了较大的误差。在速度传感器错误的数据指引下,飞机在较小的滑行速度下强行起飞。而这时,飞行员为了得到更大的起飞速度,只能让飞机大仰角上升,最终导致飞机因处于失速状态而坠毁。

通过这个案例,我们可以发现,学会如何使用传感器还是不够的,我们还要考虑到传感器的特性参数,掌握传感器的稳定性等指标。同时,在具体应用的过程中,应充分考虑周围环境等带来的影响因素。过硬的专业知识和严谨的工作态度,营造一丝不苟的职业素养和精益求精的敬业风气,对于"中国制造 2025"目标的实现至关重要。

四、教学反思

专业教师承担着教书育人的重担,因此专业教师自身必须坚持正确的政治方向,自身应具有优秀的道德品行。教师只有对核心价值有了深刻的认识和理解,明确教师育人的责任,才能在教学过程中,将社会主义核心价值观渗透给学生,实现润物细无声。

立足课程的实际情况,教师有责任充分发挥专业课程本身的特色,提炼爱国情怀、法治意识、社会责任、文化自信、人文精神等要素,注重对学生专业技能和职业素养的培养,实现教书与育人的有机统一。

五、总结

习近平总书记在北京大学师生座谈会上的讲话告诉我们:"当代青年是同新时代共同前进的一代。我们面临的新时代,既是近代以来中华民族发展的最好时代,也是实现中华民族伟大复兴的最关键时代。广大青年既拥有广阔发展空间,也承载着伟大时代使命。"在"中国制造 2025"的时代背景下,我们唯有奋发图强、精益求精才能不负使命。

(徐群和)

案例 7 感受电子工程的"真"与"美",提高学生美育素质

"电子综合设计"课程是机电类、电子信息类专业的一门专业基础课程,对学生充分掌握和综合应用模拟电子、数字电子、单片机技术、传感器技术及 EDA 技术课程知识尤其重要,是培养学生掌握电子类基础知识、培养专业基

本技能的一门十分重要的理实一体化课程。

一、课程设计

1.课程先从电阻、电容、电感、二极管及三极管等真实的元器件入手,介绍基本器件的基本知识。在理实一体化的教室,老师通过实物介绍器件的基本特性,通过对实物观察,介绍电阻参数的标识方法和识别方法,如色环电阻的颜色黑、棕、红、橙、黄、绿、蓝、紫、灰和白分别代表数字 0、1、2、3、4、5、6、7、8和 9,用于表示电阻参数中电阻值的大小。在这期间老师通过示范,介绍使用万用表测量电阻、判别二极管和三极管的极性,让同学们在感受真实的电子世界中掌握基本仪表的使用方法。

2.举例一些简单设计方案,比如对电器的保护电路进行课程的深入,令同学们刮目相看,一个小小的电路有如此奇妙和实用的功能,引起同学们学习的好奇心,提高同学们的学习兴趣,让同学们能体会到不同零件的奇妙组合中展现的电子世界里的智慧,让同学们知道知识的重要性。

3.课程在完成理论基础知识讲解后进入实际操作阶段,包括电路 PCB 排版设计,焊接电路板和应用仪表仪器结合理论知识进行电路调试。在电路实操阶段,老师强调正确的操作规范,勤加练习,熟能生巧。做到电路焊接电路正确,元器件不虚焊,不短路,不错焊。这个过程同学更是感受到电路的"真",而不能假。有的同学不小心把电容接反,一上电,电容就像爆竹一样炸了;二极管接反,一上电就闻到了焦味,那是二极管烧了,还有其他情况……;真是让同学们心惊胆战,小心翼翼,同学们也真正体会到在电子工程面前,来不得半点虚假的东西,工作中不能出现半点马虎,必须一丝不苟,严格按照电子理论的要求设计与制作才能成功。你真诚地对待电路,电路也将真诚地回报你,给你最好的功能,最优秀的性能。比如收音机电路,这精密的仪器只要错一点,就不可能发出声音,也就没有价值了。

二、课程感受

1.电子世界是真实的,也是让人非常惊奇的神奇世界,比如收音机,最早出现的七管超外差电子收音机,就使用了七个晶体管、一些电阻、电容、二极管和电感线圈等组成一个盒子,一个小小的盒子竟能发出各种声音,接收外面的信息,联系外面的世界,可以使人们在孤独时给予陪伴,在痛苦时给予安慰,在无聊时给予一丝轻松和愉快。现在的智能手机,功能非常强大,人人都离不了,但其内部,仅仅就是集成电路而已。电子世界无处不在,它是如此真实,与大家是如此接近,但同学同时也感觉到它又是如此高深莫测,因为没有亲身感受它,又觉得如此遥远。同学们只有亲自去摸索,去实践,才能体会它的奥妙所在。

2.简单的电路设计制作,也将使同学们眼界大开,感受颇深。简单的焊接使我了解到人生学习的真谛,课程有结束,但学习没有结束,电子的世界将为我打开,只有继续以电子学习的感受而获得的指导思想走下去,在事业的途中才会打开另一扇门。多次制作后,同学们做起来感觉到很有趣、很轻松,通过查找资料,懂得了收音机的基本原理同时也学到了很多有关电子的专业知识。在实习过程中不断提高自己的动手能力,也体会到了实践的乐趣。因为在实践时往往会遇到很多问题,遇到问题后要细心检查才能发现其中的错误,还要结合理论知识,想办法去解决这些问题。这样的一个过程不知不觉地使同学们的实践能力提高,为以后学习、工作打下扎实的基础!

三、课程收获

1.随着电子技术的发展,特别是随着大规模集成电路的产生,人们的生活发生了根本性的变化,如果说微型计算机的出现使现代的科学研究得到了质的飞跃,那么单片机控制技术的出现则是给现代工业控制测控领域带来了一次新的革命。电子综合设计也包含了单片机课程内容,让同学更加了解和掌握现代电子控制技术的智慧。首先,要对所用单片机的内部结构有一个系统的了解,知道该单片机内有哪些资源;其次,要有一个清晰的思路和一个完整的软件流程图;再次,在设计程序时,不能妄想一次就将整个程序设计好,反复修改、不断改进是程序设计的必经之路;最后,要养成注释程序的好习惯,一个程序的完美与否不仅仅是实现功能,而应该让人一看就能明白你的思路,这样也为资料的保存和交流提供了方便。

2.电子技术工程是实的,绝对不能掺杂虚假的。只有认真、真诚地面对它,才能做出优秀的作品。同样,同学们毕业后进入社会,也需要怀揣一颗真诚的心去面对社会、工作和生活,脚踏实地地工作,社会才会回报你。

3.感受到电子世界的美。电子世界的美存在于电子设计、电子产品、电子工艺和电路参数波形测量等各个方面。电子产品如现代家电、音响、电脑，还有随身的手机，其外形设计体现出强烈的艺术美，激发人们的购买欲；设计制作完美的音响，当它发出那悠远的天籁之音时，使人陶醉，给人以美的享受；等等，不胜枚举。

"电子综合设计"课程，也展示了电路之美。课程应用 555 集成电路设计制作 LED 呼吸灯电路，其电路效果是让 LED 灯如同人们呼吸一样，慢慢地变亮后再慢慢地熄灭。应用数字集成电路 CD4017 制作声控 LED 流水灯，电路功能是随着声音增大和变快，LED 灯同时形成依次点亮的效果，就像音乐喷泉一样。电路制作调试时，使用示波器观察电路波形，输出是标准的方波，也让同学们感受了电路的波形之美。

简单电路不简单，课程中让同学们在设计制作中进一步思考，增加功能，如让呼吸灯更加智能，如只能在晚上点亮而白天不亮，呼吸灯呼吸频率可以与人的呼吸频率同步等，让同学们在制作中应用专业知识进行创意和创新。

电子综合设计，作为理实一体化课程，让同学们感触最深的便是实践联系理论的重要性，当遇到实际问题时，必须认真思考。运用所学的知识，一步一步地去探索，完全可以解决遇到的问题。课程的目的主要是：让同学们对电子元件及电路安装有一定的感性和理性认识，培养和锻炼实际动手能力。使同学们的理论知识与实践充分地结合，做到不仅具有专业知识，还具有较强的实践动手能力，成为能分析问题和解决问题的应用型技术人才。课程同时也强调协调合作精神，让同学们的合作意识得到加强。在设计的过程中，同学们采用分工与合作的方式，每个人负责一定的部分，同时在一定的阶段共同讨论，以解决分工中个人不能解决的问题，在交流中大家积极发言，提出意见。

课程不仅让同学们感受真实的"真"，也让同学们感受到真实的"美"，美陪伴在我们生活、工作和学习的全过程，美不仅只是表面的，而且存在于实物的内部，同学在课程学习过程中，主要靠细心的体会，去挖掘，美真是无处不在的！

（张才华）

案例8　浅谈思政与基础课的融合

做好课程思政是我们每位老师的使命,培养对社会有用的学生是我们的责任,让思政渗透到课堂的方方面面是每位老师应该努力的方向,也是值得每位老师钻研的课题。在课堂教学中,教学内容是主体,所以在内容中有的放矢地融合跟教学内容有关的思政是很好的课程思政,有好的教学内容还需要良好的课堂氛围,融合课程思政可以有效地帮助我们教师管理好课堂,管理课堂不仅要管理,更需要设计引导,课堂环节的设计能够丰富课堂内容,使课堂教学变得更加有趣,使管理变得更加轻松。

下面就以"计算机应用基础"Excel应用模块为例,从教学内容、课堂管理、环节设计三个方面谈谈如何将思政和公共基础课进行有效的融合。

教学内容是在学与教相互作用过程中有意传递的主要信息,从教学内容本身挖掘一些切入点,来引导学生学习更多课程思政的内容,对培养学生成为社会有用的人才是非常重要的。举个例子,在课堂上介绍Excel中的页面设置,这个内容主要是教会学生如何进行页面的设置,但我觉得如果融入课程思政,我们的教学就会更加有意义。

在课堂上,我首先给学生介绍页面设置的目的。页面设置首先是为了版面更佳,达到视觉的享受,当然我们在达到视觉享受的同时还要考虑打印时纸张的多少。党的十九大报告指出,加快生态文明体制改革,建设美丽中国。建设美丽的家园,是我们每个公民都应该努力的方向,所以哪怕是小小的页面设置也要考虑如何节省纸张。下面我们就来完成一个数据表的页面设置。

这个数据表,在没有任何设置时,一行内容会打印在两页纸张上,页数是八页。我们看到这样的表格,首先第一感觉就是视觉效果不佳,内容不完整,那么我们是不是可以考虑把纸张横过来,使一行内容在一张纸张上,保证内容的完整性,但是当我们把纸张横过来后,发现内容还是不完整,页数居然还变多了,共十二页。所以这一单方面的设置根本不能解决我们的实际问题,于是我们打算缩小比例,使一行数据显示在一页上。适当缩小一点比例后发现内容完整了,页数变成了六页,可以大大地节省纸张。这样设置感觉不错,但是在看后面几页时,发现数据不容易看懂,因为只有第一页有标题行,其他页都没有,可读性差。那么能不能在每页的开头都放上标题行呢? 这个时候就可以引导学生学习"打印顶端标题行"的设置,通过这一项的设置,问题迎刃而解。当我们开心地浏览着完美效果的时候,发现最后一页的数据只有三行,太浪费了,我们能不能再想办法将这些数据移到前一页去,这时引导学生设置页边距,把边距变小点,哈哈问题解决了,完美的五页。

通过对这个内容学习,学生不仅学会了页面设置中的各个功能,懂得了页面设置的意义,还明白了哪怕是一个很小的举措,也能为建设美丽中国做出自己的贡献。

课堂管理是教师为了完成教学任务,调控人际关系,和谐教学环境,引导学生学习的一系列教学行为方式。在课堂管理上,可以根据管理时出现的现象,融入课程思政的内容。举个例子,在讲 if 函数的嵌套时,用 if 函数的嵌套完成"各科成绩均高于单科成绩的学生为优等生"这个内容,函数嵌套后的代码如下:

```
= IF(AND(C2>= AVERAGE($C$2:$C$39),D2>= AVERAGE($D$39),E2>= AVERAGE($E$2:$E$39)),"优等生"," ")
```

看到这串代码学生直叫苦,太难太麻烦了。当然这是我预料中的,对于 3+2 的学生来说确实很难,因函数光光记住这个例子是没用的,如何灵活地应用函数才是目的,才能真正地学以致用。在 Excel 的高级应用中会涉及很多函数的应用,为了鼓励学生克服困难,能让学生顺利地完成函数内容的学习,并取得较大的收获,于是在学生叫苦时穿插了这样的思政内容:借用了人文系数学老师郭老师在课堂上讲的哲学道理。首先让学生用电脑里的计算器计算一下 1.1 的 365 次方,1 的 365 次方,0.9 的 365 次方,然后再让学生计算一下 1.01 的 365 次方。将计算结果做了一个表格,内容如表 1-1 所示。

表 1-1　计算结果

算式	结果
1.1^{365}	1 283 305 580 313 352.35……
1^{365}	1
0.9^{365}	$1.98e-17$
1.01^{365}	37.78……

再让学生观察这个表格,问学生看出了什么? 学生回答得很直接:"不就是一个数的365次方吗? 老师你想说什么呀?"正当学生很好奇时,介绍了表格中各个数字的寓意。1.1代表每天进步一点,进步了0.1,365代表一年365天,1代表原地踏步,0.9代表每天退步一点,退步0.1,1.01代表什么,学生基本就知道了。从这个表格里我们可以看出每天进步一点的力量有多大,我们只要坚持走在进步一点点的路上就可以了。

为了我们的一点点进步,紧接着提出学习要求:

1.每次课的练习大家都要完成;

2.针对前面讲过的知识点,大家要自我完成相关的练习;如果不懂会单独讲解,如果前面讲过的知识很多同学还不会,课堂上会再次讲解;

3.每次课都会有新的知识,新的知识听懂后需要大家配合老师记录在书本上。好记性,不如烂笔头;

4.每次课都会给大家讲一小部分较难知识点,请大家做好思想准备。

一段时间过去,慢慢地看到了大家的进步,大家学习的激情开始燃烧,学习好的同学拿到任务直接就能自己完成,学习一般的同学也开始踊跃地提问,我觉得他们真正地做到了那一点点的进步。这个例子告诉我们,有效的管理,就是如何让学生喜欢上你的课。在课堂管理时有效地融入课程思政,课程思政反过来可以有效地帮助我们管理好课堂。

与公共基础课内容有关的课堂思政,范围是有限的,其实我们还需要融入一些跟课程内容广泛关联的"大思政"的内容。但如果这些课程思政,我们直接去介绍,说服力不强,而且学生还会反感,觉得老师在说教。那是否可以在教学环节上多动点心思,在课前,课中或者课后留给学生一个环节,让学生从多角度多方面去展现。通过学生的展现,可以很好地拓展知识面,可以合理地融入课程思政内容。举个例子:在课前安排几分钟让学生分享新闻,学生分享了这样一则新闻:"一位男子半夜,送即将临盆的老婆去医院,因为情况紧急这位男子在十字路口处闯了红灯,撞上了大货车,所幸的是没有人员伤亡,可是因此等待八分钟后赶来的120急救车,将他的老婆送到医院后,孩子在妈妈的肚子里窒息而死。"学生的点评:"这个男子不应该闯红灯,一定要注意交通安全,因为红灯的时间就一分钟左右,如果他没闯红灯,孩子可能不会死。"学生从这个新闻中看到了遵守交通安全的重要性。同时老师还可以在这则新闻中加以拓展,介绍一下"多米诺骨牌效应",建议当遇到紧急事情时要沉着冷静,否则很容易产生多米诺骨牌效应。这种环节的加入不仅可以吸引学生的注意力,更有效地管理课堂,还可以正确地引导学生,拓宽学生和老师的思维。

不管从教学内容、课堂管理,还是环节设计入手融入课程思政,都必须做到事先准备、事先审核,不要走偏课程思政的初衷。课程思政无处不在,只要我们用心学习,多联系,多挖掘,一定能够越做越好。课程思政对学生的影响是深远的,是不可替代的。

（付绍娟）

案例9　课堂教学环节如何有效地渗透思政教学
——以"CTP与数字化工作流程"课程为例

根据全国高校思想政治工作会议精神,要坚持不懈培育和弘扬社会主义核心价值观,有正确的世界观、人生观和价值观,构建各类课程与思政课程协同一致、合力育人的思政新格局,使学校充分发挥育人功能,实现课程与思政的高度融合。目前,"课程思政"的改革还处于探索阶段,高校的专业课程与思政课程协同育人实效不足。如何很好地将课堂教学环节有效地渗透思政教学内容,其方法研究探索势在必行。

文章将以"CTP与数字化工作流程"课程为例,初步探寻课堂教学环节如何有效地渗透思政教学内容的方方面面,有不足之处,予以批评指正。

一、课程分析

（一）课程基本情况

随着数字化技术在印刷行业的普及,目前,国内外印刷企业都会选择引入先进的CTP印前制版系统,它的数字化处理能力远远优于传统的电分及CTF制版系统。"CTP与数字化工作流程"的开设顺应了这一市场发展需要。它主要是面向数字图文信息处理专业的一门专业限选课程,是学生必须掌握且以实际操作技能为核心,贴近生产岗位的课程。通过本课程的学习,学生在掌握数字化印前理论的基础上,熟练应用数字化工作流程及 CTP 设备,适应数字化印前 CTP 岗位的需求。

(二)课程定位与目标

"CTP 与数字化工作流程"课程是根据数字图文信息处理专业人才培养方案对数字化印前这一门新兴技术要求而设置的。本课程主要培养学生如何充分利用数字化手段完成印前制版,通过本课程的学习,要求学生具备数字图像输入、数字图像处理、图文组版、拼大版、文件预检及 CTP 输出等技能,同时能让学生熟练操作贯穿整个 CTP 制版技术始终的印能捷 Evo 数字化工作流程。本课程旨在培养适应数字印前企业或部门 CTP 岗位需求的技能复合型人才。

(三)课程设计

"CTP 与数字化工作流程"课程总体设计思路是打破以往传统的以知识传授为主的学科体系课程模式,注重学生职业岗位能力的提升和培养。即选择与企业实践密切相关的理论知识点和技能训练有机统一的教学案例和项目,根据 CTP 工作岗位能力要求设置相应教学内容。

二、学情分析

"CTP 与数字化工作流程"是一门基于工作岗位的课程,是一门理论与实践相结合的课程,该课程教学目标主要让学生学完就能上手操作,直接接轨实际工作岗位。因此,对于学生的人文素养,良好的作业习惯,社会主义核心价值观、爱岗敬业、勤俭节约、吃苦耐劳、团队协作等工匠精神、职业道德素养的培养尤为重要。同时,在践行党的十九大精神提出的坚定"四个自信(道路自信、理论自信、制度自信、文化自信)"方面,引导学生应从学好一门专业课,做好一个当代有为大学生开始做起。

三、案例简介

以"CTP 与数字化工作流程"课程为例,探索课堂教学环节融入思想政治教育资源的方法。主要从课程设置及整体规划入手,切实解决"CTP 与数字化工作流程"课程与思想政治教育同向同行问题。主要表现为:从教学内容的组织上挖掘思政元素,从教学形式上充分融入思政资源,从作业及考核评价方面发挥课程与思政的"协同效应",以期做到育才与育人并重。

四、实施方案

"CTP与数字化工作流程"课程能融入的思政资源有很多,如图1-1所示,列出了整门课程的框架与所挖掘的相关思政点。

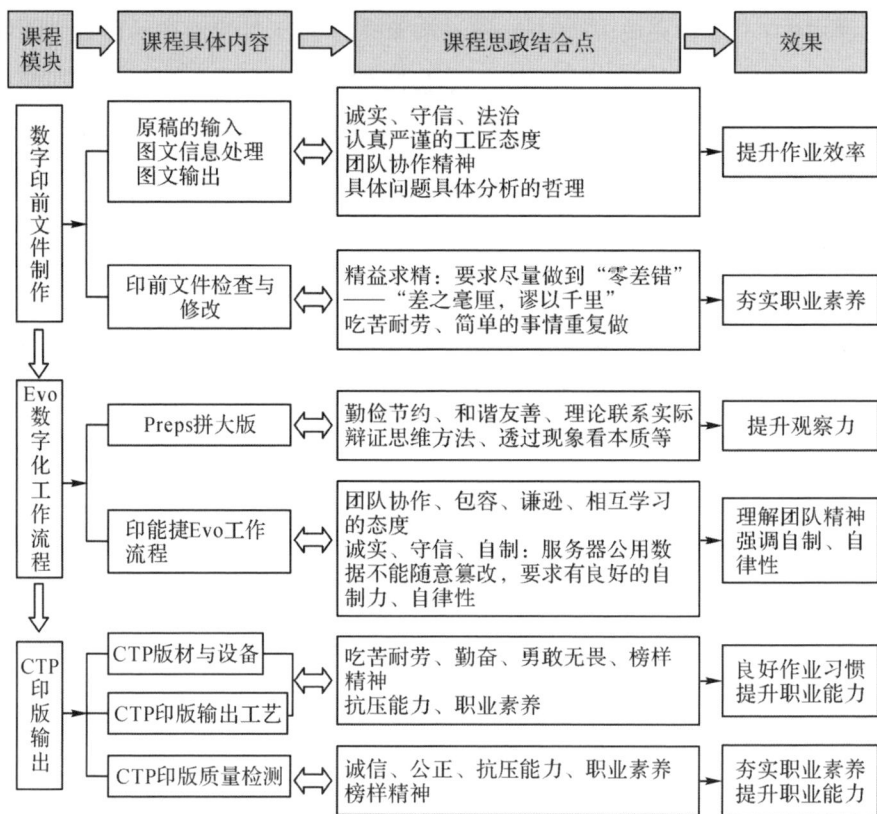

课程模块	课程具体内容	课程思政结合点	效果
数字印前文件制作	原稿的输入 图文信息处理 图文输出	诚实、守信、法治 认真严谨的工匠态度 团队协作精神 具体问题具体分析的哲理	提升作业效率
	印前文件检查与修改	精益求精:要求尽量做到"零差错" ——"差之毫厘,谬以千里" 吃苦耐劳、简单的事情重复做	夯实职业素养
Evo数字化工作流程	Preps拼大版	勤俭节约、和谐友善、理论联系实际 辩证思维方法、透过现象看本质等	提升观察力
	印能捷Evo工作流程	团队协作、包容、谦逊、相互学习的态度 诚实、守信、自制:服务器公用数据不能随意篡改,要求有良好的自制力、自律性	理解团队精神强调自制、自律性
CTP印版输出	CTP版材与设备 CTP印版输出工艺	吃苦耐劳、勤奋、勇敢无畏、榜样精神 抗压能力、职业素养	良好作业习惯提升职业能力
	CTP印版质量检测	诚信、公正、抗压能力、职业素养 榜样精神	夯实职业素养提升职业能力

图1-1 课程框架与所挖掘的相关思政点

以下就课程中的一个教学单元"Preps拼大版"为例,详细阐述其课程思政的开展情况。

教学单元名称:Preps拼大版

知识目标:掌握拼大版相关基础知识(印刷机幅面、拼版方式、装订方式、折手、辅助性标记及作用等)。

能力目标:熟悉折手应用,能够在Preps软件中完成一个文件的拼大版操作,并做到举一反三。

思政育人目标:做到勤俭节约、和谐友善、理论联系实际,学习过程要有辩证思维方法,透过现象看本质等。

课程思政教学过程通过一个表格进行阐述,如表 1-1 所示。

表 1-1 "Preps 拼大版"单元课程思政实施过程

序号	课程内容	实施方法、载体、途径	思政内容	实施效果
1	拼大版相关基础知识	提出问题:1. 一毛钱多吗? 那很多个一毛钱呢? 2. 我们用的课本、作业本、所用产品包装是怎样生产出来的? 它们的主要制造成本是什么? 通过企业采样、现场演示开版方法,引导学生寻求最节省纸张同时又符合生产工艺要求的最佳拼版方案	1. 节约一张纸等于少砍伐一棵树木——绿水青山就是金山银山 2. 理论联系实际,具体问题具体分析:书刊类与包装类产品在拼版方法上截然不同,要根据各自的产品特征、生产工艺要求灵活处理	让学生学会了勤俭节约,同时对于不同的生产任务,要稳中求变,不能千篇一律
2	拼版与折手	通过现场实物(印刷大张、印刷成品),用一张纸、一本书样进行演示,学生边学边做,让学生掌握拼版与折手原理,为后期实操做好准备	模拟生产过程,将一张空白纸张当作一个大的印张进行折手,找寻其页码编排规律,分析总结其中的奥妙。说明任何事物都有其发展的规律,要用辩证思维去分析和解决问题	学生自己动手,可以在折手过程中逐渐找寻出拼版规律,从而有效地理解拼版与折手操作
3	Preps 拼版操作	学习 Preps 拼版软件,根据给定大版尺寸,确定最佳拼版方案,将多页数字版面进行拼大版操作	1. 分组作业过程需要做到和谐友善,互帮互助,要有谦逊的态度 2. 有理有序,做到开源节流,要有精益求精的工匠态度 3. 真正做到"想他人之所想,急他人之所急,解客户之所困"	充分体现团队协同能力,小组中一人错,满盘皆错,因此,互帮互助、谦虚谨慎的学习态度难能可贵

五、评价与反思

教师教书育人不仅要传授课本知识,传授操作技能,更要坚持"立德树人",因此,需要教师充分发挥课堂育人的主渠道,实现育才、育人兼备。"CTP与数字化工作流程"课程很容易在课堂教学过程中重技术,轻育人。通过一段时间的摸索与实践,找到了这样一个课程与思政、育才与育人的平衡点,但也有不足之处,需要进一步挖掘和探讨。

(陈 鹏)

案例10 信息技术教学与核心价值观的有机创融

一、课程分析

"图像处理技术"课程是一门数字图像处理的基本技能课程,它着重指导学生的设计创新能力和实践操作能力,旨在让学生能够基本了解图像处理的基本过程,并掌握图像处理软件的使用方式,能够熟练处理日常的生活素材及制作相应的宣传资料与海报。由于平面处理技能已逐渐成为当今大学生的基本职业技能,而平面处理包括图形设计和图像处理两大基本技能,Photoshop是目前应用最为广泛的图像处理专业软件。

本课程以Photoshop作为基本工具,以社会主义核心价值观的24个字作为进行素材实践操作的主题,利用海报、公益广告等形式加以展示,以专业技能知识为载体加强大学生思想学习,培养学生爱国、爱校、爱传统文化的情感。

二、学情分析

本课程主要讲解基本素材的查找和Photoshop软件的"选区、变换、图层、通道、蒙版、路径、画笔、钢笔、滤镜、调色"等基本技能,每次课堂以某一项基本技能作为重点讲解和训练对象,制作相应的"富强、民主、文明、和谐、自由、平等、公正、法治、爱国、敬业、诚信、友善"主题海报或公益广告,对选取的正能量素材进行处理加工,形成主题鲜明、原创性高的个人作品。

课程的实施包括四部分:

(一)知识讲解

知识的讲解分为知识目标和技能目标,知识目标主要讲解 Photoshop 软件的基本操作方式,技能目标主要讲解制作作品的注意事项和主题。把社会主义核心价值观的 24 个字分解到每一次课中,一次讲一个关键词。把每次课堂要讲解的 Photoshop 技能与主题有效地结合起来,例如在讲到绘制和编辑图形对象进行标志设计的时候,尝试开展校园文化一系列设计,如校园一卡通卡面设计、校徽、校旗、校歌、校园基本色、校园文明用语设计,在讲解路径和钢笔工具时,有效地设计"刘基文化"系列文化用品。

(二)查找素材

素材主要包括网上素材和个人制作素材。制作的素材以个人的手机拍摄为主,用手机发现国家、社会和学校的美,主要选取普通劳动者的奉献和校园内的特色点,包括地掷球基地、刘伯温文化基地、木活字印刷术非遗文化基地等。

(三)作品制作

作品的作用是让学生熟练地学习和使用 Photoshop 相应的知识和操作步骤,所以,作品的形式不再单一,可以自主选择宣传海报、公益广告、标志设计、宣传单页等。

(四)课下交流

利用信息化交流群互动,在群里进行作业布置,资料上传,视频播放,答疑解难,心灵沟通等活动。

三、案例简介

《战狼 2》官微在每次票房破亿时发出的庆祝海报十分吸引眼球。不过这也让做海报的美工们几乎陷入了绝望。一天更新 5 张,绝对是他们之前不曾想到的。下面就让我们通过海报一起看看,《战狼 2》票房从 1 亿~56 亿元震撼的全过程。

四、实施方案

我们以一次课为例进行简述说明,本次的学习目标是选区和图层的讲解,使学生达到能够熟练应用选区操作的能力,选择的载体形式是海报,主题为"富强"。以《战狼2》的56张海报作为切入点,点评每个阶段海报的表达的主题和使用的技术,引导学生发现海报的内涵和表达方式,以及使用的Photoshop的工具与技术,归纳总结表达主题为"爱国",主要技巧为抠图和图层,具体指选区工具和图层的具体使用。

接下来以任务驱动课堂的实施和互动,任务一为模仿老师制作的海报,包括知识点的讲解和操作,分配时间为60分钟,任务二制作同样主题的海报或者公益广告,包括查找资料和制作过程,分配时间为30分钟和课下时间。

任务一的实施,是讲解选区工具和图层的使用,主要内容包括魔术棒、选区工具的属性,如容差、连续等。选择的素材是三张包括有海、陆、空的背景图片,以及一张手拿国旗的主体图片。给大家讲解选区素材的含义及选区和图层的基本操作,最后给大家展示成品,以供大家进行模仿和练习。

任务二的实施,主要是素材查找和工具的灵活使用。给大家讲解"富强"的内涵和外延,拓展学生的思考问题的思路,积极有效地寻找各自需要的素材,然后根据讲解的实例,有效地利用学过的选区和图层工具进行制作,整个过程中,教师进行一对一的指导。

整个课堂的任务的实施过程中,遵循从模仿到创造的自然规律,"富强"的主题概念贯穿整个作品,当学生的创作作品完成之后,老师有针对性地点评主题的表达完整性及技术方面的优缺点,并集中讨论,自由发表意见,表达应该如何合理运用图层和选区工具体现"富强"主题,并给学生们观看成功的案例和介绍制作技巧。

五、评价与反思

教学中的思政融入不应该是高大上的,而应该是具体事件的融入,不能把课堂简单认为是知识传授的地方,很容易让学生产生说教的反感。把每次课的目标定义为完成某一件具体事件,就可以融入很多的元素,思政恰恰就是最悄无声息却不可或缺的一部分。学生对制作海报产生了极大的兴趣,并能在课堂上非常积极表达想法,和同学进行交流,都反映虽然没有刻意去学习社会主义核心价值观,但通过对素材的查找和海报的制作,对其中的每个内容都有了非常深刻的认识,有了足够的兴趣和成就感,学习是一件非常轻松的事情。

（王　凯）

案例 11　敬业为基,诚信为本
——以"工程材料基础"课程为例

一、课程分析

"工程材料基础"是材料工程技术专业的专业基础课,同时也是光机电应用技术、模具设计、数控及机电一体化专业的专业基础课程。

这是一门综合性及应用性较强的专业基础课程。学习本课程的目的在于使学生获得有关工程材料尤其是金属材料方面的基础知识和基础理论,了解常用工程材料的性能特点,熟悉了解材料的成分、组织和性能之间的关系,为后续的专业课程及知识体系的学习奠定材料学及工艺方面的知识基础。

本课程主要选取与工程材料有关的教学内容,按照从简单到复杂、从易到难的教学理念,设置了工程材料性能、材料的组织结构、二元合金相图及铁－碳合金相图、钢的热处理、合金钢、铸铁、有色金属及非金属材料九个学习情境。

在"工程材料基础"教学中,充分发挥专业内容中的课程思政元素,如职业道德素养、规范性操作、产品加工的精密度、耐心细致的品质、工匠精神、社会主义核心价值观等。"工程材料基础"课程思政将课程思政内容深入课程内容讲解和考核方案中,以全面考查学生职业道德素养和综合素质。

二、学情分析

"工程材料基础"课程主要在材料工程技术专业、光机电应用技术专业、模具设计专业、数控专业和机电一体化专业这些理工科专业开设。

1.学习起点参差不齐。生源主要有普高、职高和3+2中专升高职三类。

2.没有良好的学习习惯。大部分学生都是小学、初中、高中各个阶段在班级中学习成绩较差的学生,没有学习意识,这些学生不喜欢长时间坐在教室里听老师讲课,静不下心来。

3.上进心不足,厌学现象较为普遍。大部分学生学习基础较弱,学习能力不强,缺乏正确的学习方法,学习上独立性、自主性、探究性均较低。学生基本不预习课程,少数人在课程中讨论发言,作业也习惯抄袭。及格万岁在心里作怪,以为来到大学就是混日子拿毕业证,把恋爱、游戏、睡觉视为生活的主要内容,而对学习没有目标,对以后职业发展没有清晰的定位。

4.主动学习能力差,他们习惯于被动接受知识,习惯于老师在课堂上讲授、学生在下面记笔记这种死板教学方式,习惯于考前临时抱佛脚、死记硬背这种方式。

5.自控力差,手机依赖明显。缺乏持久的自我约束和自我管理能力,对于手机的依赖程度较高,在课堂上也会不自主地去使用手机并沉迷。

基于以上学情,单纯的思政课程开展,提升学生各类优秀品质,存在一定的难度,我们从专业课程入手,培养学生细致、诚信、规范等品质,发挥课程思政的作用。

三、实施过程

"工程材料基础"课程中第一章"材料的力学性能——'强度和塑性'",通过拉伸试验判定材料的强度和塑性的讲解,体现社会主义核心价值观——敬业和诚信。

以企业实际送样检测来分析拉伸试验测试过程,并用实际的检测报告原始记录为例子,来讲解拉伸试验的实验数据记录。强调职业道德规范性,引出社会主义核心价值观——敬业。

通过实例讲解,告知学生原始记录表格的记录方式及数据真实性,引出数据造假,学术不端,最后点出社会主义核心价值观——诚信。

本次课的具体操作过程安排如下:

1.图片及课件演示拉伸试验三要素:试验试样、试验方法、试验设备。

2.课件动画演示典型塑性材料(低碳钢)和典型脆性材料(灰铸铁)拉伸曲线。

3.强度指标——屈服强度(Re)和抗拉强度(Rm);塑性指标——断后伸长率(A)和断面收缩率(Z)的讲解。

4.以实际的检测报告原始记录表为例,讲解拉伸试验数据记录方式及要求。

图1-1所示是温州莱特激光工程有限公司(通过省CMA认证)的原始记录表格,分析数据记录中存在的问题及强调其要求。科学研究中实验数据真实十分重要,小小的实验数据影响着大项目。以我们研究中心参与的例子——曾经参与中科院韩福生研究员的一个项目——嫦娥登月中的减震器材料的研究。我们中心有幸参与这种材料的镀镍工艺研究,经过多次的研究尝试,本着科学研究真实性,最终顺利完成。再次强调职业道德的规范性,同时引出社会主义核心价值观——敬业。

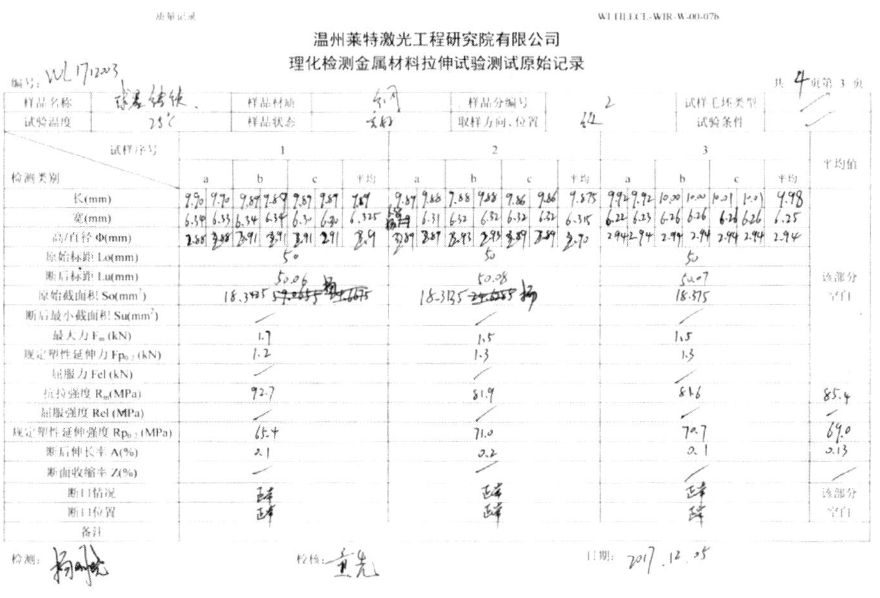

图1-1　拉伸试验原始记录

5.从上实例说明试验数据真实的重要性,我们的实际生活中常遇到假货、造假,那是否听说过科学研究中的作假呢?例如我们听过的学术造假、学术不端案例:日本的小保方晴子、南京大学教授学术造假。请大家讨论发表对此种行为的看法。教师总结并引出社会主义核心价值观——诚信。同时提出新的讨论:当代大学生如何践行诚信,如考试作弊、恋爱动机不纯、网络道德虚拟等等。

6. 本次课小结:材料力学性能——强度和塑性的拉伸试验需要数据记录的规范性和真实性,学术研究需要数据的严谨性和真实性,我们大学生需要诚信、敬业的社会主义核心价值观。

四、评价与反思

现在我们面对的学生不接受照本宣科,直接对他们讲解思政课程的话,他们具有排斥心理。本次课通过实例讲解专业知识点,再提出实际检测报告的数据真实性,最后引出社会主义核心价值观——敬业和诚信。这样的讲解更容易让学生接受,而不是单纯的单薄的讲解。

如何将枯燥死板的纯理工科理论教学讲得生动、吸引学生,这本就是一个难题,而要再引入课程思政,起到真正的教书育人作用,这更是难上加难。如何从小事着手,贴近学生的实际生活来举例而不长篇大论,这需要我们老师(平时的一点一滴)的积累,将一些小事引导到课程思政中来。

（赵　岚）